总主编　方剑乔

浙江中医临床名家

潘智敏

宋文蔚　主编

科学出版社

北　京

内 容 简 介

本书是"浙江中医临床名家"丛书之一，介绍了浙江名医潘智敏。潘智敏教授是第四、第六批全国老中医药专家学术经验继承工作指导老师，全国名老中医药专家潘智敏传承工作室导师。本书共分六章：中医萌芽、名师指引、声名鹊起、高超医术、学术成就、桃李天下。重点介绍了潘智敏与中医的不解之缘及在从医路上遇到的名师，以及对其成长、成才的影响。本书通过典型病案和医论医话展示了潘智敏教授的高超医术、学术思想和学术成果。同时也介绍了学术传承情况及传承弟子对其学术经验的总结。

本书可供中医临床、科研工作者及在校学生阅读使用，也可供中医爱好者参考。

图书在版编目（CIP）数据

浙江中医临床名家. 潘智敏 / 方剑乔总主编；宋文蔚主编. —北京：科学出版社，2019.6
ISBN 978-7-03-061433-9

Ⅰ.①浙… Ⅱ.①方… ②宋… Ⅲ.①潘智敏-生平事迹 ②中医临床-经验-中国-现代 Ⅳ.①K826.2 ②R249.7

中国版本图书馆CIP数据核字（2019）第112540号

责任编辑：刘 亚 凌 玮 / 责任校对：王晓茜
责任印制：徐晓晨 / 封面设计：黄华斌

科 学 出 版 社 出版
北京东黄城根北街16号
邮政编码：100717
http://www.sciencep.com

北京捷迅佳彩印刷有限公司 印刷
科学出版社发行 各地新华书店经销
*
2019年6月第 一 版 开本：720×1000 B5
2020年1月第二次印刷 印张：12 3/4 插页：2
字数：208 000
定价：68.00 元
（如有印装质量问题，我社负责调换）

浙江省中医院主任中医师、二级教授、博士生导师，浙江省名中医

2010年在美国芝加哥参加国际学术会议留影

1990年在杨继荪家中聆听杨老讲述经典名著

2015年在浙江省中医院潘智敏全国名中医工作室带教学生

2017年在金华市中医院老年病科授课分析病案

2016年浙江省中医院纪念杨继荪先生诞辰一百周年活动后留影

2017年在杭州G20峰会会场参加庆祝《中华人民共和国中医药法》颁布纪念活动

潘智敏全国名中医工作室部分成员合影

浙江中医临床名家

丛书编委会

总　序

中华医药，博大精深，源远流长。灵兰秘典，阴阳应象，穷万物造化之妙；《金匮》真言，药石施用，极疴疾辨治之方。诚夷夏百姓之瑰宝，中华文明之荣光。

浙派中医，守正出新，名家纷扬。丹溪景岳，《格致》《类经》，释阴阳虚实之论；桐山葛岭，《采药》《肘后》，载吴越岐黄之央。固钟灵毓秀之胜地，至道徽音之华章。

浙中医大，创业惟艰，持志以亢。忆保俶山下，庠序进修，克艰启幔；贴沙河干，省立学府，历难扬帆；钱塘江畔，名更大学，梦圆字响。望滨文南北，富春秋冬，三区鼎足，一校华光；惟天惟时，其命维新，一德以持，六艺互襄；部省共建，重校启航，黾勉奋发，踵武增华。

甲子校庆，名医辈出，几代芳华。值此浙江中医药大学建校六十周年之际，特辑撰"浙江中医临床名家"丛书，以五十二位浙江中医药大学及直属附属医院名医为体，以中医萌芽、名师指引、声名鹊起、高超医术、学术成就、桃李天下为纲，叙名家成长成才之历程，探名家学术经验之幽微，期有益于同仁之鉴法、德艺之精进。

范永升

时己亥初夏

目　　录

第一章

中 医 萌 芽

第一节　初遇良师始立志求学

　　魔都的梅雨季，似乎总是潮湿温润的，细雨蒙蒙，空气中氤氲着浓重的水汽和淡雅的花香。马路两旁，高大挺拔的梧桐树静静地伫立，不时有行人撑着色彩鲜艳的油布伞，或三三两两，谈笑风生，或踽踽独行，若有所思。不知从哪里传来婴儿稚嫩的啼哭声，穿透这茫茫雨雾，仿佛在向世界宣告自己的到来。

　　1952年6月，潘智敏出生在一个干部家庭，出生于上海市公安局警察医院（现为上海市中西医结合医院）。父亲是上海市公安局的离休干部，母亲是上海国棉三十一厂的会计、党支部书记。做父母的怎么也没有想到，这个清秀可爱的小女孩，日后竟走上了中医之路，成为声名远扬、医术精湛的中医大家。

　　时间过得飞快，一晃十多年过去了，当年那个还在襁褓中的小女孩已经成长为亭亭玉立的少女。1968年12月，毛主席发出知识青年上山下乡的号召，时年16岁的潘智敏恰逢中学毕业，积极响应国家的号召，第一批奔赴农村，接受贫下中农再教育。在这期间，她种田、插秧、挑担，学会了干各种农活，并成为村里的手扶拖拉机手，耕种农田。在农村广阔天地里，利用春节农闲时间，成立公社广播站。经过3年的摸爬滚打以后，1972年潘智敏在县知识青年招工中，进入了浙江天台制药厂做了一名药品检验员。

　　当年在农村广阔天地里流下的一把把汗水，在稻田里被蚂蟥叮咬流下的血水，都使这位上海姑娘得到了脱胎换骨的变化，为她今后人生漫漫长路磨炼了意志，坚定了克服种种困难的决心而勇往直前。更重要的是，第一次跟

随当地的赤脚医生为村民用一根针、一把草治疗伤风感冒、腹痛腹泻等常见病，同中医药事业结下了不解之缘。

在潘智敏看来，药检工作技术含量高，责任重大，检验过程需在严格无菌的环境下进行，使用的物品包括检验器具、培养皿、吸管、稀释液、培养基等都要严格消毒。工作人员进入操作室前也需要洗手消毒，穿上无菌工作服、鞋、帽、口罩，对每批次药品进行取样、检验、留样，并出具详细的检验报告。因为药品质量直接关系人们的健康甚至生命，所以不能有丝毫的懈怠。

带教师傅姓顾，四十岁左右，是早年毕业于南京药学院的大学生，知识渊博，儒雅健谈，潘智敏很是佩服他。他告诉潘智敏如何对操作环境和物品消毒，向她解释为什么物品消毒后还要放回无菌容器或用消毒巾包好，无菌物品取出后为什么不能再放回去，手经过消毒，为何不能接触吸管吸样品的一端，用吸管取样为何不能用嘴吹等。经过反复练习，潘智敏很快就能独立操作，对药学知识也产生了浓厚的兴趣。

由于工作出色，潘智敏时常受到领导的表扬，年底还被评为先进工作者。为了提高自己的业务水平，潘智敏利用业余时间自学药学知识，遇到不懂的地方就去请教顾师傅，顾师傅对她赞赏有加，不仅借给她很多专业书籍，还鼓励她有机会可以继续深造。

这个机会很快就来了。1973年下半年，潘智敏获得了单位推荐考试上大学的机会，"消息传来，我甭提多高兴了，想都没想就填报了顾师傅的母校——南京药学院，希望能成为像师傅一样的药学专业人才。"潘智敏说。

与此同时，顾师傅又告诉她一个好消息。原来顾师傅的爱人是天台人民医院的主任医师，当时医院正向社会公开招聘医务人员，这是个难得的进入医疗系统工作的好机会。经过反复考虑，潘智敏还是放弃了这个机会，"我没有学过医，基础很薄弱，虽然也可以边工作边学习，但充其量只能当个医生，很难深入进去，不如到大学系统地学习专业知识，将来才会有更好的发展。"事实证明，潘智敏的选择是十分明智的。

第二节 一波三折终结缘杏林

1974年上半年，录取通知书如期而至，潘智敏被浙江医科大学药学系录取了。虽然与南京药学院擦肩而过，但是曾几何时，在杭州延安路，路过浙江医科大学时，她被这块大学招牌深深吸引，心想"如果有一天，我能进入这所大学学习，该有多好！"现在真的可以在这里学习她所热爱的药学专业，这所大学也是她所向往的大学，潘智敏还是很开心的。

可是好事多磨，几个月后，当潘智敏满怀憧憬地来到西子湖畔的浙江医科大学报到时，报名处老师却通知她被调换到了中医系。那年中医系刚好从浙江医科大学分离，浙江中医学院和浙江医科大学经历三分三合后，再次成立浙江中医学院（现为浙江中医药大学），最终潘智敏怀着今后要成为中医药事业继承者的决心，走进了浙江中医学院的大门。

中医是学什么的？与现代医学有何不同？当时潘智敏对中医还一无所知，一边是心仪的药学专业对她彻底关上了大门，另一边却是茫然未知的陌生领域，可是既然走进了中医领域，也就好好学习，成为中医事业的接班人。

很多年后，已在中医领域取得卓越成绩的潘智敏教授在回忆这段经历时连称自己幸运，"当年一波三折被浙江中医学院录取，从此走上中医路。从被动地接受，到真正地热爱，可能是上天冥冥中注定，我要一辈子和中医打交道吧。"她笑着说。

20世纪70年代的浙江中医学院位于庆春路浙江大学旧址——老浙大横路上。光绪二十三年（1897年），杭州知府林启在这里的普慈寺创办求是书院，成为浙江大学的前身。从建校开始到1952年，除了八年抗战，这里一直是浙江大学的主校区。1952年浙江大学搬迁，这里又成为浙江中医学院（现浙江中医药大学）的老校区。

潘智敏被安排住进了浙江中医学院第八宿舍。宿舍的对面就是解剖室，她顿时觉得自己进入了神圣的医学领域，将要学习生理、生化、免疫、解剖、病理及中医基础、中药学、方剂学等，每天要背206块骨头的名称、中药性味、汤头歌诀，只有打好基础，才能进入临床实践。

老师告诉她们，这是浙江大学的前身所在地，是个适合求学深造的好地方。那一年浙江中医学院总共录取了120名学生，其中不乏有中医基础或行医经历者，因为从未接触过中医，潘智敏的心中不免有些忐忑。

第三节　挥斥方遒睹大师风采

没想到开学后的第一堂课便打消了她的顾虑。

那是一堂中医基础课，讲的是阴阳五行的内容。主讲教师是当时浙江中医学院的资深教授，人称中医学院活字典的徐荣斋。他面容清癯，身形消瘦，戴着一副黑框眼镜，因为有脚疾，走起路来一瘸一拐，但就是这样一个其貌不扬的老师，一开口便吸引了所有人的注意力。

他的板书苍劲有力，书法功底极其深厚，渊博的知识积累，深厚的学术造诣，把枯燥乏味的阴阳五行课讲得深入浅出，让人回味无穷。学生们都对他肃然起敬，报以一阵阵热烈的掌声，潘智敏也陶醉其中，"我来对了！"她轻轻地对自己说。

当时浙江中医学院人才济济，除徐荣斋外，还汇聚了朱古亭、蒋文照、林乾良、马莲湘、詹起荪、林钦廉、虞孝贞等一批学问和医术俱佳的老师。

朱古亭是苏州人，主讲中医基础理论，上课时喜欢摇头晃脑，讲课很有深意。他出身世医家庭，幼承庭训，学医的同时还兼习文学、书法，其工楷、行书作品法度谨严，朴厚中不失秀润，学校的很多题词都是他写的。

蒋文照主讲内科学，学验俱丰，医德并茂，曾拜晚清御医陈莲舫再传弟子、嘉兴名医徐松全为师。精于《黄帝内经》等经典理论，对运气说和温病学说造诣精深，崇尚"中和"理念，尤其擅长肺系和脾胃病的治疗。

林乾良主讲方剂，他是一位气质儒雅、知识渊博的老师，长着一张圆脸，笑起来很有佛家样，写有一手典雅秀气的好板书。他不仅深耕岐黄，还博学艺文，是西泠印社的资深社员，被尊称为"西泠五老"之一，在金石书画、收藏、茶学、文学、戏剧、音乐、集邮、科技史等方面都颇有建树。

此外，还有儿科名家马莲湘、詹启荪、林钦廉，针灸名家虞孝贞等，都是学验俱丰、享誉杏林，在江浙一带赫赫有名的中医翘楚。

这些老师个个身怀绝技，为年轻的潘智敏打开了一扇又一扇大门，让她见识到中医的博大精深，引领她在中医的殿堂里遨游。

"那几年是我一生中最快乐的日子，"潘智敏回忆，"每天的生活简单而充实，除了吃饭睡觉，剩下的时间都是在教室或图书馆度过。复习完课上讲解的内容，我还意犹未尽，从图书馆借来很多中医书籍，像海绵一样如饥似渴地汲取新知识。"

中医学习有很大的难度。很多人由于古文功底差，对《黄帝内经》《难经》《伤寒杂病论》《神农本草经》等中医经典总是一知半解，难以深入。但是经典学习又是中医学习的核心所在。不学经典，无以知中医实质；不学经典，无以知中医之临床机法；不学经典，也无法将经验——无论是本人的还是老师的——上升为中医理论。潘智敏在中学阶段就打下了扎实的中文基础，并在下乡时喜爱文学，每天劳动之余，挑灯夜读，博览了不少中外文学典籍。在工厂工作之余，晚上自学哲学理论，奠定了一定的文学功底。所以在以后学中医时遇到的障碍较少，加之她勤奋好学，进步很快。

中医经典要常读常新，做到融会贯通，熟能生巧，临证才能不慌不忙，胸有成竹。求学的日子里，无论是数九寒冬，还是盛夏酷暑，潘智敏总会早早地起床读书，即使在行路之时，手里总是揣着一个小本子，背诵经典要文和方剂歌诀。在校园里，总能见到她的身影，听到她琅琅的读书声，常惊扰了附近鸟儿的酣梦。

潘智敏总是说，在下乡劳动、工厂工作的那段时间里，马克思蘸着鹅毛笔凝视前方的一幅画一直挂在床前书桌的墙上。马克思说，在科学的大道上，是没有平坦的大路可走的，只有在崎岖小路上攀登、不畏劳苦的人，有希望到达光辉的顶点。这段话一直鞭策着她，是她人生的座右铭。

第四节 学以致用见中医神奇

时间过得飞快，一转眼就到了毕业实习的日子。多年苦读终于有了一展身手的机会。潘智敏既兴奋又不安，夜里常辗转反侧。

实习是在临海的台州医院。它是一家历史悠久、实力雄厚，集医疗、科研、教学、预防为一体的综合性医院，其前身是英国传教士兼医生白明登于清光绪二十七年（1901年）创建的恩泽医局，是台州历史上的第一所西式医院，也是抗战期间台州医生陈慎言冒死救治美军飞行员的地方。

潘智敏先去的是西内科。那个时候西医只分内外两科，西内科什么病都看，如呼吸、消化、心血管、肝胆、肾病、血液病等，老师都是各个领域的专家，对学生和蔼可亲，宽严并济，知道潘智敏是学中医的，跟诊之余，也会让她开开方，小试身手。潘智敏不放过每次临证开方的机会，将书本所学及实习中跟老师学到的经验，大胆地应用于临床，治疗效果很不错，受到了患者的好评。

"在西内科实习时，遇到了很多疑难危重急症病人。给我印象很深的是对心脑血管患者的抢救，对慢性阻塞性肺病、肝硬化腹水和白血病的治疗，西医对这些疾病的治疗，在急性发作期间往往都能转危为安，发挥至关重要的作用。"潘智敏回忆说。

在针灸科的实习也让潘智敏收获颇丰。针灸历来被称为"东方魔针"，被誉为世界医学史上的奇迹，20世纪70年代初欧美掀起了针灸热，起因就是基辛格访华。

原来1971年美国国务卿基辛格访华时，随团的《纽约时报》专栏作家詹姆斯·雷斯顿得了急性阑尾炎，经药物麻醉后做了阑尾切除手术。术后第二天，因腹痛接受了20分钟的针灸治疗缓解疼痛，自述效果非常好。事后，基辛格在新闻发布会上特地提及了此事，引起了国际社会的广泛关注。

1972年美国总统尼克松访华时，特意要求观看针刺麻醉过程，并为之倾倒。由此，针刺麻醉技术开始走向世界。从1973年起，针刺麻醉成为接待外宾的常规项目，全国大部分医院都能开展此项技术。据当时的一项统计表明，30%的病人在手术时都采用针刺麻醉。

在这样的大环境下，当时中医学院的很多学生都喜欢钻研针灸，爱上针灸课，尤其是针灸名家虞孝贞老师的课，潘智敏也不例外。虞孝贞老师独特的取穴方法，灵活多变的针灸手法，立竿见影的治疗效果，每每让潘智敏叹为观止。如今来到针灸科实习，亲眼看见一个个鲜活的病案，更让她感到针灸的神奇。

有一个急性腰扭伤的小伙子，腰部活动受限，疼痛难忍，用手撑着腰一瘸一拐地走进诊室，带教老师让她在学习了几天以后独立给病人针灸。她鼓足勇气，按照老师既往所教及结合书本辨证取穴的方法给病人针刺。没想到，一边针刺一边嘱咐病人摇摆腰部，几分钟后，病人的疼痛立刻减轻，很快就能行走自如了。这次的小试牛刀，给当时还是实习生的潘智敏带来了极大的鼓舞，顿时更加热爱这门事业了。

还有一个眩晕症病人，一发病就天旋地转，连床都起不来，经过带教老师的允许，潘智敏给他针刺了丰隆、神门等穴，眩晕很快好了。而且病人每次来诊时，指名要求她为其针刺，这对实习生来说，是莫大的荣誉。

到针灸科做康复治疗的中风病人很多，选取地仓、颊车、百会等穴进针，经过一段时间的治疗，偏瘫往往能得到有效缓解。在针灸科一个月的临证实践，潘智敏收获颇丰。

在中医科实习时，潘智敏基本上都是自己摸索着开方，"当然也有老师带，老师在上海龙华医院进修过，水平高超，找他看病的人络绎不绝，但是才跟他抄了两天方，他就让我自己开方，那个时候大学生都是天之骄子，他觉得我肯定没问题。"潘智敏笑着说。尽管刚开始很艰难，潘智敏还是咬牙坚持了下来，遇到问题就查书，或向老师请教，很快她就找到了感觉，查书或请教的次数越来越少，病人则越来越多。

在西外科实习时，很多同学都是抱着得过且过的态度，觉得可以放松一下了，毕竟学的是中医，以后也不大可能去做外科手术，但是潘智敏不这样想，"我虽然学的是中医，今后可能一辈子都要用中医方法治疗疾病，但正因为如此，更要抓住实习这个有利时机，更多地了解现代医学。"

外科的工作是极其辛苦的，24小时连轴转，加班熬夜是常有的事。除了吃饭、睡觉，潘智敏把所有的时间都投入到了病房中，每天跟着带教老师上手术台，仔细观察手术中的每个环节，记录手术要点，术后跟老师分析讨论，空闲时再写病案，由于表现出色还获得了主刀阑尾炎手术的机会。星期天值班人少，上手术台的机会就多。于是潘智敏经常星期天去病房，只要听到老师要上手术台，就异常兴奋。在那寒冬腊月，双手浸在冰冷的酒精中消毒，寒冷刺骨，但浑身的干劲和兴奋的心情足以抵挡酒精的寒冷，冰冷也被这热情融化。

这次难忘的实习经历让潘智敏迅速成长起来，"以前学的都是书本上的知识，但是做医生是要到实践中去的，只有真正接触病人，在临床中摸爬滚打，医术才能不断提高。"

还有一个刻骨铭心的感人故事。就在实习期间，潘智敏遇到了一位妇产科老师。在手术中，病人发生了大出血，但由于没有合适配型的血液，病人生命危在旦夕。那位老师二话不说，伸出了自己的手，给病人输了血，之后又继续为病人手术，直至手术结束，瘫倒在躺椅上。那位白衣战士的感人事迹，深深地感染着潘智敏，鞭策着她，更加坚定了她成为一名白衣战士、救死扶伤的决心。

通过这次实习，潘智敏初步打下了中西医结合的基础。在她看来，中西医尽管理论体系不同，但各有优势，"医者应该不分中医西医，济世救人才是最终的目标。"

第五节 中西合参宜扬长补短

1977年6月，潘智敏大学毕业被分配到浙江省水利工程医院，硅沉着病、肝病、糖尿病、腰扭伤是这所医院的常见病，"每个病人对我来说都是挑战，是用中医还是西医，或是中西医结合，需要仔细斟酌，找到最合适的

治疗方法。"

除了苦练西医基本功，恶补呼吸、消化、心血管等现代医学知识，潘智敏还经常翻阅中医书籍。为加强记忆，把方剂组成编成朗朗上口的方歌记在小本子上，每天上下班途中反复背诵。一本《中草药学》几乎被翻烂。就这样整整三年，打下了扎实的全科医学基础，中医诊病开方的能力也有了很大提高。

1981年6月，潘智敏被调入浙江省中医院。浙江省中医院是全国最早的现代化综合性三级甲等医院之一，除了有一大批医术精湛的名老中医外，也麇集了全国顶尖的西医专家，像血液病专家马逢顺、肾病专家徐慧云等。在这里不懂西医可以说是寸步难行，即使是身处中医科，很多疑难危重病症也会让缺乏西医背景的中医师不断充实现代医学知识，拓展临证思路。

由于有过三年基层医院的锻炼经历，潘智敏既有中医独立诊病能力，又有较强的现代医学基础，一来就受到了当时的院长兼中医内科主任杨继荪和中医内科副主任葛琳仪的器重。

"当时中医病房主要以治疗呼吸系统疾病、消化系统疾病为主，慢性阻塞性肺病、肺性脑病、消化道出血、肝硬化腹水、肾病综合征的病人也很多。当时心脑血管疾病主要以西医病房治疗为主，中医病房里也需要有人会做心电图，而我已经学会了做心电图，又会做一些简单的分析，所以这个重要的工作就交到了我的手上。"这也让当时的葛琳仪主任更加注重对潘智敏的培养。

除此以外，潘智敏还承担起了中医科病房出黑板报的任务。因为在大学时受到徐荣斋、朱古亭等老师的影响，潘智敏很早就意识到，要想成为优秀的中医大夫，不仅要医术精湛，有渊博的知识底蕴，还要有好的板书能力。

在我国古代，医儒向来不分家。很多中医名家本身也是书法家或文学家，而很多的文学家、政治家同时也精通医术。所以，从前的中医名家往往都写得一手好字，每张处方不仅是对症下药的医学依据，也蕴含着哲学、文学、书法、篆刻等多方面的价值，很多名中医的方子常被病人当成墨宝珍藏，不仅用来治病，还能美化生活、陶冶情操，是一种绝妙的艺术享受。

大学毕业后，在繁忙的工作之余，潘智敏一直坚持临帖练习，她的字里行间一看就知道是下苦功练过的，字迹端润秀丽、清新飘逸，连葛琳仪主任看了都大加赞赏，所以出黑板报的重任就当之无愧地落到了潘智敏的肩上。

在回顾这段难忘的学医及从医经历时，潘智敏教授经常说的一句话就是，自己走上中医这条路，为什么比别人走得更快更好些，除了得益于在制药厂的工作经历，在实习和工作中接触到现代医学，拓宽了眼界和思路，上山下乡时自学哲学的那段经历也给了她很多有益的启发。

"那时候我对哲学书籍发生了兴趣，经常一边干农活，一边看哲学书，像马克思的《资本论》、恩格斯的《反杜林论》等，还做了许多读书笔记。书中讲到的唯物主义、辩证法给了我很大的启发。尤其有一句名言：'不能在倒洗澡水的时候把澡盆里的婴儿也倒掉了'。这句话说的是，任何事物的发展都是螺旋式上升的，对既有事物要抱有扬弃的态度。'倒掉洗澡水，留下澡盆里的婴儿'，是'扬弃'的做法；'倒掉洗澡水的同时，连带着把澡盆里的婴儿也倒掉了'，是'抛弃'的做法。前者是辩证的否定观，后者是形而上学的否定观。后来我到医院工作，在考虑用中医还是西医，或是中西医结合的方法治疗时，又想到了这句话。"

到了浙江省中医院后，潘智敏发现自己来到了一个更广阔的舞台，接触到了更多的疑难危重和急症病人。曾经有个肝病病人出血不止，用了止血药效果也不好，每次出血都很难止住。如果找不到更好的治疗办法，病人的情况会越来越差。

出血性疾病在中医学里属"血证"范畴，是指血液不按常道流动，上溢于口鼻诸窍，或下泄于前后两阴，又或渗出于肌肤所形成的一类出血性疾病，包括便血、呕血、咯血、尿血、鼻衄、紫斑等，当时西医止血药不仅种类少，效果也欠佳。

怎么办？潘智敏根据病人肝阳上亢、肝火上炎、肝胃郁火、火热迫血妄行的征象，用大剂量石膏、水牛角、人中白与清热解毒、凉肝止血剂给病人治疗，病人病情逐日缓解，出血量渐少，直至血止而愈。病人从不能动弹，任何事情都要由保姆服侍到能自行干家务的转变，让潘智敏对中医治疗顽疾的信心倍增，热爱中医事业的决心又坚定了一步。

有一回，医院送来一个急诊病人，看上去脸色苍白，呼吸非常困难，原来是吃东西的时候不小心卡住了，食物跑到了气管里，如果抢救不及时性命就会不保。就在这危急时刻，五官科的一位护士当机立断实施气管切开，在病人颈部前方的气管处切开一个小口子，迅速插入气管套管通气，成功挽救了病人的生命，也为五官科医生赢得了宝贵的治疗时间。当机立断采取的决断措施，挽救了性命，医患之间的信任赢得了再生的机会。

从这些病案中，潘智敏认识到，中西医各有所长，可以取长补短，提高疗效。特别是当西医疗效欠佳的时候，配合中医中药往往能取得柳暗花明又一村的治疗效果。而且很多时候，仅用中药也能取得满意的疗效。例如，对于急性尿路感染患者，完全可以用中药口服和大量饮水的方法治疗；对于缺医少药的农村患者，自己在家采来鲜芦根和鲜金钱草煎水服用，也可治疗一些常见病。从那以后，潘智敏对中医、中药的信心更足了。

名 师 指 引

元代名医王好古曾经写过一本书《此事难知》，写的虽然是对他的老师李杲医学思想的论述，但是仅从书名就反映出这么一个共识，学中医并不是一件容易的事，要想成为医术精湛的名中医更是难上加难。

经过大学阶段的中医理论学习，以及工作多年的临床磨砺，潘智敏的医术有了很大提高，但是苦于没有老师的指点，总觉得对中医还停留在感性认识阶段，缺乏全面系统的理性认识，临证开方往往不能得心应手。虽然经典条文熟稔于心，经方时方信手拈来，临到用时，往往只能依样画葫芦，头痛医头，脚痛医脚，缺乏整体观念和辨证论治思想，即便有时候效果好，也说不出所以然来。

第一节　天津之行伴名师　亲炙受教收获丰

在病房工作一年后，听从葛琳仪主任的安排，潘智敏即将调往门诊工作。一天，院领导忽然打电话过来，交代给她一个十分重要的任务。

原来杨继荪院长受天津市市委邀请，给一位首长会诊治疗。组织上考虑，需要从中医科挑选一名年轻医生陪同前往，作为这次出行杨老的学生和助手，整理医案、汇报组织。

杨老当时已经66岁，因为在"文革"时被打成反动学术权威，备受造反派的摧残，罹患慢性支气管炎未能及时医治，后来使用庆大霉素治疗，前庭神经受损，导致日后走路平衡能力下降，走路有时容易偏向一侧。

潘智敏欣然接受了这个任务。在她眼里，杨老是一位严谨求实、医术精

湛的中医前辈，能够有机会陪伴左右亲炙受教，是再好不过的事情了。

在去天津的火车上，师生相谈甚欢。"杨老给我讲了许多他学医和从医时候的小故事，让我受益匪浅。当讲到他在'文革'时受到的冲击，多年整理的临床资料都被造反派付之一炬时，杨老摇头叹息，我听后也唏嘘不已。"但是做学生的不知道，在这看似轻松随意的交谈背后，其实是老师在借机考察她的品性、学术素养及对中医的热爱程度。

原来，当时浙江省中医药管理局为了做好抢救和继承中医药遗产工作，正准备以师带徒的形式，为包括杨老在内的全省43名名中医配备助手，葛琳仪主任向杨老推荐了从浙江中医学院毕业、已有5年临床经验、工作能力很强的潘智敏，杨老想要考察一下这个年轻人，于是便有了此次的天津之行。

火车上的谈话让潘智敏终生难忘，"从这次交谈中，我得知杨老对如何发展中医事业的很多设想，中西医如何结合的问题，当一名好医生的基本准则，以及当一名合格中医师学习古文的重要性。这些话一句句都铭刻在我的心里，真是听君一席话，胜读十年书，因此更坚定了我做一名优秀中医的决心。"事后潘智敏教授回忆，杨老在谈话中反复强调"亦医亦儒"的重要性，那么何为"亦医亦儒"？

自古以来，中医也被称作"儒医"。"儒"是指有文化的人。在源远流长的中医历史中，很多受百姓热爱的名医几乎都是饱读诗书的儒生，如晋代的皇甫谧、葛洪；唐代的孟诜、孙思邈；宋代的朱肱、张杲；元代的王好古；明清的王肯堂、傅青主，等等。

杨老自己也是名医兼名儒。他出生于杭州一个中医世家，从小便与中医结缘。祖父是清末举人、沪杭名医杨耳山，在当时危机四伏的国内外环境下，祖父并没有选择走仕途这条路，而是做了一名济世救人的医生，他认为从医同样也能救国。在祖父"亦医亦儒"思想的影响下，杨老喜欢钻研文史，爱好诗词，从小就熟读四书五经，以及《古文观止》《东莱博议》等古籍。高中毕业后随祖父学医，侍诊之余，悉心研读《黄帝内经》《难经》《伤寒杂病论》《金匮要略》等经典著作，并选读金元明清诸家论述。三年后，因祖父病故，又跟随名医徐康寿学习两年，医术渐长。学成后在杭州设诊开业，由于历起沉疴，深得病家信赖，很快声名鹊起。

话说火车抵达天津后，杨老顾不上休息，马上开始给首长诊病，一起参与会诊的还有时任天津中医学院的院长、著名中医学家哈荔田教授。

这位首长长期在浙江工作，一直由杨老为其诊病开方。中医诊病具有地域性的特点，浙江地区长年多雨潮湿，以湿热或寒湿天气为主，而天津气候寒冷干燥，几乎很少下雨，相应的疾病表现会有一定的变化，用药也要有所调整。杨老与哈荔田教授反复斟酌，根据首长以往的病史和当前的身体状况，制定了新的治疗方案。潘智敏一边认真倾听，一边将整个诊病过程、脉案、处方详细记录下来，之后再整理誊抄成册。

有空的时候，潘智敏也会陪杨老到街上走走，浏览名胜古迹，逛逛百货商店。杨老看中了一双老美华的布鞋想要买下来，老美华是天津百年老字号，他家的布鞋都是纯手工精制，用料考究，经久耐穿，但是到结账时，商店营业员却向他们收取布票，杨老只好作罢。当时市委领导得知了这件事后，马上派人专程送来布票，还附上一块上好的天津产呢子布料，但都被杨老谢绝了。

那时候会诊都是组织委派，并不收取费用，但病人及家属为表示感谢，常会送些礼物作为答谢，杨老是共产党员，一向严格要求自己，每次都婉言谢绝，这次自然也不例外。

自行车在那个年代是很重要的交通工具，当时天津产的飞鸽牌自行车闻名全国，拥有一辆飞鸽牌自行车是无数人的梦想，潘智敏也是如此。但是当陈书记家人私下送票给她时，也被她婉言谢绝。杨老知道后对潘智敏点头称是，加上她做事麻利、医案记录准确详实、古文基础扎实、字迹隽秀工整，心里早认定了这个学生。可是他并不显山露水，只是轻描淡写地告诉潘智敏，自己准备带一个徒弟，但最终人选还得由组织决定。

第二节　蒙师青睐入师门　从此上下而求索

从天津回来后，潘智敏很快从病房工作转身投入到忙碌的门诊工作中去，逐渐淡忘了拜师的事情。直到有一天偶遇医院党委的王书记，"一见面他就问我，你怎么不去看看杨老，他这段时间脚扭伤了。你知道吗，组织已经决定选派你做杨老的中医学术继承人了！"

至今潘智敏教授仍清楚地记得1983年5月的那场拜师仪式。仪式在杭州新新饭店举行，为包括杨老在内的43位浙江省首届名中医配备助手，场面非常隆重，徒弟向师傅献花、敬茶、行拜师礼，师傅对徒弟循循善诱，寄予厚望，师徒共同签署拜师合同。拜师合同一式六份，除了常规条款外，杨老还对潘智敏提出了特殊要求，在出师前将杨老一生的学术思想、医案精华，包

括在"文革"时被付之一炬的资料重新整理成册。

在潘智敏的眼里，杨老不仅医术精湛，而且平易近人，对所有病人一视同仁。"当时杨老住在红门局，从弄堂口到他家门口约有百米长的路。每当杨老上下班，邻居及小孩看到他，都会和他打招呼；有不熟悉的病人或同事来找他，都会有人来指路领路，杨老从来不回避来访者。"潘智敏回忆道。

1988年上海甲型肝炎大流行，引发了浙江肝炎爆发，老百姓对肝炎谈虎色变，连医院都专门腾出了隔离病房。而杨老家，经常有来自农村的肝炎病人请杨老诊疗。"当时，杨老家人都担心这样看病会被感染，劝阻他不要在家里接待病人。杨老却说，'病人是应该到医院就诊，但人家都求到门上来了，哪有医生拒绝病人的道理'，说罢依然亲切地为病人看病，而后嘱咐饮食起居的禁忌等等，常常忘了他自己，在家人的督促下才去洗手和休息。"

还有一次，杨老为省军区某领导看病，同来的军医对他说："这位是领导，药请用得好一点吧。"杨老当即就对那位军医说，"你我都是医生，医生是以病人为服务对象，不能以职务高低选药。只要对症，哪怕三五毛钱的药也有效。"

给学生上课时，杨老最常挂在嘴上的一句话就是："对待病人要官民一致，朝野一致，认识与不认识一致。所有病人在病情诊治用药方面，按诊施治，一视同仁。"

前来登门求治的病人很多，病人进门，杨老总要起身备上一杯茶，和颜悦色地对来者说："看病是急不得的，待我给前面的病人看好了，一定细细替你问诊。"于是求医者都耐心地等待，看着杨老认真看病的样子，不知不觉有了一个好心态，对医生也更敬重、信任了。

他体谅病人远道而来，门诊时经常加号；对于外地或农村来的病人，考虑到他们如果留在杭州看病，可能会承担不起各项开支，因此复诊都是把处方寄去，并附上亲笔书信。

曾经有位重庆的病人写信求医，寄上厚厚的一叠病历，说自己多年来怕冷，即便在炎炎夏日也要穿上厚厚的棉衣，久治不愈。杨老仔细阅读他的病历，开出通筋活血的方药寄给病人，后来病人来信说病情大有好转，但因为路远无法登门拜谢，杨老却备感欣慰，说："病人反馈病好了，对医生就是最大的奖赏。"

在省保健委员会任委员时，杨老常应邀给外国友人看病，每次开完处方，还要详细写明煎服方法，以及中成药的组成、主治、功效、生产厂家等，其认真、客观、负责的态度，让所有人都心服口服。

杨老常说，杀鸡不需要用宰牛刀，病到几分就治到几分，只要对症，便宜药也能起到"四两拨千斤"的效果。

一次省财政厅的某位领导前来看病，咳嗽日久，治疗了好些时候不见好，本以为杨老要给他开很贵重的药，就随身带了5000块钱准备交医药费，没想到杨老仔细诊治后，挥笔只开了几毛钱的药，就把长期困扰他的咳嗽治好了。

曾担任中共中央宣传部副部长、中共中央顾问委员会常务委员的一位首长也曾找杨老看过病。这位首长曾做过毛主席的秘书，是党内著名的笔杆子，对中医也颇有研究，一来就向杨老请教，你看我这个病是用桂枝汤好，还是用阳旦汤好？

杨老回答，你的病既不适合用桂枝汤，也不适合用阳旦汤，因为你现在身处江南，江南地区多雨湿热，所以你既有外感引起的咳嗽，也有湿邪存在，要用三仁汤合银翘散加减治疗。三仁汤虽然可祛三焦之湿气，但是宣透的力量不够，所以还要加银翘散。首长听了非常信服，回去以后果然数剂告愈。

杨老常对潘智敏说，学中医要通晓文史，只有功底扎实，才能精研医典，发皇古义。只有把古文基础打好，才能得其门而入。《黄帝内经》《伤寒杂病论》等经典医著是中医学的理论根基，金元明清各家学说则是在经典医著上的继承和发展，但是，如果只读翻译过来的白话文经典，不读原汁原味的经典医著，是永远学不到中医精华的。读不懂经典，谈何学中医？这也是很多人学不好中医的原因所在。

杨老不仅文学功底扎实，还特别敬重文人。他曾为许多科技文化界名人，如夏衍、巴金、傅抱石、沙孟海等治过病，其医术和医德受到大家的一致好评。杨老家的客厅里挂满了各界人士赠送的书画，有郭沫若夫妇的诗词、夏衍的题词"霜松并茂"、敦煌研究专家姜亮夫与陶秋英合作的双松图、何香凝的梅花、傅抱石的山水等等。著名书法家姜东舒曾题词相赠："同是济世救人，良医堪媲良相"，这正是杨老一生高风亮节的最好写照。

杨老尤好古文，常引用著名国学大师、中医学家章太炎的话："不学国学无益于医学"，要求学生在学好中医的同时也要注重自身文学修养的提高，博览群书，奠定良好的医古文基础；他很重视病历书写，反复强调医生处方的目的是治病救人，要求学生在写病历时要认真仔细，字迹要清晰美

观；他还列举皇甫谧、孙思邈、张景岳、柯韵伯等医家通晓百家、工诗善文的事例，主张在专攻一门学问的同时，对于其他学问也要广泛涉猎，才不会囿于一家一说，故步自封。

杨老对潘智敏耳濡目染。在跟随杨老给夏衍会诊时，夏老还给当时年轻的潘智敏题了词，鼓励她好好钻研中医。潘教授回忆起她在给著名画家陆抑非老先生诊治时的情景。她一到陆老家，陆老刚刚还在沙发上闭目养神，一见她进来，一反刚才的神态，立马招呼她入座为其诊治。后来陆老在浙江大学医学院附属第二医院（简称浙医二院）住院期间，还邀请潘智敏教授为其会诊，陆老对中医、中药非常信任。

杨老曾和杭州市中医院的王主任和卫生厅黄副厅长一起为一位从美国过来的华人诊治肾病。因病人反映的服一剂有效药方，不久就感到效力减弱。为此，三位中医大师一起研究，为他开发五张药方，按一二三四五的顺序排好服药，果然是灵验。病人复诊时，仍然要求配备数张药方。大师们配方后仔细嘱托，让病人受益良多。几位中医大家之所以能这样精准的推算处方服药顺序，源于大师们对疾病的病因、病理变化透彻的知晓力。只有极富经验、极有造诣的名家方能有胆略出其身手。潘智敏教授已将该病例整理分析后，载入《杨继荪临证精华》一书。

第三节　十八年来磨一剑　医路贵有勤与专

潘智敏教授在作为省级名中医杨继荪助手五年师满后，又再次被选为全国首批五百名名老中医药专家杨继荪的学术经验继承人进一步学习深造。就在先后两次拜师仪式后，整整18年，潘智敏一直跟随在杨老身边，对杨老的学术思想和临证经验勤学习、细体会。"跟杨老抄方时，常常一个上午就要看50多个号子，有时候杨老来不及解释开方的用意，我就晚上重新整理，仅临床笔记就记了50多万字，字里行间都凝聚着心血。"

杨老一度患有严重的肺源性心脏病，仍坚持给病人看病，这让潘智敏感动不已。"一个爬楼梯都要气喘吁吁的老人，自己有肺心病，还时常上4楼的中西医结合病房给病重会诊的病人诊治开方，我跟杨老学医18年，他的为人让我体会到了做医生真正敬业是怎么回事，受益终生。"

当杨老因身体原因无法去门诊时，潘智敏也坚持到杨老家里工作，"杨老写处方，我就在旁边抄录，下意识地模仿他的字迹，时间长了，人们都说我的字写得越来越像杨老的了。"

杨老在学术上毫无保留，对学生总是倾囊相授，诲人不倦。他曾经从浙江省中医院中医科选出包括潘智敏在内的几名年轻骨干医师，每周在家授课一次。为了提高授课效果，每次备课都要花好几天的时间，还注意不与以前的内容相重复，并及时补充新的资料。授课内容极其详尽，既有对中医基础理论和经典著作的辅导，也有对临床常见病、多发病的辨治要点，以及疑难病例、危重病例的临证经验的总结，让潘智敏受益终生。

杨老精湛的学术思想、高超的医术、高尚的医德处处影响着潘智敏教授。潘教授回忆起1984年受组织委派跟随杨老去上海给当时参加二省一市会议的一位中央首长会诊。一路上的交谈中，杨老围绕着几种疾病的发病机制、病机变化及自己的治疗经验言传身教，会诊时，杨老严谨的学术风范、精准的辨证施治及条理清晰的精到分析，令在场的同行都叹然佩服，至今想起来，当时的情景历历在目。

杨老是中医内科临床大家，以看内科疑难杂病出名，行医严谨灵活，师古而不泥古，他认为中医治病贵在辨证，而辨证的关键，在于掌握疾病的性质和临床演变规律，在此基础上立方下药，才能有的放矢，其在临床实践中形成的"杨氏内科"理论深深影响了潘智敏。

"杨氏内科"的一大特点就是博采众长，从不排斥现代医学知识。一次，杨老和当时浙二医院神经内科主任聊天，问："为什么西医有很多人对中医都有偏见？"主任回答："因为中医里面有卖弄江湖、吹牛说大话，说自己包治百病的人太多了，这不科学，也不实事求是。"杨老又开玩笑地说："那你的家人得了顽固性失眠，为什么还要让我治疗呢？"主任回答："西医诊断手段很多，但中医的治疗措施非常丰富，很多方面确实是有西医所不及，且中药配伍得当，很多疾病能取得确切的疗效。"

这番对话让杨老感触深刻，他由此认识到，中西医各有短长，是互补、并存、并重的关系。所以后来在主持浙江省中医院工作时，积极添置现代化医疗设备，大力推进中西医结合的科研项目。在担任浙江省中医院院长期间，明确提出"发扬中医优势，开展中西医结合，取长补短，办成一个临床、科研、教学三结合，具有现代医学科学水平的中医院"的办院方向，将中西医学兼容并包。

"融汇中西医学，贯通传统现代"，是杨老一以贯之的理念。他常对潘智敏说，随着时代的推移，中医学也要不断向前发展。对中医经典学习要采

取"扬弃"的态度，既要继承，又要发展。不排斥现代医学，用先进的科学技术和仪器武装中医。许多疾病只有在明确诊断的前提下，才能采取正确无误的治疗手段，提高疗效，更好地造福于大众。

经过5年的学习，在杨老的言传身教下，潘智敏很快成长、成熟起来。1988年7月，潘智敏顺利通过出师考核，获得浙江省中医药管理局颁发的继承名中医学术经验有成绩奖。在颁奖典礼上，作为颁奖嘉宾的著名肝病专家潘澄濂老先生高兴地说："浙江省卫生厅、省中医药管理局精心筹备落实的这项名中医继承工作，是对中医后继乏人现象采取的有力措施，现在咱们中医终于后继有人了！"

进入20世纪90年代后，随着改革开放的不断深入，我国社会发生了翻天覆地的变化，"奋进"一词成了这一时期的高频词。中医药工作在这一时期也留下了很多令人难忘的瞬间：老中医药专家学术经验继承工作逐步在全国展开，中西医并重成为卫生工作的基本方针之一，《中药品种保护条例》的颁布等，这些无不见证着我国在中医药工作上的"奋进"。

1990年6月，人事部、卫生部和国家中医药管理局联合做出《关于采取紧急措施做好老中医药专家学术经验继承工作的决定》，杨继荪入选首批全国500名国家级名中医药专家。1991年5月，潘智敏被选为首批全国500名名老中医药专家杨继荪的学术继承人，时隔2年再次成为杨老的学术继承人。1994年6月，潘智敏期满出师，出师考试的时候，师徒俩同看一个病人，开出来的药方竟然一味不差，书写的方药文笔也竟然如此雷同，一时间被传为美谈。专为此事，浙江电视台《品质人生》栏目组特别做了专题采访，拍成录像并播放。

1995年，潘智敏作为浙江省学术经验继承人的唯一代表，远赴北京参加全国首届高徒出师大会，作大会学术交流，并领取出师证书。"刚到北京时，接待人员就问我你最想去的地方是哪里，我说到北京来过好多次了，只有人民大会堂还没有进去过。他笑着说，你的心愿很快就会实现了，这次会议的地点就设在人民大会堂。"第二天，潘智敏和其他与会代表乘坐专用汽车，怀着激动的心情来到人民大会堂。原国务委员彭佩云做了报告，并同全体代表合影留念。北京中医界对这次会议高度重视，几乎所有的知名专家均早作准备，停止所有门诊前来参会。全体从事中医药工作的学者、专家都感受到党和国家领导人对中医的重视，中医界的春天来到了。

跟师多年，潘智敏始终不曾忘记杨老对自己的期许和嘱托，经过多年持续不断的资料收集和案例积累，结合自己在跟师过程中耳濡目染的点滴体会，以及杨老多次授课的笔记、平时的言传医话和医学论点等资料，于1999年4月，经杨老亲自审定，潘智敏整理出版了27万字的《杨继荪临证精华》一书，实现了杨老一生的夙愿。

这本书分上下两篇，从不同角度系统地介绍了杨老的学术成就和临证特色。上篇以临证思路、辨治特色为引，阐述杨老的学术精华，着重在求本理瘀方面作了较深入的探讨；下篇分门别类、各系分述，以肺、心、肝、脾胃、气血津液等各系病证为经，以急性病证、老年病调摄和疑、难、重、顽病证为纬综合整理，夹叙医论、医话及经验方于其中，且参以相应的医案评析，密切联系临床实践。通过阅读《杨继荪临证精华》一书，除了能了解杨老的生平事迹、学术思想及其注重实践、讲求实效的诊治风格外，更能学到杨老在临证诊疗中大量独到的经验体会，以及在辨证施治、立法选药方面的具体治法。该书内容准确、详实，表述清晰流畅，受到中医界人士的高度肯定，荣获第十届华东地区科技出版社优秀科技图书二等奖。

1999年9月，在新书出版5个月后，杨老因病去世，永远离开了他最挚爱的亲朋好友和为之魂牵梦绕、奋斗终生的中医事业。他走时神态安详，60年的漫漫中医路，济世救人，无怨无憾。逝世的当天晚上，忽然间下起滂沱大雨，仿佛天地也为之动容。潘智敏悲痛之时，写下了《沉痛缅怀敬爱的导师杨继荪》一文，全文刊登在浙江省中医院院刊和《浙江中医学报》上。

浙江中医临床名家·潘智敏

第三章

声 名 鹊 起

　　潘智敏常说，自己是幸运的，在对中医一无所知的时候走近中医是自己的幸运，在学中医一筹莫展时能够跟师杨老更是自己的幸运。经过18年在杨老身边的耳濡目染和日复一日的临床磨砺，潘智敏的医术早已炉火纯青。但是，她从不曾停下自己前行的脚步。

第一节　妙手回春术　医名远传播

　　在跟师之余，从1996年9月到1998年8月，为进一步提高自己的中医理论素养，在忙碌的工作之余，潘智敏还以优异的成绩修完了浙江中医药大学硕士研究生主干课程。

　　在电影《阿甘正传》里有一句很经典的台词："生活就像一盒巧克力，你永远不知道下一块的口味是什么。"我们永远不知道下一刻会发生什么，但是如果你足够努力，生活会成倍地回报你昨日的勤奋。2001年潘智敏教授因精湛的医术和良好的医德医风，被浙江省人民政府授予"浙江省名中医"称号。

　　2008年和2017年，先后两次被国家中医药管理局遴选为第四批和第六批全国老中医药专家学术经验继承工作指导老师。2011年，荣获第二届中国中西医结合贡献奖；在浙江省中西医结合学会成立三十周年庆典大会上，荣获浙江省中西医结合先进个人奖。2011年，荣获浙江省人民政府颁发的保健工作先进个人。2012年，被评为全国名老中医药专家潘智敏传承工作室导师，同年被聘为全国首批中国中医科学院中医药传承博士后导师。

　　此外，她还长期担任浙江省中医院干部医疗保健病区主任，浙江中医药大学博士生导师，上海中医药大学师承博士生导师，浙江中医药大学附属第一临床医学院——浙江省名中医研究院研究员，浙江省中医药老年病重点专科学术带头人；历任中国中西医结合学会虚证与老年病专业委员会第四、五届常务委员，浙江省中西医结合学会第一、二届老年病专业委员会主任委员，浙江省第三届中西医结合老年病分会顾问委员，浙江省第五届中西医结合老年分会名誉主任委员，浙江省老年学会常务委员，浙江省医学会第五、六届老年医学分会副主任委员，浙江省第七届医学会老年医学分会顾问委员，浙江省老年学会第一、二届医学分会会长，《浙江中西医结合杂志》编委等职务。

医生是救死扶伤的职业，治疗效果好不好，病人是最有发言权的。凡是找潘智敏教授看过病的人都知道，她对待病人和蔼可亲、细心负责，就像她的老师杨继荪一样，对病人不论职位高低、贫富贵贱，都一视同仁。她的病人来自全国各地，远到新疆维吾尔自治区、内蒙古自治区、黑龙江，很多都是经人介绍而来的，更有国外的病人慕名前来。人们都说她辨证功夫了得，效如桴鼓，是一位有着大医风范的医生。

在干部病房成立不久，当时的浙江中医药大学党委副书记脑梗死，出现肠梗阻，潘智敏教授用大承气汤合活血通络药物，使之积滞十余天的大便排除，病情缓解。病人出院后转至浙江医院，又出现肠梗阻症状，医生就按原来的方剂给他服下，但效果不显。潘教授应邀前去会诊，认为该病人病情已变化，目前出现津液亏虚，宜用增液承气汤，在原方基础上，加上女贞子、知母及大剂量玄参，果然效果灵验，家属欣慰中表示真是太神了。再后来，病人有一次在家中发生口唇发绀、神情呆滞，不知所然。又请潘智敏教授会诊，仔细诊察后发现，由于正值三伏天，家属在床上放置了冰袋，让其垫在身下睡觉，造成寒凝气滞血瘀，所以病人出现上述症状，去除冰袋后立刻就转危为安了。可见在诊疗疾病时，重要的是究其因、探其果，方能对症下药，有时甚至不药而愈。

曾经有病人一到夜里就手麻得厉害，经医院诊断为高脂血症，吃了很多药未见好转，潘智敏教授看过后认为是内分泌紊乱所致，并且瘀血也很严重，吃了7剂中药后症状明显好转，2个月后症状消失。

还有病人患前列腺炎十多年，阴囊长期潮湿发热，伴有头晕眼花，看了二三十个医生都没有多大起色，在潘教授这里治疗半年就痊愈了。

在潘智敏教授家的抽屉里至今还保存着一封写给浙江省中医院院长的

感谢信。写信人是一位92岁的老太太，退休前是杭州某国企干部，她在信中详细讲述了自己找潘智敏教授治病的经过，称赞潘智敏教授"医道好，医德好，对病人更好"。

这件事发生在2014年的11月，虽然时隔多年，潘教授对老太太的印象还是蛮深的，"她年过90，却保养得宜，气度不凡，第一次来穿着粉红色的外套，推着拉杆箱。"原来，老太太心功能不好，有慢性心力衰竭，当时脚肿得很厉害。她因为胸闷、气急、心绞痛，到某三甲医院心内科治疗，服用药物后效果不明显，经人介绍找到潘教授。只服了数剂中药，胸闷、胸痛、气急的症状就明显改善，人也舒服了很多。她非常感激，临走时还送了潘教授一本自己写的书，并写信向浙江省中院院长致谢，潘智敏教授将其作为对自己的激励，收藏至今。

老人的心力衰竭还不算很严重，潘智敏教授曾经接诊过一位全心衰竭的病人，全身浮肿，伴有胸闷憋气，夜间无法平卧，之前的治疗一直未见起色，后来转到浙江省中医院干部病区治疗。病人已安装心脏起搏器，目前心脏扩大如烧瓶样，B超提示全心扩大，并有大量心包积液和胸腔积液。后经潘智敏教授和她的两位学生精心治疗，病情明显好转，顺利出院。

潘智敏回忆说，跟师后努力学习杨老的临诊风格。有一次，医院吕院长交代了一个任务，给一位台湾著名人士开具膏方调理。没想到，这位台湾籍人士对中医非常热爱，对中医文化很是推崇，诊治后还把潘智敏教授随手写的那张膏方处方笺收藏起来，并说他太太服用后失眠、心悸的症状明显好转。他非常相信大陆的中医药发展势头，庆幸能在祖国大陆看到有名的中医师。

潘智敏教授常说，我们做任何事情、对待任何一位病人，都要认真、负责、专注。就像当年杨老对她说的，病人的信任是对医生莫大的奖励和鞭策。

第二节　继承不泥古　创新结硕果

我国自20世纪50年代以来，越发重视名老中医药专家的学术继承工作，先后组织了多种形式的整理和总结老中医药专家学术思想及独到经验的工作。1990年，人事部、卫生部和国家中医药管理局共同颁发了《关于采取紧急措施做好老中医药专家学术经验继承工作的决定》，截至目前，已先后六批为老中医药专家配备继承人。

作为首批老中医药专家学术经验继承人，潘智敏教授十分重视对杨老经验的继承和总结，曾主持省级课题《著名中医杨继荪（国家级）学术思想与临床经验整理研究》，获浙江省政府科技进步三等奖，浙江省中医药科技创新二等奖。参与国家级课题"中国百年百名名中医临床经验集"丛书的编著，独立编著了《中医临床学家杨继荪》《杨继荪治疗老年病经验》。主编《杨继荪临证精华》，获第十届华东地区科技出版社优秀科技图书二等奖。参编《中华名医特技集成》中杨继荪特技绝招部分、《全国名中医药专家学术经验集》中"重求本善理瘀的杨继荪"部分及《临证医案集萃——五十年中医经典传承》中杨继荪、潘智敏部分等著作。

在继承杨老学术思想和独到经验的同时，潘智敏教授还将其学术经验与现代医学融会贯通，成功地运用于临床实践中。受杨老的影响，她对中医经典和传承经验始终采取"继承不泥古、创新不离宗"的"扬弃"态度，与时俱进，不断创新。

在跟师杨老以后，潘智敏教授在干部病房工作，她边学边用，边带教研究生。2014年大年初一，一位高龄离休干部突发心肌梗死。潘教授一边用溶栓治疗抢救，一边嘱咐研究生每半小时做一次心电图，记录下病人心肌缺血、S-T段逐渐抬高并T波倒置的全过程。由于抢救及时，病人转危为安。之后该病人又合并胆源性胰腺炎和肠梗阻，腹部膨隆、腹痛难忍，请外科会诊，因年纪太大、基础疾病太重，无法耐受手术。在这个危急时刻，潘教授毅然用中医中药严密观察治疗，生大黄一直用到了90g，成功地挽救了病人的生命。还有一例肿瘤患者，反复血尿，经多家医院治疗，效果不佳。潘教授采用中医凉血泻火的方法，出血得到控制，病情逐渐好转。另外，她还在病区值班时，用麦冬、五味子、别直参、西洋参、附子成功抢救了一位阵发性心房颤动、急性心功能衰竭、心源性休克的病人。她在病房值班时经常自己为病人煎药，对中医急诊的热证、血证、脱证，采用中西医结合的治疗方法，往往收到事半功倍的效果。

"因为社会在发展、科技在进步及生活水平的提高，疾病谱在不断发生变化，所以研究重点也要及时做出相应的调整。"潘智敏教授介绍，在六十余年的从医经历中，杨老始终紧跟疾病谱的变化，不断调整自己的临床研究重点。

二十世纪五六十年代，浙江海盐地区乙型脑炎流行，为发挥中医优势，

杨老于1956年开始进行中西医结合治疗乙脑的临床研究。杨老发现海盐地区的乙脑流行集中在夏至之后、立秋之前，这段时间气候高温湿热，所以海盐地区的乙脑病人除了有一般病人常见的壮热烦渴、汗多溺短等阳明热象外，多兼有胸闷脘痞、身重呕恶、苔腻等湿困太阴症状，主张在治疗乙型脑炎以卫气营血分型的基础上，结合浙江地区湿热壅盛的地域特点，以及"湿从热化""湿邪蕴滞"的发病特点，辨证分为六个类型，为中医中药治疗乙型脑炎提供了比较系统的参考资料。

这一时期在我国的南方，血吸虫病也疯狂肆虐。凡是得这种病的人，到晚期肚子会变大，身体日渐消瘦，最终会丧失劳动能力。由于劳动力极度匮乏，农田逐渐荒芜；不断有病人死去，很多地方都出现了无人村，此情此景正如毛主席在《送瘟神》一诗中所描述的那样——"千村薜荔人遗矢，万户萧疏鬼唱歌"。

面对严峻的局势，杨老临危受命，于1958年开始对晚期血吸虫病进行临床研究。他发现晚期血吸虫病患者由于病程漫长、病情复杂，且多伴有各种夹杂症，难以接受锑剂治疗，主张采用"中西结合"的方法，杨老在治疗血吸虫肝病中总结了"湿、热、滞、瘀"的病理特点，先用中药审因求本、辨证施治，待病人体征改善后，再配合锑剂三日疗法。实践证明这种方法切实可行，既能从一定程度上改善症状，增进体力，又为锑剂疗法的顺利实施创造了条件，临床效果很不错。

二十世纪七八十年代，浙江一带的老百姓还没有富裕起来，为了生计经常风里来雨里去，因此患呼吸系统疾病的人很多，慢慢地就转成肺源性心脏病。

杨老在呼吸系疾病的治疗方面负有盛名，在发热、咳嗽、哮喘、急慢性支气管炎、慢性阻塞性肺病、肺纤维化等肺科疾病的治疗上具有独到之处，尤其对长期卧床的病人，经清肺联合扶正调治后，鲜有肺部感染，疗效显著。

潘智敏教授至今还记得20世纪80年代杨老应邀去日本讲学，本来准备讲肺源性心脏病等呼吸系统疾病的中医治疗，但是主办方提出异议，说日本当时很少有人得肺源性心脏病，希望能讲讲心脑血管、高血压、高血脂、糖尿病等代谢性疾病的治疗。

到了20世纪90年代，特别是进入21世纪后，随着人们生活水平的提高，我国代谢性疾病也呈井喷式增长。因此从2002年开始带研究生后，潘智敏教授就将研究重点放到了心脑血管、高血压、高血脂、脂肪肝等代谢性疾病的治疗上。

"其实对于代谢性疾病，我从80年代初就开始做课题研究。我主要做临床及中医理论方面的研究，而浙江中医药大学的吕圭源教授则从事药学及药理方面的研究。"

在这个课题中，潘智敏教授开创性地提出了"求本理血"的高血压治疗理念，和浙江中医药大学吕圭源教授一起研制出具有降压作用的康脉心（血灵）口服液并应用于临床，取得了较好的临床疗效，荣获国家科技进步二等奖、中国中西医结合学会科技创新一等奖、浙江省中医药科技创新二等奖。其中康脉心（血灵）口服液还获得新药证书及专利证书。

在继承前人积证学说的基础上，潘智敏教授还结合时代和地域的特点，以及长期的临床经验，将原有的积证范畴拓宽，提出独具特色的"新五积理论"。

潘智敏教授指出，古代医家所说的"积"多指宏观积证，是指分布在肝、心、脾、肺、肾五脏上的积滞肿块，是可见、可及的疾病如肿瘤等。现代人由于生活节奏加快、饮食不节、情志郁积、久坐少动、常处湿地等原因，常引起各种新的积证。

比如，心情焦虑压抑，会形成气积；嗜食膏粱厚味，会导致食积；脾胃功能差，不能运化水湿，会形成痰（湿）积；脾胃不能输布精微物质，从而聚为脂质，积于脉管或肝中，可形成脂积；脂质、痰浊聚于血液中，与气滞并行，循经而行，会导致血脉不畅，形成瘀积。

气积、瘀积、痰积、食积、脂积，都属于微观积证的范畴。微观积证早、中期多表现为实证，以气积、食积、脂积、痰积为主，晚期以痰积、瘀积为主，也可见虚实夹杂之证。

当五积之邪积于肝时，会发为脂肪肝、肝肿瘤等疾病；积于心，可发为冠心病等疾病；积于脑，可发为脑血管疾病等；积于血液，可发为高脂血症、糖尿病、高尿酸血症、高黏血症等疾病；积于血脉，可发为高血压等疾病；积于关节，可发为痹症等疾病；积于肠，可发为肠梗阻等疾病；积于肾，可发为结石等疾病；五积夹毒，可发为肿瘤等疾病。五积日久，均可郁而化热。

潘智敏教授认为，不同的疾病，五积之滞各有侧重。例如，脂肪肝有典型的五积表现；高血压病以气积、脂积、痰积、瘀积为主，尤其与瘀积、全

身气血不畅有关；冠心病以气积、痰积、瘀积为主；高脂血症以脂积、痰积为主；糖尿病以痰积、瘀积为主。

但是在临床上，同一患者的身上往往多种疾病同时存在。例如，高血压常合并糖尿病，或合并高脂血症，或高尿酸血症，或冠心病、代谢综合征等。此类病人大多具有典型的五积表现，老年人常以瘀积、痰积、虚积为主，大多虚、积并存，也有实积之证；中青年人以气积、痰积、湿积、食积、脂积、实积为主；小孩则以食积为主。

对于因"血瘀、痰湿、脂毒、食积、气郁"五积所致的各类积滞病证，潘智敏教授采用"祛瘀化浊，消导行滞，疏理解郁"的治疗方法，总结出治疗积证的经验方"五积方"，取得了较好的临床效果。其主持的"调脂积冲剂治疗脂肪肝与肝纤维化"的相关实验研究，获得了浙江省政府科技进步三等奖，浙江省中医药科技创新二等奖和三等奖。

曾经有一位脂肪肝患者，浑身乏力、胃口差、便秘2年多，加重2月余。检查发现三酯甘油、胆固醇均升高，肝功能异常，经人介绍找到潘智敏教授。潘智敏教授诊断后发现，他是因为平时活动太少，又吃得过于油腻，导致气血不畅，气、食、痰、瘀、脂五积之邪，积滞于肝，兼而化热。其表现为舌质红，舌边有瘀斑，舌苔黄厚腻，脉涩，需要疏肝清热、消积导滞。用五积方加减治疗，服药7剂后，胃纳、肝功能均有所改善，大便通畅。继续服药7剂，血脂明显下降，肝功能恢复正常。于是继续给予院内制剂——五积方冲剂，巩固治疗，直到痊愈。

潘教授治疗脂肪肝运用的"五积病理致病理论"是在杨老早期治疗肝病"湿、热、滞、瘀"病理致病的基础上，根据时代变化、疾病谱的变化而新释创新而成的，经临床运用，得心应手、疗效显著。

另有一位是代谢综合征患者，因为工作压力大，应酬多，出现头晕、乏力、失眠3月余，未引起重视，后症状加重前来就诊。潘智敏教授说，她是因为生活节奏快，压力过大，导致心情焦虑抑郁，加之进食膏粱厚味，伤及脾胃，导致气、食、湿、瘀、脂积滞明显，所以舌质暗、舌苔厚腻、脉弦涩，需要祛瘀化浊、消导行滞、疏理解郁。用五积方加减治疗，服药2周后，头晕、乏力感和失眠均有所好转。前后治疗一个半月，乏力、头晕消失，精神明显好转，血脂、血压、肝功能也都恢复正常。还有一位肥胖病患者，同时合并有高血压、高血脂等代谢综合征，体重为220斤，服药后减至170斤，足足减轻了50斤，病人体态轻盈，动作也敏捷了许多，人的精神面貌和精气神都焕然一新。

潘智敏教授曾经讲述过几例非常值得探讨发生在身边的病例。

病例一 有一位患者因慢性肝病引起肝脾大，食道静脉曲张，消化道大出血，生命危在旦夕，经外科会诊手术后出血止住了，但在术后当天观察期间患者突发胸闷、气急、心悸、出汗，紧急CT检查后确诊为肺梗死，会诊医生认为要用抗栓治疗。但主管医生和患者家属都心存顾虑，刚刚血才止住，又马上要抗栓治疗，怕再次引起出血。此时潘智敏教授一起参加了病例讨论后提出，用较为缓和的活血行瘀通络的中药针剂代替抗栓药物，并严密观察。讨论结果取得一致意见后，采用了中药制剂静脉滴注，最终病人的胸闷、气急、心悸症状逐渐缓解，平稳度过了危险期，大家都松了一口气。潘智敏教授说，在权衡利弊的同时，出血与血栓这一对棘手的矛盾用中医中药化解了。

病例二 患者因"便血2个月"在上海新华医院诊断为直肠癌晚期，医生判断其生存期不过半年。病人非常焦虑，到潘教授处求诊。潘教授诊察病人后，发现其舌苔厚腻，平时饮酒、喜食膏粱厚味，致热浊下注、壅塞直肠，遂用大剂量大黄泻下，病人一天大便数次，连续一周，复诊时继用大剂清热解毒法协同化疗1个月，后肠镜检查发现肿块明显缩小，给手术根治创造了条件，术后继续服中药至今已4年多。

病例三 有一位年轻的男性病人，因"反复头痛"，CT检查考虑为脑胶质瘤，经北京、上海、杭州各大三甲医院专家会诊，均建议手术，但由于肿瘤部位在脑松果体，手术风险极高，术后可能出现瘫痪、智能障碍，甚至植物人的可能。病人抱着一线希望来潘智敏教授处就诊，潘教授诊断考虑为脂积，予化积祛浊通利的方法，配合小剂量的脱水剂，病人头痛好转，一直在门诊治疗3年多，病情稳定，做到了人瘤共存，还生育了二胎，不影响生活质量。

病例四 一位病人因"突发肢体活动不利"，在当地医院住院治疗，用"参麦针"静脉滴注后病情逐渐加重而转诊。潘智敏分析病人既往有高血压病史，此次CT示脑梗死，嘱用活血化瘀、清热醒脑的中药，病人病情逐渐好转，2周后痊愈出院，未留下任何中风后遗症。潘教授反复强调，在诊治过程中，要探其因、究其果，寒热虚实辨证正确，方能获得满意疗效。

病例五 潘智敏教授在一次值夜班中会诊一例心源性休克的病人。抢救时用了升压药物，但病人的血压迟迟难以维持平稳。潘教授观察了病人的舌苔、脉象，认为患者属于心阳虚脱之证，予参麦针、参附针联合运用，血压逐渐回升，病人转危为安。潘教授感慨地说，中医中药在急诊抢救领域和疑难病症领域，应该要有其用武之地。用杨老的话说，医生的经验都是在临床中摸爬滚打得来的。

老一辈杭州人还保留着这样的记忆：胡庆余堂的"杞菊地黄丸"后来出了口服液版的；杭州天目山药厂、杭州第二中药厂生产的"复方淡竹沥""养阴降糖片"等中成药，不仅服用方便，对支气管炎、糖尿病也有良好的效果。

这些都出自杨继荪老师之手。杨老认为中医与中药唇齿相依，中药剂型改革是促进中医药事业发展的重要举措。

所谓中药剂型改革是在传统中药剂型的有效单方、复方、秘方和验方的基础上，以中医药理论为指导，运用现代药剂学的技术、方法和手段，制成适用于多种给药途径的有效中药新剂型，如颗粒剂、胶囊剂、注射剂等。

理想的中药剂型改革，其结果应达到：在保持或提高原药功效的前提下，降低成本，提高质量，便于贮存、保管、携带及方便服用，克服汤药之弊；按照中医治则，便于辨证加减，确保临床疗效，减少毒副作用，能多剂型、多途径地给药，满足中医临床需要；生产工业化，有利于质量标准化和规范化要求。

杨老一直不遗余力地推进中药剂型的改革。在兼任杭州胡庆余堂药厂和杭州天目山药厂等单位的顾问时，建议并指导药厂将传统中成药"杞菊地黄丸"成功改良为"杞菊地黄口服液"。他还无偿将治疗支气管炎、糖尿病的验方提供给杭州天目山药厂和杭州第二中药厂,并指导他们制成"复方淡竹沥""养阴降糖片"等中成药。这些中成药分别于1983年、1984年、1985年通过省级鉴定,并推广使用,受到广大患者的欢迎。其中"复方淡竹沥"还远销东南亚地区,创造了巨大的经济效益。

此外,他还为医院制剂室先后制出治疗感冒、咳嗽的"复方板蓝根冲剂"和"清热止咳糖浆",以及治疗偏头痛的"头痛灵"。经临床应用,皆有良效。

同时,他还为医院提供了治疗病态窦房结综合征、快速型心律失常和溃疡性消化不良、反流性消化不良、吞气证等病证的有效方药。

除了中药剂型改革,他对国家星火计划也颇为关注。由他提供处方的千年健中药强力圈,以及磁药颈枕、磁药护腰、磁药护胸系列产品等,均通过省级鉴定,广泛地应用于临床。

受杨老的影响,也受益于早年在制药厂的工作经历,潘智敏教授很重视中药剂型的改良,多次将研究成果转化为临床药物,所以才有了中成药"康脉心(血灵)口服液""调脂积颗粒剂"的相继问世,为高血压、代谢综合征患者带来了福音。

如今中药颗粒剂的运用,也深受广大病人的喜爱。由于颗粒剂是电脑配方,每剂每味药的剂量精准,改变了中药汤剂每帖剂量不够匀称的不足,而且真空包装,不易变质,药效稳定。同时颗粒剂携带方便,由于是每个医生根据每个病人的不同,辨证后所开具的处方,可灵活化裁,既符合中医传统辨证施治的特色,又符合现代化生活节奏感强的特点,非常值得推广应用。

第三节 桃李满天下 时进术常新

在40多年的从医历程中,潘智敏教授主持并参与了国家级、省部级课题多项,获奖30余项;独著与主编医学专著7部,参编20余部,发表学术论文150余篇。

在忙于门诊及病房工作之余,她还承担起了浙江中医药大学的部分教学任务,每周马不停蹄地穿梭于门诊、病房和教室之间,将自己的临床感悟毫无保留地传授给她的学生,并在教学过程中注重对临床实践进行理论上的总结和提升,虽然辛苦,却乐在其中。2000年,她因为优秀的教学表现,荣获

浙江中医药大学首届联邦医学教育奖。

潘智敏教授从2002年起开始带研究生，2008年和2017年，先后2次被选为全国老中医药专家学术经验继承工作指导老师。2012年，被聘为全国名老中医药专家潘智敏传承工作室导师，以及全国首批中国中医科学院中医药传承博士后导师。此外，潘智敏教授还长期担任浙江中医药大学博士生导师，上海中医药大学师承博士生导师。

带研究生16年来，潘智敏教授培养出硕士、博士研究生、师承博士及学术继承人40余人。这些学生有的是刚刚毕业的学生，有的已工作多年，跟师后，经过潘智敏教授的点拨和悉心指导，医术有了很大提升，后来都成为各自工作岗位上的中坚力量。

潘智敏传承工作室负责人袁国荣教授说，自己有幸在2008年被国家中医药管理局指定为潘智敏教授的学术继承人，从师学习8年，深受教诲，得益匪浅。袁教授是浙江省人民医院肿瘤科主任，平时的医疗工作十分繁重，为了传承和发扬潘智敏教授的宝贵学术经验，同潘智敏传承工作室全体成员及同门学生放弃了很多休息时间，将潘教授几十年来临床实践的精华逐篇整理，辑录成《潘智敏临证经验》一书。此书已于2016年4月出版，对全面了解潘智敏教授学术经验的全貌和精髓，具有重要的参考价值。

有一件值得高兴的事情，潘智敏教授2017年被选为第六批全国老中医药专家学术经验继承工作指导老师，其中一个继承人正是杨继荪老师的孙子杨珺。

"杨老生平最大的遗憾是，自己的孩子没有一个学中医的。"潘智敏教授说，杨老一生桃李满天下，弟子众多，广布于各大中、西医医院，却没有一个是自己的孩子。他有10个子女，除了一个儿子从事西医外，其他子女的工作都跟医学不搭边。因为时代的原因，几个有意从医的子女都失去了机会，后来也无法再转行。

1999年杨老因病去世，留下几大箱子中医经典书籍无人继承。所幸杨老的孙子杨珺自幼爱好医学，本科读的是浙江中医药大学，毕业后又考取了研究生。2017年，杨珺幸运地被国家中医药管理局指定为潘智敏教授的学术经验继承人。杨老如果地下有知，得知自己的孙子也做了中医医生，一定会倍感欣慰。

潘智敏教授在浙江省中医院干部科一干就是30多年，前20多年里，每年年三十到年初一都是她值的班，一直活跃在临床第一线，勤勤恳恳、兢兢业业，后来还成为干部科主任，对干部科的感情非常深厚，"干部科的医生护士都是经过层层选拔的，人品、医德、医术都要过硬。我从1986年10月干部科刚刚成立时就在干部病区了，是干部科的元老。记得干部科成立当日许多领导前来参加开诊典礼，当天时任浙江省省长李丰平和浙江省省委书记铁瑛都亲临现场剪彩，8位知名画家当场泼墨助兴。红地毯一字铺开，两旁摆满了祝贺的花篮，人来人往，好不热闹，而这一切都是因为杨老的高尚医德和人格魅力，才能够使浙江省中医院干部病房的成立，成为众人知晓的盛典。"潘教授回忆起这些，还是记忆犹新。

2012年全国名老中医潘智敏传承工作室成立后，为了扶持地方医院老年病防治工作，2016年10月28日金华市中医院正式挂牌成立"全国名老中医药专家潘智敏传承工作室金华分站"，潘智敏教授定期前往坐诊并指导工作，用中药汤剂、膏方等传统医学手段，治疗心脑血管、慢阻肺等老年慢性病，传承中医药学术经验。

90岁高龄的黄奶奶，身患冠心病、心力衰竭、慢性阻塞性肺疾病、老年痴呆、老年抑郁等多种疾病，因不慎摔倒又导致股骨颈骨折，考虑身体原因不适合手术，只能卧床静养。但是长期卧床的结果，却导致肺部反复感染，几乎每半个月或一个月就感染一次，每次都要用最高档的抗生素才能控制，由此又带来一系列别的并发症，黄奶奶及家人为此痛苦不堪。后来在服用潘智敏教授清肺扶正的中药后，在将近一年的时间里，她很少有发烧、咳嗽、气急的情况，大大减少了使用抗生素的次数。每次潘教授查房去看黄奶奶时，90多岁高龄的黄奶奶总是睁开眼睛微笑，以示对潘教授为她诊治的感激之情。

78岁的蒋老伯因患重度下肢动脉闭塞，两腿痛得很厉害，一度面临截肢。善良的老人坦言"我无儿无女，经济又差，无法手术，医生说该怎么治疗就怎么治疗，就算治不好我也不会怪医生"，最终还是潘智敏教授的"五积方"汤剂给他带来了福音。经过一段时间的中西医综合治疗，老人已经康复出院。

潘教授还利用休息时间到义乌坐诊。义乌不仅小商品发达，而且名医汇聚，代不乏人，史上以"三溪"为最。"三溪"乃元代丹溪朱震亨、明代华溪虞抟、近代黄溪陈无咎，他们皆以医德医术至上和著述丰硕为人所称颂。

义乌有着深厚的中医药文化底蕴，当地老百姓生病后往往选择中医。在义乌坐诊期间，潘教授一个大半天常要看五六十号病人，接触到各种各样的

浙江中医临床名家·潘智敏

湿证病人，对江南病人的湿热体质有了更深的体会，之后治疗湿证也更加得心应手。

义乌地区雨水较多，温暖湿润，因湿致病、因病生湿者不在少数，无论是时病还是杂病，多挟有湿邪。湿在正常情况下是自然界六气之一，有滋润万物之功效。但如果湿气太过，或非其时而有其气，则为湿邪，致病则为湿病。湿为阴邪，易伤阳，阻遏气机。其性重浊，黏腻趋下，最易伤及脾胃，使传化失司、气机逆乱，引起一系列脏腑功能失调，且病程长，缠绵难愈，常使治疗顾此失彼，举步维艰。

潘教授对湿证治疗有丰富经验，她认为湿邪在人体不同部位，要用不同的方法和药物治疗。湿邪在表时，宜小发其汗，开腠理以散之，用大豆卷、苏叶、香薷之类；湿邪在上，宜开上焦，宣肺气，用杏仁、桔梗、姜半夏、枇杷叶之类；湿邪在中，宜畅中焦、调脾气，用蔻仁、佩兰、川朴、枳壳之类；湿邪在下，宜利下焦，行膀胱之气，用生薏苡仁、茯苓皮、泽泻之类。正如义乌名中医朱丹溪所说："湿在上焦，宜发汗而解表，此疏泄其湿也；湿在中焦，宜宽中顺气，通畅脾胃，此渗泄其湿也；湿在下焦，宜利小便，不使水逆上行，此开导其湿也。"潘教授在治疗湿证方面，特别重视通因通用法的运用。对于多汗证的治疗和胃肠功能紊乱的患者，主张不能见汗止汗、见泻止泻，而要因势利导，顺应机体的正常防御反应，此法在临床运用时，尤有独到之处。

有1名女性患者怀孕7个月，患麻疹后低热不退2个月，每到夜里10点就发热、怕冷、汗出，偶有咳嗽，大便秘结，耳朵里常有轰鸣声。潘教授问清楚患者的病情后，认为她证属湿温。湿温发病一般刚开始时发热不是很严重，头身疼痛，汗出但热度不减，午后发热更重。因为心寄窍于耳，湿热蒙蔽了心窍，所以有耳鸣症状。经过解表化湿、清热安胎治疗，2剂后，发热怕冷汗出提前到每晚7点，发热时间缩短，热度降低；三诊时，发热汗出已好。

2017年底正式退休以来，除了继续带教师承的学生，潘智敏教授把主要精力放到了门诊上。因为新的疾病类型出现，她的研究重点也做出调整，提出"肺肝同治"的治疗理念。

一方面，进入21世纪后，我国各地的雾霾天气严重起来。2013年"雾霾"更是成为年度关键词。2013年1月，4次雾霾过程笼罩全国30个省（区、市），在北京，仅有5天不是雾霾天。有报道显示，我国最大的500个城市中，只有不到1%的城市达到世界卫生组织（WHO）推荐的空气质量标准，与此同时，世界上污染最严重的10个城市有7个在我国。

由于雾霾天的增多，空气中浮游着大量尘粒、烟粒等有害物质，对人体呼吸道会造成伤害，很多人开始喉咙不舒服，咽炎等上呼吸道感染反复发作，中医认为这属于肺经的问题。

另一方面，由于手机、电脑的普及，生活节奏的加快，特别是现代社会竞争加剧，生活、工作、学习压力增大，很多人出现了焦虑、抑郁、头痛、失眠等症状，患脂肪肝、高血压的人也越来越多，中医认为这是肝经郁热导致。肝经郁热会使得身体的压力不断增加，准备中高考的学生，公司一线工作人员，包括带小孩的老人，都可能出现这种症状。潘智敏教授在临床中发现70%~80%的门诊病人都有肝经郁热现象，需要及时清肝疏肝。

由于时代的原因，这两种情况常会在同一个人身上体现，这样就出现了一个新的中医证型，潘教授把它称为肺肝风热证型，主张采取"肺肝同治"的方法治疗。"从五行生克的角度说，肺为金，肝为木，金能克木，木火也能刑金，所以肺肝要同时治疗。当然以后随着自然环境、社会环境的改善，这种病也会相应减少。"

潘教授十分注重气血的疏理，认为气血流通即为补。她认为疾病的产生多与气血不畅有关，尤其是现代社会，积滞之证明显增多，亏虚之体相对减少，使许多疾病的致病因素发生了改变。如脂肪肝、高血压、糖尿病、高脂血症、高尿酸血症、高黏血症、代谢综合征、冠心病、脑血管疾病、肿瘤、肠梗阻、结石等，多属血瘀、痰湿、脂毒、食积、气郁所致的积证。主张对各种积滞之证，无论是实证还是虚证，要多以疏理为先，少用壅补、峻补之药。

如对于气滞者，宜多用莱菔子、枳壳、厚朴等理气之品；而对冠心病、慢性支气管炎、肺源性心脏病、糖尿病、肝硬化等患者，因久病多瘀，要多用理瘀之品，如丹参、川芎、郁金、当归、王不留行、莪术、赤芍等；如果出现食积，要多用山楂、鸡内金、谷麦芽等消积之品。如果确实需用不要，也要减少药量，或从小剂量开始；或在补虚药中加入数味疏达之品，以达到补中有疏、疏补并用的目的。

对于咽炎反复发作或反复感冒的患者，潘智敏教授认为，这种感冒由于气候的原因，往往有湿热夹杂其中，即使好了也要巩固治疗一段时间，"我们做老年病防治的都很清楚，从冬至开始到第二年清明，这一段时间由于气

候变化多端，发病率高，死亡率也很高。特别是3～5月，很多病人会反复的感冒、咳嗽、喉咙痛。有的人生病了以后很着急，治疗一段时间觉得好了想停药，我就告诉他至少要吃到端午。有一句俗语叫做'未吃端午粽，寒衣不可送；吃了端午粽，还要冻三冻'，意思是说还没有过端午节，千万不能把御寒的衣服收起来，就算过了端午节也可能还会冷上一阵子。如果以前的炎症不彻底清除，以后复发了再去拍片，可能就是肺结节、肺磨玻璃样阴影、肺纤维灶或肺钙化了。但是有炎症也不能天天用抗生素，所以要用中医中药来疏理，这是我的一个治疗理念。"潘教授说，对于肿瘤、囊肿、结节，西医的做法是直接切除，但是根本的发病原因或发病机制并没有消除。俗话说："病来如山倒，病去如抽丝"，好了以后，如果不巩固治疗一段时间，一旦反复，很可能就会变成肿瘤。反复发作，就是因为没治彻底，中医把这称为余邪未尽，一有风吹草动疾病就会死灰复燃。

若在余邪未尽之时过早使用补益药，反而会"闭门留寇"，让细菌病毒壮大起来。潘智敏教授在门诊看了不少肿瘤病人，她发现补益药吃得过早的人往往很容易复发，反而经常在疏理的人不容易复发，所以治疗要以疏导为主，清除积滞。

潘智敏教授说，她碰到不少病人，思路还停留在二十世纪五六十年代，跟不上现代社会的发展。有些人常年吃人参、冬虫夏草、灵芝孢子粉、铁皮枫斗晶，心脑血管毛病就吃三七粉，便秘就吃蜂王浆。且不说蜂王浆里激素含量多，身体有感染的时候是不能乱补的；孢子粉可以冬天稍微补一下，不能天天吃、常年吃；三七粉则是过度宣传，三七属于止血药，主要用于跌打损伤，止血而不留瘀，现在放着主要的功能止血不说，却把不留瘀的功能无限扩大，导致现在人人吃三七。然而三七对胃刺激很大，吃了反而对胃不好，上述的药物都需按性味区分，在医生的指导下选择运用，辨证准确，方能药到病除，切忌妄用滥补。

即使是冬令进补，也不可一味蛮补，应根据个人体质、有无旧疾及目前的病证，在辨证施治的基础上进补，在补剂中加入理气活血或祛邪之品，寓疏于补，或疏补并用，可以达到补而不敛邪、补而不壅滞的效果，经临床检验，其效果优于一味地进补；相反，如果采用大量进补药物，往往会产生恶心、腹胀等消化道反应，以至于产生壅堵，而疏补兼施，寓补于疏，方能发挥药物的正向作用。

冬令进补，开春打虎，膏方是冬令进补的极好形式。历史上，膏方是富贵人家独享的高级补品，中华人民共和国成立后曾一度沉寂。近十几年来，随着人们生活水平的提高，健康意识的逐步增强，在江浙沪地区，每年初冬请中医专家定制膏方，以养生健体、防病治病的人日益增多，但有些人缺乏对膏方基本功能的正确认识，盲目追求滋补功能，而一些医生为了迎合人们喜补的心理更是一味地投以补药，一开膏方必有野山参、冬虫夏草、鹿茸等名贵药材。

对此，潘教授认为，从膏方的历史看，古人服用膏方的目的的确是以补为主，在体虚而无邪实的情况下以补为主无可厚非，但在邪盛而正不太虚的情况下则应侧重于祛邪，邪去则正自复，以达到"不补之中有真补存焉"的目的。补不是补益药物的简单堆砌，而是通过调节机体功能、纠偏以却病，帮助机体重建阴平阳秘的状态。

"年五十以上，阳气日衰，损与日增，心力渐退"，老年人多具有正气渐衰、虚实夹杂、身兼数病的特点，所以常形成各种瘀血，常见老年病虽然病因和症状各不相同，但病理机制无不与瘀血有关。因此，开膏方时既要考虑老年人体虚、更要顾及其身兼数病及多瘀血的特点，使补中有治，治中有补，补治结合，虚瘀并理。

潘智敏教授常说，因为老年病人常身兼数病，病证往往错综复杂，如果不懂得取舍，多系统疾病整合，辨证施治，往往会影响靶器官的保护。浙江省中医院老干部科用药有一个特点，很强调整体观念。因为不是专科，什么病都看，既有心脑血管、呼吸、消化、代谢类疾病，也有前列腺、泌尿系统等疾病，但用药都非常合理，尽量筛减，以减少药物间的相互反应，关注多系统、多途径联系，合并用药，对各个脏器保护功能的发挥，从而调整最简洁有效的治疗方案。

潘教授指出，中医临证思维必须与病证的复杂性相对应，也就是说思维过程必须复杂缜密，千万不能采用简单或单一辨证，否则会顾此失彼，影响疗效。初学中医者往往喜欢采用单一辨证，尤其要引起注意。要注意辨别主次、次证、变证，处方时才能抓住主证，兼及他证，做到有的放矢。如临床中常见的糖尿病合并高血压或冠心病，中医辨证就十分复杂，既有阴虚内热，又可兼夹阴虚阳亢、痰瘀痹胸、胸阳不振等证型。

潘智敏教授经常对学生说，中医要在继承的基础上发扬光大，对当代流行病多发病做出自己的贡献。现在我国已进入老龄化快速发展阶段，中医中药如何在老年病的康复保健中发挥作用具有十分重要的意义。

潘教授长期从事老年病诊治，积累了丰富的经验，她认为老年病的病理本质是多虚、多瘀、多病，可采用调达理瘀、疏补并用的治疗原则。

在补虚基础上，可选用理瘀力量相对平和之剂，如丹参、赤芍、川芎、当归、郁金、鸡血藤、泽兰、穿山甲、王不留行等，以利缓图，并可长期服用；还要兼用其他疏通之品，如气滞者，多用莱菔子、枳壳、厚朴等药；冠心病、慢性支气管炎、肺源性心脏病、糖尿病、肝硬化等因久病多瘀，多用丹参、郁金、当归、川芎、王不留行、莪术、赤芍等理瘀之品；若出现食积，多用莱菔子、生山楂、鸡内金、谷麦芽等消积之品。

现代人积滞之证明显增多，虚证相对减少，所以用药要以疏理为先，少用壅补、峻补之剂，宜补中有疏，疏补并用。即便老年人要冬令进补，也要根据体质、原有疾病及目前的病证，在辨证施治的基础上进补。在补剂中加入理气活血之品，寓疏于补，或疏补并用，可达补而不敛邪、补而不壅滞的效果。

《素问·上古天真论》云："五八，肾气衰，发堕齿槁。六八，阴气衰竭于上，面焦，发鬓斑白。七八，肝气衰，筋不能动，天癸竭，精少，肾脏衰，形体皆极。八八，则齿发去"，论述了肾气衰是人之衰老的根本原因，可导致头晕健忘、目昏耳鸣、白发脱发、牙齿松动、腰膝酸软等诸多体衰之症。

老年人虚证还常伴有气机不畅、血络虚滞，气血的病理变化是导致疾病发生和衰老的内在机制，很多老年病多有瘀血现象，所以在使用滋补药物的同时，还需要兼顾调气血。

潘智敏教授应原西湖区卫生和计划生育局之邀，去与浙江省中医院"大手牵小手"的西湖区国医馆，为广大老年群体中患心脑血管、呼吸、消化、肿瘤疾病的病人处方诊治，深受病人爱戴和欢迎，越来越多的病人慕名而来。

近年来，潘教授被省立同德老年病科聘为中医指导专家，隔周去病区查房会诊，指导中医师对老年多病性患者处方用药。那里有很多老人意识不清，什么都不知道，最大的问题是吞咽困难，以及反复的肺部感染。肺部感染是因为神经反射变差所致，所以要经常给他们清肺，可以减少抗生素的使用。此外就是护理问题，要尽量减少压疮、痒疹的出现。有些人年纪已经很大了，治疗要攻补兼施，如果舌苔清爽，在稳定阶段也可以用一些补益的药，能起到养脑益气的作用。老年人还要关注其排便功能，让瘀浊之物排泄通畅，方能使气血调顺，延缓脏器功能的衰退进程，达到延年益寿、生活质量提高之效。

　　在浙江省中医院国医馆门诊期间，病人从全国各地远道而来，诊治应接不暇。潘智敏教授的治疗对象除了老年人，心脑血管、呼吸、消化、肿瘤病人以外，对青年人身处当今工作学习压力大，电脑、手机不离身，又受气候环境、饮食因素等影响，所出现的头痛、颜面瘀斑、痤疮、皮炎、月经不调、睡眠障碍等常见病、多发病亦有自己的见解。她认为这些疾病应早期干预，减少后续的日积月累的积滞病，从而减少各种甲状腺、乳腺的结节增生、肺部阴影等系统的问题出现，延缓脏器衰老的进程。

　　随着2017年《中华人民共和国中医药法》的颁布实施，习近平总书记在多个重要场合对中医药给予了高度评价，中医药发展上升为国家战略，中医药事业进入新的历史发展时期。作为一名从医四十余年的名中医，潘智敏教授期望在临床中尽可能淋漓尽致地发挥中医中药的特色，无论是慢性病的治疗，治未病的预防，更或是急性病症的诊治，都应该充分展示出祖国医学的无穷魅力，让更多人的健康得益于中医中药的发展，为全人类做出更大的贡献。

第四章

高 超 医 术

潘智敏教授,是现代全国著名中医临床学家杨继荪教授嫡传弟子,浙江省中医院中医八大流派"杨氏内科"传人。在中医临床已辛勤耕耘四十余年,并长期从事老年病的临床、科研及教学工作,在老年病防治上逐渐形成了谨严有序、宽广而全面的临证思路,并贯穿和渗透于整个临床诊治过程中。学术上重视求本理瘀,临证擅用祛瘀浊、化痰积、调气血、补虚损等法诊治疾病。临证特色可归纳为五大特点:①补虚重调气血;②理瘀分其因果;③清化不迁陈见;④膏滋调补兼施;⑤祛浊新释"五积"。

潘教授擅长治疗高血压、冠心病、糖尿病、脑梗死、肝胆胰、胃肠病、脂肪肝、甲状腺病变、急慢性支气管炎等心脑血管、呼吸、消化、代谢性疾病,对肺癌、肝癌、胃肠道、乳腺等恶性肿瘤的中医治疗,运用解毒扶正消积法整体辨治,在头痛、失眠、肥胖、风湿、水肿、出血性疾病、便秘、颜面暗斑、痤疮、月经不调、更年期综合征及湿、热、瘀、虚、重顽病症的诊治与内科疑难杂症、养生保健、青少年益智生长、考前紧张综合征、冬令膏方调摄等方面,具有丰富的临床经验。秉承"继承不泥古,创新不离宗"之意,善将学院学术与传承经验有机结合,宏微融汇,综合辨证,运用祖国医学"冬进补,春发陈"的中医理论,开展膏方冬令调治,是浙江省省内最早应用膏滋调摄体质的资深专家之一。她擅长结合江南地域特点和个人体质差异,以及以往所患疾病整体综合辨治,集防病、治病于一体,取得明显疗效,针对青少年、中老年不同体质易患疾病,尤有独特见解。

第一节 病案举隅 治病求本

一、治疗偏头痛的经验

（一）病因病机

偏头痛是神经、血管功能障碍导致的原发性头痛，以发作性单侧或双侧头痛、反复发作、间歇期正常为主要临床特征，属中医学"脑风""首风""头风""偏头风"之范畴，文献记载颇多。《素问·风论》云："风气循风府而上，则为脑风是也。"《金匮翼》谓："偏头痛者，由风邪客于阳经，其经偏虚也。邪气凑于一边，痛连额角，久而不已，故谓之偏头痛。"《证治准绳》载："浅而近者名头痛，其痛卒然而至，易于解散而速安也；深而远者为头风，其痛作止不常，愈后遇触复发也。"偏头痛每于气候变化、情绪波动的时候发作，严重时痛眩呕吐，畏光怕烦，疲不能支。潘教授认为本病多为情志失调、饮食不节、久病体虚、头部外伤或久病入络所致。其病在脑络，与肝脾有关。因于肝者，肝失疏泄，风动阳升，上扰清空；或肝阴不足，肝失所养，风阳上扰；因于脾者，脾失健运，痰湿内生，痰浊痹阻，清阳不升。其病多实，"风""火""痰""瘀"是其主要致病因素，肝风内动、风痰阻络、瘀血闭阻是其常见证型。临证时尤应注意"风""火""痰""瘀"既为致病因素，亦为病理产物，且相互为患。诸如"风火相煽""痰瘀互结""风痰夹瘀"等，经常致病情复杂，造成治疗困难。

（二）分型论治

1.肝风内动型

此型临床往往表现为头部一侧或双侧，痛胀如劈，甚则眩晕，眼目抽痛，心烦易怒，失眠多梦，口干口苦，舌红、苔薄黄，脉弦。当治以平肝息风，通络止痛。药用全蝎、蜈蚣、天麻、钩藤、葛根、蔓荆子、川芎、延胡索。偏头风病症极为顽固，久病入络，潘教授喜用虫类药物搜风通络。方中蜈蚣、全蝎善搜风通络消瘀，使肝风息而痉挛解，经络通则痛自减。天麻、钩藤辅以全蝎、蜈蚣息风止痉，均有镇痛作用。蔓荆子祛风止痛，合葛根解肌止痉；川芎祛风理气，合延胡索活血止痛。全方共奏平肝息风、通络止痛

之效。至于随症加减，若头痛剧烈，面红耳赤，口苦明显，胁痛，便秘溲赤者，属肝火旺盛，常酌加菊花、夏枯草、龙胆草、牛膝等。牛膝引火下行，以降上炎之火，取"引其浮越之火下行"之意。如有两目干涩，腰膝酸软无力，舌红少津，脉弦细，则为肝肾不足，可加玄参、麦冬、生地黄、枸杞子、何首乌等养阴生津。此外，桑叶、菊花既能疏散风热，又能协助清热平肝；黄芩、山栀、夏枯草、龙胆草、决明子、石决明既能清热泻火，亦能清热平肝；白芍、龟甲、鳖甲、珍珠母、牡蛎等滋阴药物既能滋养阴液，又能协助加强平肝潜阳作用；青龙齿、紫贝齿、朱砂、珍珠母、磁石等甘寒质重之品，既能重镇安神，又能清心之热。对于肝阳上亢、肝火上炎、虚风内扰者，潘教授经常喜用此类药物加强息风平肝之效。

2. 风痰阻络型

该型通常临床表现为头痛或左或右，时发时止，头目不清，甚则沉重如裹，胸闷痞闷，苔白腻，脉滑或弦滑。治疗当以息风化痰、通络止痛为法。药用白附子、白僵蚕、天麻、葛根、川芎、延胡索、法半夏、茯苓、陈皮。《临证指南医案·头痛》曰："如阳虚浊邪阻塞，气血瘀痹而为头痛者，用虫蚁搜逐血络，宣通阳气为主。"方中僵蚕疏风泄热，化痰软坚，有解痉止痛之功效；天麻辅助僵蚕息风止痉镇痛；法半夏、茯苓、陈皮化痰通络；川芎、延胡索祛风理气，活血止痛。全方共奏息风化痰、通络止痛之效。随症加减，若痰湿较重而见苔厚腻者，潘教授常加苍术、石菖蒲燥湿化痰；若巅顶头痛，干呕吐涎沫，四肢厥冷，脉象沉弦，则加吴茱萸、白附子祛风痰；痰湿郁久化热，症见口干、便秘、舌苔黄腻者，则予黄芩、天竺黄、竹茹、胆南星清化热痰；头痛较著，遇风寒明显加重者，则用麻黄、制附子温阳散寒。

3. 瘀血闭阻型

此型临床常表现为面色晦暗，头痛固定不移，痛如锥刺，时作时止，或有头部外伤史，舌紫黯、有瘀斑，脉弦。治法当活血祛瘀，通经止痛。组方用药为桃仁、红花、川芎、延胡索、乳香、丹参、赤芍、麝香、老葱。方中桃仁、红花活血祛瘀，通经活络；气为血之帅，气行则血行，辅以川芎、延胡索、乳香行气化瘀；瘀久化热，瘀热互结，赤芍、丹参清热凉血活血，使瘀去新生；麝香活血通络，老葱升阳入络，引导诸药上达头窍。全方共奏活血祛瘀、通经止痛之效。"久病在血""久痛入络""不通则痛"，偏头痛缠绵日久者，应酌情加入活血化瘀之品。潘教授善用活血化瘀之品治疗偏头痛。对于活血药物的选择，一是选用活血兼行气类药，川芎、延胡索、乳香、没药等；二是选用活血兼养血类药，如当归、鸡血藤、白芍等；三是选用活血兼清热类药，如丹参、赤芍、丹皮等；四是选用活血温经散寒类药，如桂枝、细辛、吴茱萸、肉桂、小茴香等；五是配伍活血益气温阳类药，如黄芪、党参、淫羊藿、淡附子、杜仲等。瘀血阻滞，新血不生，其症如见心悸，少寐，面色无华，舌淡，脉虚弱，潘教授选用黄芪、当归、熟地、鸡血藤等益气养血祛瘀，酸枣仁、合欢皮等和血安神。瘀血明显者，亦可选用地龙、水蛭等虫类药物。

（三）用药特色

潘智敏教授在偏头痛治疗上，强调重视患者的不同体质和不同诱发因素，因不同个体所表现出的偏寒与偏热轻重亦各有不同。故临床用药时注重辨证论治，常在自拟基本方基础上结合病人偏寒、偏热体质加减用药，临床疗效显著。基本方组成：制全蝎、蜈蚣、制白僵蚕、刺蒺藜、葛根、延胡索、芍药、柴胡。其中全蝎、蜈蚣搜风剔络，使肝风熄而痉挛解，经络通则痛自减；白僵蚕疏散风热，化痰去积，刺蒺藜平肝、疏肝、祛风，常用量为6～9g，但潘教授重用至30g，意在加强平抑肝阳之力；葛根解肌止痉，延胡索活血利气、散瘀定痛，芍药平肝止痛（若辨证偏热者使用赤芍，偏寒者可用白芍）；柴胡是少阳经的引经药，在方中起着使药的作用（临床也可以换用蔓荆子，因其体轻升浮，引药上行，能增强诸药镇痛祛风之功效）。然方中蜈蚣、全蝎，虽善搜风逐络，久用却可耗阴血，故应遵循中病即止之原则。

此外，临床使用基本方时尚需注意辨证加减，对肝阳偏亢或肝火上炎者，酌加清热泻火平肝类药物，如甘菊、夏枯草、龙胆草、黄芩、决明子、生石决明、黑山栀、川牛膝等；对阳亢而阴虚不足者，酌加养阴清热潜阳类药物，如生地、玄参、麦冬、首乌、丹皮、牡蛎、珍珠母等；对风寒袭络，阴寒甚者，酌加温经散寒活血类药物，如桂枝、川芎、细辛、吴茱萸、毛冬青、王不留行、红花、片姜黄等；对阳气亏虚表现为寒象者，选加益气温阳活血类药物，如黄芪、党参、鹿角片、杜仲、当归、鸡血藤、怀牛膝、淫羊藿、淡附片、巴戟天等。若寒象较重，上述基本方加减仍疗效不佳者，可去白僵蚕、刺蒺藜，加入川芎。川芎活血行气、祛风止痛，常用于治疗头风头痛。

（四）验案举隅

案例一 罗某，女，58岁。2015年12月10日就诊。

主诉：反复头痛10年余。患者10年前因与家人吵架后出现头痛，时左时右，每遇劳累、情绪紧张时发作，严重时头晕目眩，呕吐，心烦易怒，服止痛药几小时后可稍缓解，口干口苦，舌红、苔薄黄，脉弦涩。头颅磁共振平扫及核磁动脉显影检查未见异常。潘教授指出其证属肝风内动挟有血瘀，治宜平肝息风通络、行气活血止痛。

处方：全蝎、蜈蚣各3g，天麻12g，钩藤、葛根、菊花各15g，川芎、延胡索、夏枯草各10g，蔓荆子、丹参、赤芍、吴茱萸各9g，川黄连5g。日1剂，水煎服。服药后头痛发作次数减，头晕、呕吐情况好转。

12月17日复诊，患者头痛减轻，胃纳一般，二便自调，舌质淡红、苔薄黄，脉弦。效不更方，予上方继服7剂。

12月24日三诊，患者诉无头痛头晕，出现失眠多梦，舌质淡红、苔薄白，脉弦细。前方去全蝎、蜈蚣、川黄连、吴茱萸、赤芍，加当归、芍药、酸枣仁、合欢皮各10g，以养血柔肝安神。

续服2个月后，病者头痛只发作2次，且持续时间较短，稍作休息后自行缓解。3个月后随访，病未复发。

案例二 陈某，男，34岁。2010年12月10日初诊。

主诉：反复头痛20余年，加重3天。患者先后服用多种非甾体类止痛片疗效不佳。诊查见头痛、神疲乏力、眠差多梦、懒言喜卧、畏寒、舌质紫黯、苔薄白、脉细缓。

曾行头颅CT及头颅血管磁共振，未见明显异常。证属阳气偏虚，寒凝脉络。治法：温运散寒、活血解痉。

处方：制全蝎、蜈蚣各6g，葛根、延胡索各30g，川桂枝、王不留行各12g，党参、毛冬青、生黄芪各15g，防风、白芷各9g，川芎18g，吴茱萸4g，细辛3g，生姜5片。用法用量：上药温水浸泡20分钟，武火煎沸后以文火再煎15分钟，取液200毫升，饭后服，每天1剂，煎3次，连服5天为1个疗程。患者服用1个疗程后自感疼痛好转，嘱其再服1个疗程。

随访3个月，头痛发作次数减少，程度减轻。

（五）结语

潘教授指出偏头痛病因众多，临床上又往往相互交错为患，临证时必须详细辨证，随症化裁，而偏头痛以头痛为主症，治当以止痛为要，常以平肝、息风、清热、化痰、燥湿、行气、活血、养血、化瘀、解郁等治法灵活用之。西医治疗偏头痛常以各类止痛药物为主，有一定的近期疗效，但不能避免头痛复发。若长期服用止痛药物，可引起不良反应。中药治疗偏头痛，缓解急性期头痛不如西药明显，但坚持服用一段时间，头痛复发的概率会明显减少，甚至可避免复发。中西医结合治疗，优势互补，有助于提高偏头痛的近期和远期疗效。

二、治疗脂肪肝的经验

（一）"五积"理论的立法依据

"五积"理论最早见于《难经》："心之积名曰伏梁，肝之积名曰肥气，脾之积名曰痞气，肺之积名曰息贲，肾之积名曰贲豚"。后世称为"五积"，即五种积证，指的是病名。宋代《太平惠民和剂局方》提出的"五积"为寒、湿、痰、气、血五种病因，并依此创制著名方剂"五积散"，治疗外感风寒，内伤生冷之证。潘智敏教授治疗脂肪肝，提出的新"五积"理论，是指"瘀、痰、脂、食、气"，此五项既是病因，也包括了古代病名"肥气"之意在内。这五点的提出，是有理论和实践依据的。其理论依据在于，脂肪肝在传统医学中属"积聚"范畴，清代尤在泾《金匮翼·积聚统论》中论述积聚称："痰、食、气、血，非得风寒，未必成积"，便明确指出痰、气、食、瘀血是造成积聚的最主要病因，而尤氏所称的风寒之邪造成积聚，由于现代防治传染病水平的提高，已不应当再列为主要病因。导师补充"脂"的概念，是继承创新的，既采纳了西医学中的物质观点，如脂肪沉积、动脉粥样硬化的病理诊断，也是对古代文献中认为"脂膏"过剩即可致病观点的提炼。如《灵枢·五癃津液别》说："五谷之津液和合而为膏，内渗于骨空，补益脑髓，而下流于阴股。"指出脂膏源于水谷，与气血津液均为脾胃所化生，是生命活动的基本物质之一。正常脂膏营养周身，当摄食过多或转输、利用、排泄异常，则脂膏堆积，转化为病理产物痰浊、血瘀，故《灵枢·卫气失常》说："膏者，多气而皮纵缓，故能纵腹垂腴"。其实践依据在于，江南地区气候潮湿温暖，是著名的"鱼米之乡"，物产丰饶，人民物质生活水平较高，社会竞争压力较大，容易在人体形成"痰、瘀、脂、食、气"的互相胶结的病理状态。从国内中药治疗脂肪肝的研究现状看，

有从痰湿、肝郁、痰瘀、肾虚、气虚等论治，侧重各不相同，但或因为地域、气候的差异而难以在别处应用，而"五积"理论正是针对这些常见病机，五管齐下，以达到全面收功之效。以"五积"理论辩治脂肪肝，展现了中医辨证论治、异病同治的特点。而另一方面，现代医学也证实，脂肪肝的发生与动脉硬化、脑卒中、冠心病、胰岛素抵抗等密切相关，与人类健康息息相关，因此研究治疗脂肪肝行之有效的中药方剂，也是中医治未病思想的体现。

（二）辨证分型

"五积"理论的提出，有助于指导脂肪肝的辨证分型。据《中医证候鉴别诊断学》规范各类证候名称将脂肪肝分为肝郁脾虚、痰瘀互结、痰湿内阻、肝肾不足、湿热内蕴五型。临床症状则以乏力、体胖、口干、头晕、胁胀（痛）、腰酸痛、神疲、口苦、膝酸软、腹胀等非特异性症状多见。但以上症状大多出现较晚，轻度、中度脂肪肝一般特异的临床指征或难与相关疾病如糖耐量异常、高脂血症等症状相区别，甚至实验室检查也多属正常范围，大多数患者是在体检及相关疾病的检查时被发现的，这就造成了疾病初期辨证困难的局面。

吾师认为虽然脂肪肝初期疾病尚轻，症状不明显，但是详加观察、细询病史并结合病因分析，还是有证可辨的。还可根据"五积"理论，"食、郁、脂、痰、瘀"在临床中按时间顺序有一个逐步成形逐步积累的过程。并可依"五积"各自侧重的不同大体上分为早、中、后三期的过程。

初期"郁、食"积为主者常见精神萎靡、食欲不振、脘腹胀满、两胁不舒、便秘等症。治疗上以消导行滞之法为主。酒食、浊气积聚，腑气不畅，易引起肝失疏泄，还能影响胰腺功能。胰属脾，且胰岛素抵抗不仅是脂肪肝的发生的重要病因，还可促成肥胖的发生，肥人多痰湿，又易产生"痰"积。故通腑亦利胆，胆通则肝胰畅，有利于肝、胆、胰各司其职。临床"食积"常选用山楂、谷芽、炒莱菔子、大黄等药物。"气积"者则可加枳壳、厚朴、香附、川芎等。

形成期"脂积、痰积、郁积"为主者，临床常见口淡、腹胀、浮肿、困乏、舌苔白厚腻等。临床多采用疏理解郁、化浊之法。吾师认为化浊关键在于实脾。脾主司水谷精微的运化及输布。脂肪肝之为病，初起多因"郁、食"而来，因"过"而积，超越脾之正常功用，致使脾失健运。病后邪聚愈重，即使脾复健，希望补脾以去积，则难矣，反有助邪之嫌。故吾师用"实脾"之法时，多采用"寓补于疏"。正如《素问·至真要大论》所言："客者除之……逸者行之"，去菀陈莝，消五积于无形，则脾、肝、肾向愈。临床可用白豆蔻、米仁、茯苓、胆星、佩兰之类。

加重期以"脂积、痰积、瘀积"为主者，临床常见胁肋刺痛或有包块，面色黧黑，舌边有瘀点或瘀斑。"脂积、痰积、瘀积"初期常已存在，贯穿病程始末，并逐步加重。而痰在脂肪肝发病的中、后期十分关键，《古今医鉴》曾云："胁痛者……或痰积流注于血，与血相搏"，正由于痰积与血相搏，导致后期瘀积的加重。而又如《灵枢·百病始生》也曾痰到的"凝血蕴里而不散，津液涩渗，著而不去，而积皆成矣。"瘀积也能加重痰积。两者互相作用致使脂肪肝后期出现痰、瘀交结的局面。故在治疗上单祛痰则瘀血不化，单化瘀则痰浊不去，必须权衡痰浊、瘀血之轻重，并用化痰祛湿、活血化瘀之法，慎重选用化痰祛瘀药物才能获得较满意效果。临床常见胁肋刺痛或有包块，面色黧黑，皮下瘀点，舌边有瘀点或瘀斑，脉沉涩。并可观察患者的舌下脉络。舌下脉络与脏腑关系密切，且其没有皮肤覆盖，清晰可见，正常人舌下脉络呈线状、浅紫色，但脂肪肝后期部分患者舌下脉络颜色显青紫，或迂曲者则多提示有血瘀证等。

还需要指出的是在脂肪肝的发生发展的过程中，"五积"是相伴相生的。在这里提出的食郁、痰脂郁、痰瘀的三个阶段只是根据占据着主导地位的病邪不同所分，并非是一个有着明确界限的分期，如在肝郁脾虚为主要证型的早期阶段，有"脂积""痰积"的存在，也包括"瘀积"的存在，不可一概而论。

（三）"调脂积"冲剂的方药分析

在"五积"理论指导下研制出的"调脂积"冲剂，主要药物有莪术、郁金、莱菔子、半夏、生山楂、川朴、枳壳、金钱草、泽泻、白蔻仁、虎杖等，是一张祛瘀化浊、消导行滞、疏理解郁并用之方。从中医药理及中药配伍角度看，方中用莪术、生山楂、金钱草、虎杖活血化瘀，莱菔子、半夏、川朴、泽泻行气化浊，郁金、枳壳、白蔻仁行气解郁。其中莱菔子、枳壳、川朴为潘教授临床喜用消积化浊的药对，凡见舌苔厚腻浊满布之患者必用。莱菔子性平，味辛甘，入肺、脾、胃经，具有消食除胀、祛痰降气的功效。李时珍曰："莱菔子长于利气"，《医学衷中参西录》称其为"化气之品，非破气之品"，临床所见脂肪肝患者，常因饮食不节，偏啖肥腻甜食，脾失

健运，湿盛酿痰，或情怀不畅，心肝气郁，化火炼津，痰浊内生，故用之十分恰当。莪术味苦，性辛温，被《医学衷中参西录》赞为"化瘀血之要药"，但又兼有理气之力，更优于三棱；虎杖苦味性寒，归肝、肺、胆经，具利湿退黄、清热解毒、祛痰止咳、活血散瘀、通络止痛等作用；郁金性苦寒味辛，归心、肝、胆经。据《本草备要》载郁金有"行气解郁、泄血、破瘀"之功，入气分能疏肝行气解郁，入血分可活血祛瘀止痛，兼有凉血清心、利胆退黄之功效。莪术、虎杖、郁金三味，都兼具活血和行气之功，可谓一举两得。泽泻，《本草纲目》云："气平，味甘而淡，淡能渗泄，气味俱薄，所以利水而泄下……养五脏、益气力、治头旋，而土气得令，清气上升，天气明爽，聪耳明目之功"，与虎杖相配，又能使湿邪从前后分消而去。

（四）治疗方法

目前报道治疗脂肪肝的方法很多。现代医学治疗非酒精性单纯性脂肪肝多采用控制体重、胰岛素增敏剂、降血脂药、减肥药、肝细胞保护剂和抗氧化剂等方法。例如，降血脂药物辛伐他汀可显著改善酒精性脂肪肝的肝功能及血脂异常。但降血脂药物也有着一定的局限性。如许多降血脂药物本身可引起肝损伤，有些降脂药虽然能降低外周血脂水平，却不能较好地清除肝的脂肪沉积，降低肝脂水平，实现有效的脂肪肝的治疗。

潘教授认为"实脾"当为治疗肝病的首要大法，但现今我国沿海发达地区饮食、压力及情志因素远较古人或其他地区为过，远超过脾之正常生理能力，导致脾失健运，之后邪聚愈重，但使脾复健，望能补脾而去"痰、脂、郁"积，则难矣，反有助邪之嫌。故在治疗上用"实脾"之法时，多采用"寓泻于补"。正如《素问·至真要大论》所言："客者除之，结者散之，留者攻之，逸者行之"，去菀陈莝，消五积于无形，则肝、脾、肾向愈。结合五积理论，潘教授在杨老"活血理气"的基础上，采用祛瘀化浊、消导行滞、疏理解郁之法治疗脂肪肝。

1. 化浊之法

化浊的关键在于祛痰。遇"痰积"轻者可用藿香、佩兰、苍术、白豆蔻、葛花、瓜蒌、半夏、生姜、茯苓、陈皮、胆南星之类。重症者可用三子养亲汤合鳖甲煎丸加减，药用莱菔子、苏子、鳖甲、大黄、干姜、厚朴、黄芩等。此外吾师指出祛"痰积"还应关注现代解剖上的"胰腺"。胰分泌消化酶，助消化吸收，当属脾。《丹溪治法心要·中风》曾云："肥白人多痰湿"，肥胖者痰湿体质的发生率高达98.93%，而胰岛素抵抗及继发的代偿性胰岛素分泌增多，对机体可产生一系列不良影响和病理改变，又可促成肥胖的发生。并且现代医学研究还表明脂肪肝的发生与胰岛素抵抗密切相关。然临床对于胰腺的用药除上述之外还体现在"导滞"之中。

2. 消导行滞之法

现代解剖认为胰腺同胆道的开口都在于十二指肠，胆与肝相连，肝胆互为表里。而胆属六腑，以通为用，"食"积日久，腑气不畅，胆汁在胆囊内储留时间过长，不但会引起肝疏泄失职，还会影响胰腺的功能。故在祛痰、导滞等治疗时多采用消导之法，在脂肪肝的治疗上也具有重要地位。通腑亦利胆，胆通则胰畅，可以化积清热，推陈致新，净化体内环境，从而有利于肝、胆、胰各司其职。治疗上可用保和丸以消食和胃，药用神曲、山楂、茯苓、半夏、陈皮、虎杖根、决明子、炒莱菔子、王不留行以通腑。食积重症者用枳实导滞丸以消导化积除痞，可选择枳实、大黄、神曲、黄芩、黄连、泽泻等药物。现代研究认为酒精性肝病患者内毒素血症发病率增高，NASH肝内毒素受体表达逐渐上调，甚至导致急性或亚急性的肝功能衰竭等，均表明了消导行滞法的重要性。

3. 祛瘀之法

肝为多气多血之脏，而"瘀积"则在脂肪肝的初期就已存在，仅程度上较后期轻而已。活血行瘀药的使用，不仅对改善肝脏血液循环颇有好处，且有能助理气解郁消胀药之功。临床可适当加用当归、川芎、桃仁、丹皮、赤芍、延胡索、香附、红花、木香、大腹皮、三棱、失笑散等药物。但脂肪肝的后期演变为肝纤维化、肝硬化、脾肿大遇阴虚有出血倾向或有出血患者，应酌情使用行瘀药，但常预后不佳。

4. 疏理解郁之法

情志因素及五积的相互影响均可导致气积的发生，气积者以疏为要。且脂肪肝的治愈并非朝夕可待，往往需数月乃至数年坚持不懈的努力，因此也容易造成患者不同程度的心理障碍。现代研究也表明肝病患者存在不同程度的抑郁情绪，并影响着患者的康复与预后。这就需要医者在用药的同时注重给患者更多的心理慰藉，不仅能使肝气条达，还能减少药物的用量。临床可以越鞠丸、柴胡疏肝散为其代表方，选用香附、川芎、柴胡、陈皮、枳壳等

药物治疗。遇"气积"较重则可加川芎、木香、青皮、大腹皮等。

祛瘀化浊、消导行滞、疏理解郁诸法相辅相成，并从侧面印证了"五积"互相关联的理念。故在治疗上常选用炒莱菔子、王不留行、厚朴、炒枳壳、郁金各12g，莪术、生山楂、生麦芽各15g，虎杖、决明子、泽泻、丹参、过路黄各30g，姜半夏、白蔻仁各9g为基础方。方中莪术苦泻辛散温通，使宿血得破，新血得生，并能消积解滞在方中为君药。炒莱菔子、生山楂、生麦芽用下气祛痰、消食导滞共为臣药；佐以川朴、枳壳、郁金行气解郁、化痰除满，以疏导五积之邪，虎杖根、决明子、泽泻、过路黄清利肝中湿热并予邪出路。结合南方湿重的特点，加以白蔻仁化湿祛痰。现代药理研究也表明大量的中药具有降脂作用，如方中莪术可显著降低总胆固醇和三酰甘油水平，有清除肝内堆积的三酰甘油、调节和改善自由基代谢平衡、抵御肝细胞的氧应激和过氧化的作用。决明子抑制脂质的吸收，可通过促进肠道蠕动，阻止类脂质沉积滞留以减少吸收。虎杖对过氧化脂质具有清除作用，对肝细胞有保护作用。山楂不同提取部分对不同动物造成的各种高脂模型均有较肯定的降脂作用。诸药合用，共行开郁、活血、祛痰、导滞、消脂之功，标本同治，使肝气得以条达，诸邪无滋生之地，肝络无瘀滞之患，临床用之，确能迅速改善脂肪肝患者的临床症状，疗效满意。但在中药治疗脂肪肝的初期，病情会有一次比较明显的波动，脂肪肝的会有加重的表现，这并不是疾病的加重，而是治疗起效的体现。

当然疾病后期五邪严重影响气血津液的运行，也可以出现本虚标实的情况。脾虚湿盛、虚瘀兼夹者，如遇脘胀、身热不扬、口气臭秽、舌红苔黄厚腻、脉滑数。可以基本方上酌情加大豆卷、佩兰、黄连之类；遇肝阴不足、虚瘀并见者，如面色暗滞、右肋腹部隐隐作痛、舌红、舌下瘀筋明显、苔少津、脉细弦略数。可以基本方去莱菔子、半夏、厚朴选加赤芍、牡丹皮、延胡索等。但选药时亦不应轻易用壅补、骤补之剂，盖因脂肪肝患者瘀阻重于体虚，以免邪恋滞重，证情加剧。

临证时亦可见"五积"有所侧重或伴有各种其他症状的情况，故在治疗上当根据患者的具体情况灵活变化用药，又如遇口苦则当清利肝胆，方可加温胆汤，选药可用黄连、黄芩、川芎、陈皮等药物。遇酗酒者，在戒酒、饮食调节的同时，可以在基本方中加入葛花、葛根、黄芩等解酒护肝药物。遇血糖增高者则可在基础方中加入葛根、花粉、玉竹、淮山药、黄连、玉米须等。

另外潘教授还根据多年临床经验总结结合缜密组方及江南沿海地区"湿重"的特点研制了调脂积颗粒，并由科学方法精制而成。方由莪术、郁金、莱菔子、过路黄、虎杖根、半夏、生山楂、川朴、枳壳、泽泻、白蔻仁、虎杖等组成，针对脂肪肝发病的"五积"病机，具有化浊行瘀、消积疏理功效。便于患者长期接受治疗，体现了中药复方治疗脂肪肝的整体性治疗效果，经临床观察和实验研究表明在有良好抗脂肪肝作用。

（五）验案举隅

案例一 魏某，男，75岁，2010年9月29日初诊。

主诉：右胁肋部胀痛不适1年余。患者右胁肋部胀痛不适1年余，伴有乏力，纳果，面色晦暗，形体肥胖，大便偏干，舌质红、苔白浊腻，舌下静脉瘀象明显，脉弦。原有阻塞性黄疸史，B超示：肝脏均匀性增大，肝回声明显增粗，考虑脂肪肝。血液生化及肝功能检验示：胆固醇为6.75mmol/L，ALT为339U/L，AST为129U/L，LDL为3.9mmol/L，总胆红素为30mmol/L，直接胆红素为15mmol/L。乙肝三系阴性。中医诊断：肝积（脾虚湿盛，痰瘀互结）。中医辨证：脾虚湿积，痰瘀互结于肝。治则：化浊祛瘀，消导行滞，健脾解郁。

处方：莱菔子30g，泽泻30g，金钱草30g，生山楂30g，决明子30g，瓜蒌仁30g，炒米仁30g，垂盆草30g，川朴12g，枳壳12g，莪术12g，王不留行子12g，郁金12g，小青皮12g，茯苓12g，白豆蔻12g，虎杖根15g，绵茵陈15g，广木香9g，14剂，每日1剂，水煎服。服上药后胀痛得减，效不更方，前方续进3个月，复查血液生化及肝功示：胆固醇为5.06mmol/L，ALT为41U/L，AST为21U/L，LDL为2.9mmol/L，总胆红素为15mmol/L，直接胆红素为12mmol/L。B超复查肝显示：脂肪样变性消失。续予自制调脂积颗粒巩固治疗，定期复查。

案例二 姚某，男，55岁。2010年6月17日初诊。

主诉：右胁部胀满不适半年。患者右胁部胀满不适半年，伴喜哈欠，时有头晕，纳便尚可，舌质红，苔黄厚腻浊，脉弦缓。有高血压病史，服药治疗，血压控制不佳，血压为（120～140）/（90～100）mmHg，刻下测血压为124/98mmHg。B超提示：非均质脂肪肝，右肾囊肿伴结石，左肾结石，胆囊切除术后。中医诊断：肝积，眩晕（痰瘀内积，肝风上扰）中医辨证：痰瘀内积肝，肝风上干，导致眩晕。治则：化浊行瘀，息风通络。

处方：莱菔子30g，川朴15g，枳壳15g，石菖蒲12g，郁金12g，虎杖根30g，马鞭草15g，泽泻30g，车前子30g，天麻12g，制胆南星12g，川芎20g，葛根30g，黄连6g，钩藤30g，白蒺藜12g，制半夏12g，决明子30g，瓜蒌仁30g，金钱草30g，海金沙30g，益母草30g，14剂。

2010年7月1日复诊，自诉诸证缓解，测血压为118/85mmHg，舌质偏红，黄厚腻苔有所化，脉弦缓，病情好转，然余邪尚存，于原方中去石菖蒲，加石决明30g，加强平肝之功。莱菔子30g，川朴15g，枳壳15g，石决明30g，郁金12g，虎杖根30g，马鞭草15g，泽泻30g，车前子30g，天麻12g，制胆南星12g，川芎20g，葛根30g，黄连6g，钩藤30g，白蒺藜12g，制半夏12g，决明子30g，瓜蒌仁30g，金钱草30g，海金沙30g，益母草30g，14剂。以后患者每半月复诊，自诉头晕、胸胁胀满等不适基本消失，苔转薄，精神亦转佳。

案例三 葛某，男，32岁，2006年12月8日初诊。

主诉：右胁肋部时有胀痛不适半年。伴见乏力、纳呆，形体胖，舌质红苔白厚腻浊，脉弦。B超显示：肝脏均匀性增大，肝脏回声明显增强、增粗。超声诊断：中度脂肪肝。血生化示：胆固醇为7mmol/L，ALT为172U/L，AST为52U/L，GGT为103U/L，LDL为4mmol/L。乙肝三系阴性。中医诊断：肝积。辨证分型：痰浊内阻，肝郁脾虚。治疗原则：化浊祛瘀、消导行滞。

予"调脂积颗粒"口服，由莪术、郁金、莱菔子、过路黄、虎杖根、半夏、生山楂、泽泻、白蔻仁等组成。方中莪术、郁金为君药，意在破瘀消积、去滞解郁。莱菔子、生山楂消食化浊，半夏、白蔻仁化痰除湿，共为臣药。佐以川朴、枳壳行气理气，泽泻、过路黄、虎杖根通利小便，予邪出路。服上药28剂后诸症大减，连服3个月，诸症消失，复查血脂正常，肝B超显示：脂肪样变性消失。嘱其少饮酒，适量运动，定期检查，随访半年各项检查正常，体重减轻2kg。

案例四 韩某，男，43岁，2006年5月30日初诊。

主诉：口苦、纳差2年余。患者晨起时觉口干口苦，胃纳欠佳，大便干燥，小便色黄，伴见神疲乏力。舌质淡红苔黄腻，脉细弦。有糖尿病史。曾行B超示：脂肪肝（中度）、胆管胆囊炎。血生化示：空腹血糖为7.78mmol/L，餐后血糖为16.7mmol/L，胆固醇为6.21mmol/L，三酰甘油为2.4mmol/L，ALT为150U/L，AST为65U/L，LDL为3.0mmol/L，乙肝三系阴性。曾在当地医院接受多次治疗，肝酶时有反复升高。中医诊断：肝积。辨属肝胆郁热。治疗原则：解郁疏肝、消积清热。

处方：决明子30g，瓜蒌仁30g，萝卜子30g，地骷髅15g，川朴12g，枳壳12g，留行子12g，郁金12g，虎杖根30g，金钱草30g，垂盆草30g，绵茵陈15g，生山楂30g，广木香9g，7剂。方中行气解郁、化食消积的基础上又加入了虎杖根、金钱草、垂盆草、茵陈等清湿热之剂，有降酶的功效。服上药后口苦得减，效不更方，前方续进3个月，复查血脂正常，肝B超显示脂肪样变性消失。续予"调脂积"颗粒，定期复查，随访半年肝酶均正常。

案例五 潘某，男，36岁，2007年2月8日初诊。

主诉：半年前肝区胀痛，查丙氨酸转氨酶为65U/L，血胆固醇为6.7mmol/L，三酰甘油为2.4mmol/L。B超示脂肪肝，脾稍大。曾用多种中西药症状未见改善现肝区胀痛，泛酸四肢沉重，体态肥胖，晨起口干口苦，大便干燥，小便色黄，舌质微红苔黄腻，脉细。证属肝积，痰热内蕴，肝郁气滞，瘀阻肝络。治宜化痰祛湿，清热解毒，疏肝解郁。

拟虎杖根、枳壳、川朴、鸡内金、绵茵陈、蒲公英、黄连、吴芋、决明子、泽泻、合欢花、远志、制胆星、炒米仁、茯苓每日1剂，水煎，分2次服。上方加减6周，改调脂积口服。

2007年6月复查，丙氨酸转氨酶正常，血胆固醇为5mmol/L，三酰甘油为1.7mmol/L，B超示肝炎后改变（脾不大，未见脂肪肝图像），不适症状全部消失，体重减轻6kg。随访至今，未见复发。

案例六 过某，男，64岁，2006年10月4日初诊。

主诉：腹胀、口苦1年余。患者喜食肥甘，常年食欲不振，腹胀，口苦，食后更甚，肝区隐痛，饮酒后为剧，神疲乏力，大便稀溏，小便黄。查肝功能正常，B超检查肝大，下角变钝，肝内管道结构模糊不清，肝静脉显示狭窄，肝实质回声衰减，肝边缘显示不清，提示为脂肪肝。曾服东宝肝泰等药治疗3个月，复查肝功能正常，B超提示脂肪肝无好转，来我师处求治。症见身体肥胖，食欲不振，厌食油腻，右胁隐痛，胃部胀满，食后加甚，食油腻则恶心，大便稀溏，小便黄，舌质淡红、苔黄腻，脉弦滑。肝右胁下触及1指，质稍硬，轻度触痛。三酰甘油为2.36mmol/L胆固醇为7.1mmol/L。诊断：脂肪肝。证属：肝积，肝胆湿热，与痰浊瘀血搏结。拟清热利湿、理气化痰、祛瘀散结法。

处方：虎杖根、枳壳、川朴、鸡内金、绵茵陈、焦山栀、蒲公英、黄连、黄芩、广木香、金钱草、郁金、垂盆草、丹参、莪术、炒米仁、茯苓服

浙江中医临床名家·潘智敏

药十余剂。诸症明显好转，此方加减治疗3个月，症状消失，复查肝功能、血脂正常，B超示脂肪肝消失。

案例七 吴某，女，50岁，干部。2006年5月初诊。

主诉：右胁部隐痛半年余。患者血HBsAg阳性，由于过食营养及厚味之品，身体逐渐肥胖。去年9月开始右胁隐隐胀痛，食欲不振，经常腹胀，厌油腻之物，神疲乏力，早上恶心，大便正常，小便黄，舌淡红，苔黄腻，脉弦细。肝功能检查示：ALT为67U/L，HBsAg阳性。B超提示脂肪肝。证属肝积，肝胆湿热未尽，痰瘀互结。治以清热解毒利湿、祛瘀化痰结法。

处方：虎杖根、枳壳、川朴、黄连、吴芋、黄芩、金钱草、留行子、元胡、制胆星、茯苓、垂盆草、虎杖根上方14剂，症状好转。此方加减治疗4个月，复查肝功能正常，经B超复查脂肪肝消失。

三、治疗高血压的经验

（一）调畅气血以平为期

潘教授结合前贤经验，重视近现代相关研究，认为虚、瘀是高血压病发病的基本病理环节。高血压患者有血液黏滞度增高的倾向，瘀血内阻，气血不畅，因瘀致虚，实乃高血压病的基本病机之一，理瘀求本是潘教授治疗高血压的常用方法。潘教授认为，血压升高不纯粹是消极的病因病理破坏，而是机体为克服心、脑、肾等重要脏器血流供求不平衡所作出的代偿反应，所以治疗上不应当只是控制血压升高，而应当应用活血化瘀法，使血行流畅，全面改善血液供求关系，积极扶持机体的自稳调节能力，使血压调控实现和谐状态，此即中医所谓"疏其气血，令其调畅，而至和平"。

（二）辨病辨证切合病机

潘教授认为，在突出"虚"、"瘀"特点的同时，还应注意临床证候的分型，抓住矛盾的主要方面，以利于主药在适合患者证情的不同药剂配伍环境中发挥更有效的作用，这种作用是针对高血压共性与体质因素特异性相结合后所作出的反应。潘教授临床上常把高血压分为三型：①肝火亢盛型，治以泻肝清火，常选用龙胆草、黑栀子、黄芩、夏枯草、石决明、丹参、玄参、白菊花、决明子、茺蔚子、牛膝、赤芍、连翘等。②阴虚阳亢型，治以滋阴潜阳，常选用生地、首乌、桑椹子、龙牡、鳖甲、萸肉、枣仁、丹皮等。③痰湿壅阻型，治以熄风化浊，常选用天麻、钩藤、胆星、姜半夏、石菖蒲、莱菔子、橘红、竹茹、枳壳、神曲等。潘教授常说，临床上所见高血压大多各证型相兼，虚实夹杂，应结合中药的现代研究成果，酌情加减运用相应的中药，以提高疗效。如有防止脑血管硬化作用的槐米、首乌、杜仲、连翘、地龙、白菊花之类；对血压降低有协同作用的车前子、泽泻、益母草等；只有详加辨证，切合病机才能取得较好的疗效。所谓"谨察阴阳所在而调之，以平为期"。

（三）明确脏腑虚瘀并理

根据中医理论，与高血压病变相关的脏腑为肝、脾、肾，三脏皆与"血"相关，"肝藏血"，"人动则血运于诸经，人静则血归于肝脏"；"脾为气血生化之源"，"脾主统血"；"肾藏精，生髓，通与脑"，"精血互生"，"肝肾同源"等。既然高血压与"血"密切相关，又有"虚""瘀"并存之特点，潘教授在选择抗高血压药物时，尤其注重对血液具有调节作用的中药，如大剂量运用葛根、川芎、桂枝、益母草、丹参、毛冬青（毛披树根）等以行瘀活血、畅通血流，并以养肝补肾之首乌、枸杞子、生地、杜仲、桑寄生之类顾本补虚，补中寓泻，泻中有补，以求固本清源。

（四）辩证分型

潘智敏教授结合自己丰富的临床经验，将原发性高血压病辨证分型论治为以下六型。

1. 肝火亢盛型

本型多见于单纯高血压病，以青年人多见。

症状：头晕且痛，目赤口苦，胸胁胀满，烦躁易怒，舌红苔黄腻，脉弦等。

治则：清肝泻火。

方药：龙胆泻肝汤加减。

组成：龙胆草、黄芩、山栀子、泽泻、木通、车前子、当归、生地黄、柴胡、生甘草等。

2. 肝阳偏亢型

本型多见于单纯高血压病，以中老年人多见。

症状：眩晕耳鸣，头目胀痛，面红目赤，急躁易怒，心悸健忘，失眠多梦，腰膝酸软，舌红少苔，脉弦而有力。

治则：平肝潜阳。

浙江中医临床名家·潘智敏

方药：天麻钩藤饮加减。

组成：天麻、钩藤、生决明、山栀、黄芩、川牛膝、杜仲、益母草、桑寄生、夜交藤、朱茯神等。

3. 痰浊瘀阻型

本型多见于高血压合并脂肪肝或高脂血症，以中青年人多见，以五积多见。

症状：眩晕而见头重如蒙，视物旋转，胸闷恶心，呕吐痰涎，食少寐多，舌胖大，有齿痕，苔白腻或黄腻，脉濡滑。

治则：祛瘀化浊。

方药：五积方加减。

组成：决明子、莪术、郁金、莱菔子、瓜蒌子、半夏、生山楂、虎杖、泽泻、川朴、枳壳、白蔻仁、钩藤、刺蒺藜、僵蚕等。

4. 阴虚阳亢型

本型多见于高血压病合糖尿病。

症状：头痛、头胀、头晕、耳鸣、失眠、颈项僵硬、视物昏花，另伴有口干、舌燥、心悸、气短、腰酸、小便清长、乏力等。

治则：滋阴潜阳。

方药：天麻钩藤饮合六味地黄加减。

组成：钩藤、天麻、刺蒺藜、僵蚕、龙齿、紫贝齿、葛根、川芎、决明子、酸枣仁、生地、黄肉、山药、麦冬、五味子、桑椹子、天冬、玉米须、西洋参等。

5. 肝亢瘀热型

本型多见于高血压病合更年期综合征。

症状：眩晕耳鸣，头痛且胀，每因烦劳或恼怒而头晕，头痛加剧，心中烦热，口苦，舌红，脉弦。

治则：潜肝阳清瘀热。

方药：二齿汤加减。

组成：紫贝齿、青龙齿、灵磁石、辰砂、琥珀末、紫丹参、九节菖蒲、仙半夏等。

6. 阴阳两虚型

本型多见于高血压病合虚劳证。

症状：头晕耳鸣，两眼干涩，失眠多梦，腰膝酸软，夜尿频多，精神萎靡，记忆减退，遗精阳痿，舌淡苔白，脉沉或脉弱。

治则：阴阳双补。

方药：二仙汤加减。

组成：仙茅、淫羊藿、巴戟天、当归、黄柏、知母等。

潘智敏教授认为高血压病中医分型，并非完全单一的病证，可以有许多并证的出现，需要辨证选药。如高血压病伴有水肿证，在平肝熄风的基础上，选用利水消肿药，如猪苓、防己、泽泻、车前子、益母草等；如高血压病伴有浊气雍阻者，在平肝熄风的基础上，选用化浊行滞药，如明天麻、姜半夏、莱菔子、花槟榔、大腹皮等；如高血压病伴有瘀血阻滞者，在平肝熄风的基础上，选用活血祛瘀药，如桃仁、红花、赤芍、丹皮、水蛭等；如高血压病伴有气血俱虚者，在平肝熄风的基础上，选用补益气血药，如当归、首乌、黄芪、白术、生晒参等；如高血压病伴有气阴不足者，在平肝熄风的基础上，选用益气养阴药，如麦冬、生地、石斛、珠子参、五味子等；如高血压病伴有脾肾阳虚者，在平肝熄风的基础上，选用补益脾肾药，如杜仲、巴戟天、肉豆蔻、补骨脂、枸杞子等。

（五）潘智敏教授对高血压及其并发症的中医用药经验

潘智敏教授认为，随着人们生活条件的改善，饮食结构的改变，现代人的疾病谱发生了明显的变化，高血压病发病率明显升高，并且与高血压病相关的疾病，如冠心病、脑血管病等发生率也随之升高。高血压病还与现代代谢性疾病，如脂肪肝、高脂血症、痛风、糖尿病等并见。潘教授对高血压病合并有上述疾病的中医治疗也积累了不少经验。如高血压病合并中风，在平肝熄风的基础上，选用破瘀活血通窍药，如水蛭、川芎、葛根、地龙等；高血压病合并脂肪肝，在平肝熄风的基础上，选用化浊祛瘀消积药，如虎杖、莪术、莱菔子、决明子等；高血压病合并糖尿病，在平肝熄风的基础上，选用滋阴益肾健脾药，如萸肉、桑葚子、玉米须、淮山药等；高血压病合并高脂血症，在平肝熄风的基础上，选用祛瘀行滞消积药，如虎杖、瓜蒌、赤芍、水蛭等；高血压病合并冠心病，在平肝熄风的基础上，选用宽胸活血通络药，如川芎、葛根、降香、鬼箭羽等，可选用降血脂类中药，如决明子、苦丁茶、荷叶、虎杖等；高血压病合并痛风，在平肝熄风的基础上，选用清热祛风通络药，如徐长卿、土茯苓、络石藤、豨莶草等；高血压病合并更年

期综合征，在平肝熄风的基础上，选用益阴滋肾潜阳药，如玄参、知母、淫羊藿、女贞子等；高血压病合并郁症，在平肝熄风的基础上，选用疏肝理气解郁药，如柴胡、郁金、青皮、玫瑰花等。

（六）验案举隅

案例一 吴某，男，70岁，2010年11月6日初诊。

主诉：反复头晕10年。患者于10年前在无明显诱因下出现头晕。当时测血压偏高达170/90mmHg，伴有急躁、易怒、耳鸣，遂开始服用降压药，血压控制一直不甚理想。病人2天前，头晕再发，伴有心悸，血压为155/85mmHg，腰膝酸软，大便时干时稀，胃纳差，舌质红、苔薄黄，舌下静脉瘀象明显，脉弦细。中医诊断：眩晕（肝阳上亢，瘀血内阻）。

中医辨证：肝阳上扰，肝肾不足，瘀血内阻导致眩晕。治则：清肝熄风，祛瘀化浊，补益肝肾。

拟方：钩藤30g，刺蒺藜30g，葛根30g，莱菔子30g，僵蚕12g，炒黄芩12g，川芎12g，佩兰12g，厚朴12g，枳壳12g，姜半夏9g，夏枯草9g，降香9g，白菊花9g，丹参15g，杜仲15g，桑寄生15g，决明子15g，瓜蒌仁15g，7剂，每日1剂，水煎服。

二诊：服药后，头晕减轻，血压已降至130/80mmHg，纳食见增，大便正常，舌质红、苔薄白，脉细弦。上方去黄芩、夏枯草、佩兰，杜仲、桑寄生加量至30g，7剂。随访血压持续稳定。

案例二 林某，女，90岁，2013年6月2日初诊。

主诉：反复头晕10年余，加重3天。患者于10年前在无明显诱因下出现头晕，呈阵发性，血压偏高，达180/80mmHg，症状严重时伴有视物旋转、耳鸣、站立不稳，头晕与体位等无明显关系，无胸闷心悸，无肢体活动障碍，遂开始服用降压药（具体不详），血压控制一直不理想，尤以下午偏高。目前服用硝苯地平控释片、厄贝沙坦。3天前，患者头晕再发，无视物旋转，无胸闷气急，无恶心呕吐，无肢体活动障碍，曾自测血压为170/80mmHg。刻诊：诉头晕头昏，后枕部与四肢时感麻木，口淡且苦，食无馨味，苔黄中根腻，脉细。中医诊断：眩晕（气滞湿阻，浊瘀内蕴）。

中医辨证：气滞血瘀、脾湿内蕴。血行不畅，清阳不升，发为眩晕。治则：活血通络，清肝化浊兼以渗利。

拟方：川芎、炒黄芩各15g，丹参、茺蔚子各30g，夏枯草、白菊花各9g，炙地龙、自僵蚕各12g，莱菔子18g，佩兰、厚朴、枳壳各12g，泽泻、车前草各30g，姜半夏9g，5剂，水煎服。

二诊：诉服药后，头晕减轻，血压已降，但仍时有后枕部强硬感，苔腻根薄，纳食见增，脉细弦，上方去地龙、茺蔚子、姜半夏，加葛根、石决明各30g，炒楂肉12g，7剂，水煎服。后随访诉血压稳定。

四、治疗胸痹心痛的经验

胸痹心痛是威胁老年人生命健康的重要心系病证之一。潘智敏教授在多年临床诊治中，总结了一定的辨证规律并逐渐形成了自己的用药特色。

（一）诸因皆可成痹，痰浊为患恒多

本病临床以体形肥盛之老年人多见。近年来体重者逐年增多，肥胖相关系列疾病如脂肪肝、糖尿病、冠心病等发病均有增加。胸痹心痛包含于西医的冠心病范畴之中。肥甘之味多食，日久脾胃受损，水谷运化失司，变而化生痰浊，上犯心胸清旷之地，致清阳不展，气机不畅，心脉痹阻发为心痛之候。或由痰浊久留，痰瘀交阻，亦成本病。而在老年人五脏薄弱，脾胃运化机能每有不足之虞，痰浊更易内生，加之年高肾虚，无力鼓动心气，皆为胸痹作生之机。

胸痹心痛成因，诸如饮食、情志、寒邪、劳作等，皆可影响心脉、胸阳，致其痹阻不通发病。临床以痰浊居多，应辨证论治。临证方能胸中了然。

（二）辨证首重虚实，论治祛痰为要

胸痹一证，古今一致认为本虚标实、虚实夹杂，治疗多强调通补兼施。潘智敏教授认为，虽临证虚实夹杂，但有所偏重。在病程某一阶段表现为实候或虚候，认证明确后给予祛邪或扶正之治反易收效。故提倡首先辨明胸痹之虚实，然后再据其虚实所在，进行辨证论治。在活血通脉、益气养心等常法之外，灵活应用祛痰诸法，以痰浊为中心立法选药，每收意外之效。

1. 理气宽胸、芳香化浊

本法常用于胸痹发作之轻证。其证见心胸满闷，隐痛阵作，肢体懈怠，痰多气短，脘腹胀闷或纳呆泛恶，饮食少思，舌苔薄白或白腻、白滑，脉多弦滑或濡细等，是湿阻气机，气机失和，湿反难行而有欲结之势，致胸阳不振而作胸中痹痛。治宜理气宽胸，芳香化浊，行气与化湿并重。方选柴胡疏

浙江中医临床名家·潘智敏

肝汤、丹参饮、二陈汤之类。药用柴胡、川芎、香附、佛手、檀香、砂仁、枳壳、陈皮、藿香、佩兰等。其意在轻宣胸阳，妙旋气机，务在宣邪，不事呆补，以令气行浊化，塞滞得通，胸次豁然。

2. 通阳泄浊，豁痰开结

用于胸痹发作稍重，邪盛正亦不虚之候。见证较前为重，且湿浊之象更著。常见心胸满闷，胸痛势重，凝结成痰，阻于胸中，心脉瘀阻而作胸中痹痛。治宜仲景栝蒌薤白半夏汤加味，以瓜蒌、薤白化痰通阳，下气泄浊止痛。半夏合枳实、厚朴苦辛行滞而破痰结，加桂枝温阳通脉，配茯苓、甘草健脾利水化饮。如痰浊闭阻，重用瓜蒌、半夏，酌加竹黄、南星、菖蒲、浙贝等化痰逐饮。如痰浊郁而化热，加郁金、黄连、枳实、竹茹，再甚量加青礞石、生大黄。痰瘀交阻，血瘀痰浊并见者，当合桃红四物活血和血化瘀通络，甚者加泽兰、降香、乳没。本法应用之要在于大剂速投，一俟痰化结开，即转如上行气化湿法或下述培本之法。如一味祛邪，或谓病本为虚不敢祛邪，以致正为邪碍反误事功。

3. 甘淡缓投，利水渗湿

对本病缓解期，心痛发作不频，或仅胸中隐隐作痛偶有发作者，常法以补心气，滋心阴，养营益气多用。此法宜于心气不足，心阴亏损者，但于虚损不著者并非全宜。体形肥盛之老年胸痹患者，平素注意生活调摄，多无明显不适，或仅表现为心电图的缺血表现或血脂增高，常表现出一种微邪微虚的病理状态。治疗时单纯祛邪或扶正都不合病机。鉴于此，潘教授指出，这是痰湿过盛，脾土壅滞，日久脾胃气弱，水谷不能运化又致痰湿留阻，脾气更虚所致。所以治疗以利水渗湿，稍佐运脾补脾为法，甘淡缓投，积久痰去浊消，自然收功。方选苓桂术甘汤加减，药用茯苓、白术甘淡利水兼能实脾；桂枝通阳化气，能通心脉；枳壳、杏仁行气化滞；苍术、佩兰化湿醒脾，俾浊去清升，胸无痰浊之扰。如脾虚较著，加山药、党参，如痰兼血瘀，稍加泽兰、檀香、丹参等活血通脉。

4. 补脾益肾，以杜痰源

用于痰湿稍盛脾土虚损较重上法不应者，则宜补脾益肾，杜痰之源。常以黄芪建中、附子理中汤或补中益气汤加减，以补养心调营常法之不足。析其理，脾主运化水湿，肾主水、又能温煦一身之阳。胸痹既每有痰浊为患，有痰化之，无痰防之，在本病缓解期颇有必要。以心脉痹阻之作虽多责血瘀，而设无痰浊留滞，气机阻遏，血实难瘀，是痰浊为本、血瘀为标，而痰不自生，又脾肾为本，痰浊为标。此谓活血化瘀莫若化痰行气，化痰行气又莫若补脾益肾。况补肾不惟脾土受益，心脉阳气亦为所鼓而流通无畅。

（三）辨证治疗

1. 辨部位

疼痛轻，满闷重，并波及整个前胸者，多为胸痹；疼痛以心前区为主，并有放射痛者多为心痛。

2. 辨疼痛性质

属寒者遇寒加剧并常兼形寒肢冷、舌淡苔白、脉迟等寒象；属热者得热痛甚，并常兼烦或躁、舌红苔黄、脉数等热象；属虚者痛势较缓，其痛绵绵，喜揉喜按；属实者痛势较剧，其痛如刺、如绞；属气滞者多有情志不畅或波动的表现；属血瘀者痛如针刺，痛有定处。

3. 辨疼痛程度及疼痛持续时间

一般疼痛发作持续时间及次数与病情轻重程度呈正比。但必须结合临床表现，具体分析判断。治疗上认为不可一概以胸阳不足为辨及专事温运胸阳。以胸闷为主者，宜通阳散寒，化浊通痹；以心痛为主者，宜活血化瘀，通络止痛。

具体分型及治疗方法如下所述。

（1）急性发作期

1）寒痹胸阳：症见心胸满闷，胸闷重而痛轻，气短，或伴有痰多，脘腹胀闷，多由外感诱发，遇寒加重，手足欠温，苔薄白，脉沉紧或促。治拟通阳散寒，化浊通痹。方选瓜蒌薤白白酒汤或瓜蒌薤白半夏汤加减。南方人多火多热，故常易薤白不用或仅用小量，选加大豆卷、白蔻仁等。同时含服苏合香丸或庆余救心丸，发作时含化可即迅速止痛，可长期服用，如苏合香丸0.7g，每日1次或每日2次。本型应注重通阳化痰。

2）瘀血痹阻：症见心胸疼痛较剧，有如针刺，痛有定处，或心痛彻背，背痛彻心，舌质紫暗，舌下瘀筋明显，苔薄腻，脉结、代。诊断本型时注重舌诊为主，只要临床见有舌质紫暗、舌下瘀筋明显，脉结、代等瘀血征象即可确诊。治拟活血宣痹，通脉止痛。方选活血化瘀药合瓜蒌薤白半夏汤加减。活血化瘀药可选用葛根、川芎、降香、赤芍、丹参、郁金等。疼痛较著者，可加蒲黄、五灵脂、制延胡索及含服速效救心丸、丹参滴丸及硝酸甘油等。各种中成药救心丸中多含麝香、冰片等，可迅速活血定痛。本型常见

于心绞痛急性发作、急性心肌梗死。另外，使用活血化瘀法时要注意有无出血倾向，定期复查血常规、凝血各项指标等。

（2）稳定期

1）气滞心胸：症见心胸满闷不适，痛无定处，时欲太息，得嗳气或矢气后可稍缓解，遇情志不遂时容易加重，苔薄黄，脉沉弦。治拟疏肝理气，活血宣痹。方选柴胡疏肝散合瓜蒌薤白半夏汤。可加佛手、香橼等理气而不伤阴之品。

2）痰浊闭阻：症见胸闷心痛，痰多体胖，伴有体倦身息、纳呆、苔黄腻或白滑、脉弦滑。代谢综合征患者临床多见于此型。治拟豁痰化浊，降逆通痹。方选瓜蒌薤白半夏汤加二陈汤，可加山楂肉、泽泻等。另应要求患者控制体重，改善饮食结构，有高脂血症者应同时行降脂治疗。

3）心肾阳衰：症见胸闷心痛，可伴心悸怔忡，气短自汗，神倦畏寒，四肢欠温或下肢微胀，舌质淡胖，苔白腻，脉沉迟。治拟通阳利水，活血宣痹。方选五苓散合活血化瘀药化裁。慢性心力衰竭者临床表现常见本型，可伴有下肢水肿、颈静脉怒张，肝脾等内脏器官瘀血肿大及微循环障碍等。以临床心力衰竭多见感染诱发，故不以附子等温阳，而仅以通阳。又本型虽为阳衰，但临床表现实多见血瘀水肿为主，故通阳时应兼顾活血化瘀、利水。可加虎杖根、桃仁、莪术、猪苓、茯苓等。

4）心阴亏损：症见心胸隐痛时作，可伴心悸怔忡，五心烦热，咽干口燥，潮热盗汗，舌光苔剥，脉细或结代。治拟滋阴退热，养心定痛。方选天王补心丹，亦可汤剂化裁使用。本型多见于病之后期。胸痹心痛多属内科急症、重症，其发病急、变化快，在疾病过程中，一定要及时诊断处理。

（四）验案举隅

案例 戴某，男，87岁，2010年1月6日初诊。

主诉：反复胸闷心悸10余年，伴咳嗽、咳痰，双下肢浮肿1周。患者反复胸闷心悸10余年，诊断为冠心病，近1周出现胸闷心悸加重，伴咳嗽、咳痰，双下肢浮肿，为治疗而就诊。有高血压病史多年。证见：双下肢浮肿明显，舌淡红，舌下瘀筋，苔薄，脉涩。中医诊断：胸痹（气虚血瘀水泛）。辨证分析：患者老年，气虚血瘀导致胸痹心悸，瘀血久留，化瘀为水，故致水肿。中医治法：益气化瘀利水，佐以止咳化痰。

处方：生晒参12g，丹参30g，穿山甲9g，川芎12g，郁金12g，鬼箭羽12g，猪苓30g，制半夏12g，桔梗12g，前胡12g，七叶一枝花12g，天麻12g，制首乌12g，石斛12g，鸡内金12g，7剂。医嘱：卧床休息，低盐饮食。

二诊：患者胸痹、心悸、咳嗽好转，水肿明显消退。原方减七叶一枝花，加麦冬12g，再予7剂巩固。

五、治疗肺胀的经验

（一）病因病机

潘老师认为慢性阻塞性肺疾病（chronic obstructive pulmonary disease，COPD）属祖国医学"咳嗽""喘证""肺胀"等范畴。临床主症以咳、喘为表现。发病年龄多见于中老年人。中医虽无相对应病名，但历代文献论述却有甚多相似之处：《灵枢·经脉》有"肺手太阴之脉，是则肺胀满膨膨而喘咳"的记载。《丹溪心法·咳嗽》谓"有嗽而肺胀壅遏不得眠者，难治"。其病因甚多，病初起时与六淫、情志、饮食、劳欲等关系较密切；病之中后期痰浊、瘀血作为病理产物可使病情缠绵难愈，同时又是发生各种变证的重要病因。病机上常因屡患肺疾，正虚邪恋，痰浊潴留于肺，肺气宣降失司，发为咳、喘等；因肺朝百脉，助心气以行血脉，病及心则血脉瘀阻，且津血同源，痰瘀同源，病久亦可由痰夹瘀而加重病情；若复感外邪也可诱使病情发作加剧出现喘息加重、痰量增多、可伴发热及其他变证等。病理性质有虚有实，发病时多为本虚标实之候，有邪者为实，邪壅于肺，宣降失司；无邪者为虚，肺不主气，肾失摄纳。病位在肺，继则及心、脾、肾、脑。现代医学认为COPD与慢性支气管炎和肺气肿密切相关，当慢性支气管炎或（和）肺气肿患者肺功能检查出气流受限并且不能完全可逆时，则诊断为COPD。病因上与引起慢性支气管炎的诸多病因相关，如吸烟、职业性烟尘、化学物质、空气污染、感染、蛋白酶-抗蛋白酶失衡等。

（二）分型

COPD根据病程可分为2期。①急性加重期（慢性阻塞性肺疾病急性加重）：指在疾病过程中，短期内咳嗽、咯痰、气短和（或）呈现黏液脓性痰，可伴发热等症状。②稳定期：则指病人咳嗽、咯痰、气短等症状稳定或症状轻微。对应的中医辨证分型有：急性加重期分为外寒内饮型、痰热壅肺

型；稳定期分为肺气虚型、肺脾两虚型、心肾两虚型。

潘教授认为辨证时要注意以下三点：①辨病位，辨病以何脏为主，因"五脏六腑皆令人咳"，本病病位主要在肺，亦可累及心、脾、肾、脑。②辨虚实，本病整个过程有虚有实，虚实缠绵，邪正相争，急性加重期表现为邪胜，以兼感外邪为主；稳定期表现为正胜，以邪退正虚兼或夹痰夹瘀为主。③辨痰瘀之主次，以指导临床用药，或祛痰为主，或活血化瘀为主，或相兼用之。

（三）治疗特色

1. 病因注重于热，论治当知清解

肺胀之发，每由外邪复感触动，又江南之域得天之热气颇盛，又多雨多湿，嗜食肥甘，故其人多现湿热之证。若伤于风热者，自感而作肺热之证；或伤于风寒者，也极易从化即表不解而郁蕴化热，且热入与湿相合，如油入面，腻滞难解，病多缠绵不能速愈，故肺胀之急性发作，每见火热充斥之象。

对于"热"在病因中地位的认识，还当溯源历家遗训。古人谓"痰"者，水也，标也；火者，热也，本也。痰训诂胸上液，本为人身之津液，因受肺热煎熬，凝结而成。故吾师力辨热为肺胀生痰之由，而痰在肺胀病机中占有极为重要的地位。所以清热即可祛痰，即对于肺胀属急性发作期的病人，论治以清热为主，可谓"探本求源"之治。

另外，潘教授还强调，对于湿热相合为病者，热可速清，而湿不宜速去，治疗时倘能抓住时机适时予以清解，则可以分消湿中之热，并截湿蕴化热之势，令热去湿"孤"。（温病谓湿去热孤用于湿重于热者，潘教授对热重于湿者则顺其道而泄、化并重，恰能适用于热重湿之肺胀）。热清之后继而化湿清热，此先重清热，后重化湿，清、化并用之法实不失治疗湿热型肺胀之善法。但在具体临诊时，应谨守先后缓解之次第。潘教授指出，清热要适时，投药要适当，以防冰伏湿邪，反致痰饮难消；而至后期温化痰饮之时，又要注意温化勿过燥烈，以防再生痰热。温病所谓"炉火虽熄，余灰犹热"，在明显湿热禀质之人尤当为戒。临床上，潘教授善据寒热虚实之多寡，分予以轻重缓急之治：一般病初寒凉急投，剂多颇重，以力挫邪热之焰，后期温药缓图，甚兼苦寒反佐，以俾热去湿消，肺气复常，正所谓有制之师也。

2. 病机多涉痰瘀，立法当知通化

肺胀的发病涉及多个方面，但瘀血与痰浊水饮是贯穿病程始终的两个重要病理因素。病初邪盛，肺气郁滞，津液不归正化反为痰；肺经热盛，津液煎熬成痰。肺主一身之气化，为水之高源，肺为邪扰，气化不利，水湿泛滥为痰为饮，不惟喘咳、气急，且有水肿、溺少诸症。至瘀之生，因肺朝百脉，可助心行血脉。肺胀之时，肺气壅滞，致血行乏力，血瘀脉中，或血与热结，血受热煎而黏滞不畅，或热邪直接灼伤血络，血溢脉外，留于体内，或病久气血耗伤，因虚致瘀等，均可形成瘀血。并且两者都可以互相影响，痰阻气机，再妨血行，甚或痰阻血脉均可加重瘀血，“血不行则为水”“瘀血化水，亦发水肿”，瘀血阻滞亦常导致痰浊内停、水道不利，痰浊更加难化。

肺胀病人常有唇甲青紫，舌质黯滞，浮肿、心悸、痰黏难出等症，“瘀之治”是指出痰、瘀贯穿于肺胀病机的始终，无论急发、缓解期均当予以照顾。虽然不是疾病本因，但是反映了病变某一方面的病机本质，及时辨证投药常能够有助于病情的较快缓解。当然，活血化瘀、法门多多；苦寒清热，辛温理气，行气活血，养阴通瘀，燥辛涤化等，均可以辨证为据，灵活运用，不必机械的见痰治痰，见血治血之末治。

3. 通表可以和理，宽中自能利肺

中医历来有表里同治之法，肺与大肠相表里。肺气壅阻，肃降不及，阳明大肠失于传导通降，反过来又影响了肺气之肃降。故见症每有气急喘咳而大便秘结难行，舌红苔黄、口气臭秽，当此之时，通泻大便可使阳明表气得开，太阴肺气得降，喘咳诸症随之豁然，即所谓“表气和而里气自通也”。

但在临床中，因杭城地处江南，天气多湿，“湿盛则濡泻”，所以大便未定成燥，大便秘结不是每个病人都会出现。但结合肺胀病因病机，临床选药不可过猛，谨防劫夺阴津，痰咳不爽。故通便不宜峻攻，但以理气宽中为务。药可选枳壳、厚朴、瓜蒌皮、莱菔子等，并不专恃硝黄之猛烈。

4. 肺气宜宣宜降，补虚不忘调气

分别予以补益调理之剂，如补肺、健脾、六味、黑锡等法。但潘教授经多年临床，发现一味蛮补法虽不谬，但实际上疗效并不理想。翻检经书，遂悟“补无常法，遂其所欲即是补”“气血贵乎流通”之理。结合肺为娇脏，喜润恶燥，肺气宜宣宜降之性，指出肺胀补虚应重调气。调气之后又以宣降

为先，务使肺欲得遂，肺郁得解，而肺用复常，并且适当伍用养阴润肺之品以顺肺体娇性，而成体用两顾之善法。

另外，根据临床所见，潘教授还认为随着社会发展，人们生活水平得提高，社会压力日趋增加，肺胀虽多发于高年体虚者，但此虚已不同于古之谓虚者。病家营养素盛，有留瘀滞气之由，又多有情志不遂，气滞血瘀之虞，所以处方时喜用疏通气血、疏肝调郁之品，不惟疏补之壅滞，又能暗合当今之病机。并且疏肝平木可杜木火刑金之反侮，数法并施，能收调气补虚之效，实为深谙古人"气血以流通为贵"之真谛。

潘教授认为，COPD整个过程为多痰多瘀。相关论述如《丹溪心法·咳嗽》谓："肺胀而咳，或左或右，不得眠，此痰夹瘀血碍气而病"，说明了痰瘀互结的关系。而痰、瘀又易致肺部感染和气道阻塞，故治疗中应加强祛痰和活血化瘀的作用。在祛痰时则支持"痰因热成"的观点，重视痰与热之间的关系，痰热关系前人亦多有论述，例如，《医统》言："痰则一因热而已，加之寒字不得"，《儒医精要》谓"痰能生火，火能生痰"。因此治疗上强调无论白痰、黄痰皆以清热化痰为要，如其在治疗COPD急性加重期外寒内饮、肺络痰瘀型时，虽用三子养亲汤温肺化痰，但常弃温燥之白芥子不用，而加蒲公英、桑白皮等以清热化痰。在应用活血化瘀法时则认为"气为血帅"、"久病入络"，方中多加郁金、陈皮等行气及桃仁、虎杖根之属以活血化瘀。

（四）遣方用药

1. 外寒内饮型

证候：咳喘，气短，痰多色白，面色暗滞，可有恶风（但持续时间多较短），舌质黯淡，苔多白腻，脉浮紧。

治法：温肺化痰、降气平喘。

方药：予三子养亲汤、苏子降气汤为基本方，随症加减。

2. 痰热壅肺型

证候：咳嗽、喘促不能平卧，痰黄黏稠，不易咯出，或身热口渴，大便干燥，舌紫黯，苔黄或黄腻，脉滑数。

治法：清肺化痰、通腑泄热。

方药：自拟清肺八味汤（鱼腥草、黄芩、野荞麦根、桔梗、前胡、浙贝母、杏仁、姜半夏）随症加减。若有腹胀者，加莱菔子、大腹皮；若药后大便秘结者，则以清肺八味汤合厚朴三物汤化裁。

3. 肺气虚型

证候：喘促短气，咳声低弱，自汗畏风怕冷，易感冒，舌质淡，脉软弱。

治法：补肺固卫。

方药：以玉屏风散化裁，以防治疗期间反复感邪。

4. 肺脾两虚型

证候：除具有肺气虚型症状外，尚有纳差、便溏、食后腹胀等脾虚表现，舌脉常见舌质淡、舌体胖大或有齿痕，脉细弱。

治法：补肺固卫、健脾益气。

方药：以金水六君煎化裁。

5. 心肾两虚型

证候：喘咳不能平卧，心悸，咳痰清稀，面浮，下肢肿，尿少，面唇青紫，舌胖质黯，舌下青筋怒张，苔白滑，脉沉或结代。

方药：本型虽见心肾两虚表现，然主要表现实为血瘀于心、肝、肾等各脏器而致，细察舌脉可得之。因临床见症以瘀血为主要表现，故常用活血化瘀药合五苓散或真武汤化裁。

潘教授认为治疗COPD也要注重应用现代医学的各种治疗手段，在急性加重期治疗上要给予控制性吸氧；并发感染者及时应用抗生素；病情需要者短期给予糖皮质激素，而后根据病情决定是否需要长时间服用糖皮质激素，稳定期治疗对吸烟者要教育和劝导患者戒烟；因职业性烟尘和化学物质所致，应告知脱离污染环境；气喘发作时予支气管舒张药吸入；痰多者予口服或吸入祛痰药；并坚持长期家庭氧疗。

（五）验案举隅

案例 胡某，女，76岁。2009年11月16日初诊。

主诉：反复咳嗽、咯痰30余年，再发加重7天。患者30多年来，每于秋冬季节或气候变凉时易出现咳嗽、咯痰。近十余年来咳剧时伴气急、胸闷。无咯血，潮热、盗汗等。7天前因受凉后咳嗽气急，痰多白黏，咳剧胸痛，纳呆口干。X线检查示：慢性支气管炎、肺气肿伴左下肺感染。心电图示：低电压，电轴顺钟向转位，肺型P波。证见：唇甲青紫，舌质黯红，苔黄腻，舌下瘀筋明显，脉细弦而数。西医诊断：慢性支气管炎伴左下肺感染肺心病。中医诊断：肺胀（痰热阻肺、兼有瘀积）。辨证分析：患者素有肺

疾，肺气本亏，感受外邪，肺失宣降，积痰蕴热，故出现咳嗽气急；肺病日久，气血不畅，必有瘀积，舌质黯红，苔黄腻，舌下瘀筋明显，脉细弦而数为痰热阻肺、兼有瘀积之征象。治则：清肺化痰，佐以活血化瘀。

处方：鱼腥草30g，炒黄芩15g，车前草30g，竹沥半夏12g，炙桑白皮12g，桔梗12g，桃仁12g，杏仁9g，炒陈皮12g，鲜芦根20g，5剂。

二诊：咳减，痰少易咳，气急渐平，舌质红绛，苔已清，脉细数。痰热已清，阴亏渐显，故改进益气养阴，佐以清宣行瘀方药。处方：太子参9g，麦冬15g，北沙参30g，丹参3g，鱼腥草30g，野荞麦根30g，炒当归12g，炒枇杷叶12g，桃仁9g，杏仁9g，清炙冬花9g，14剂。

第二节　医论医话　医著探赜

一、清肺八味汤

清肺八味汤是潘智敏主任医师在杨继荪教授治疗痰热、肺热咳嗽（呼吸道感染中医辨证属痰热、肺热者皆宜）的临床经验方上总结出的有效方剂，现解析如下。

（一）方剂的立法

咳嗽是肺系疾病中最常见的证候之一，是六淫外邪侵袭肺系，或脏腑功能失调，内伤及肺，肺失宣降，肺气上逆，冲击气道，发出咳声或伴有咳痰为主要表现的一种病症。咳嗽的病因、症状、症候分类、病理转归、治疗在相关文献中有详细论述：《素问·咳论》指出咳嗽是"皮毛先受邪气""五脏六腑皆令人咳，非独肺也"。强调外邪犯肺或脏腑功能失调，病及于肺，皆能致咳。并且五脏六腑之咳"皆聚于胃，关于肺"，指出咳嗽不止于肺，亦不离乎肺。论治上，虞抟《医学正传》曰："欲治咳嗽者，当以治痰为先。治痰者，当以顺气为主，是以南星、半夏顺其痰，而喘咳自愈；枳壳、橘红利其气，而痰饮自降"。重视了治痰在治疗咳嗽中的重要性。潘教授结合临床，认为咳嗽既是具有独立性的证候，又是肺系多种疾病的一个症状，常见于现代医学的上呼吸道感染、急、慢性支气管炎、支气管扩张、肺炎等。在临证辨治咳嗽时注重"痰""热"动因说，认为无论外感新起之咳嗽，或是新感引动宿疾的急性发作之咳嗽，其诱发之因皆为外邪，即"寒暑燥湿风火六气，皆令人咳嗽"。然六淫之中除寒、湿为阴邪外，其余皆为阳邪，况且南方之人，素体多为"热"性，寒、湿之邪若在表不解，循经入里，多从热化，可以郁而化热或蕴而化热。正如《张氏医通》云："盖由感受风寒，未经发越，停留肺中，蕴发为热"。故在祛痰时则支持"痰因热成"的观点，重视痰与热之间的关系，痰热关系前人亦多有论述，例如，《本草经疏》曰："肺气热则煎熬津液，凝结为痰"；《医统》言："痰则一因热而已，加之寒字不得"；《儒医精要》谓："痰能生火，火能生痰"。因此临床辨治咳嗽，尤为强调对痰热、肺热所致咳嗽的治疗。痰热、肺热咳嗽之人，咳嗽声音多重且浊，痰多而黏，色黄为主。可伴有体温升高或正常。患者可感胸部不舒，或有胸闷，舌质发红，苔薄黄或厚而黄，脉多滑数。肺气不清，失于宣肃，上逆作声而引起咳嗽为其证候特征。咳嗽、咯黏痰是本证的主要症状。潘教授在辨痰时强调无论白痰、黄痰，若痰黏难咳，临床表现以热象为主者，皆主张以清热化痰为要。拟有以清为主的清肺八味汤对临床上痰热、肺热咳嗽行清肺泄热，化痰解毒。

（二）方义及随症加减

清肺八味汤由鱼腥草、黄芩、野荞麦根、桔梗、前胡、浙贝母、杏仁、姜半夏组成。其中"黄芩治肺热"乃李时珍的亲身经历和体会，《本草纲目》中有相关记载。鱼腥草在《本草经疏》中曰："治痰热壅肺，发为肺痈吐脓血之要药"。野荞麦根的功效为清热解毒、清肺化痰，应用于肺热咳嗽、咽喉疼痛及肺痈咯痰浓稠腥臭者。临床应用时鱼腥草、黄芩、野荞麦根剂量多各为30g，三者共奏清热解毒、清肺化痰之功，是清肺的君药；浙贝母、杏仁清肺化痰、降气止咳为臣药；桔梗、前胡一升一降、宣肃肺气，止咳化痰亦为臣药；半夏下气化痰，同时有和胃降逆之功，痰热较盛者用竹沥半夏以助清热化痰为臣药，热痰胶结较轻者可用姜半夏为佐药以承胃气，避免清凉之药攻伐过度。临证时如遇外感发热、咽痛者，加薄荷、苏叶、牛蒡子、板蓝根以疏风解表、清热利咽；痰黄、舌红脉数、热象重者，加金银花、连翘、七叶一枝花（重楼）、桑白皮，以加强清涤肺热之力；舌红少津者，加鲜芦根、鲜石斛以清热化津；苔白腻、头身重、湿困者，加藿香、佩兰以芳香化湿；伴胸脘胀闷者，加瓜蒌、郁金、枳壳、厚朴、莱菔子以宽中活血，祛痰下气；对痰哮气喘者，则加麻黄、射干、地龙以平喘解痉；而对久咳气逆、痰色始终呈白色者，加苏子、紫菀、款冬花，凉温并下用以消痰下气、定喘止咳。伴大便秘结不通者，加

生大黄、炒枳壳、川厚朴。

（三）临床运用

案例一 薛某，男，71岁。2005年11月18日初诊。

主诉：咳嗽、咽痛30余天。病史：患者感冒已30余天，有恶寒发热、咽痛咳嗽。自服感冒药及抗生素后热退、咳减，5天前因夜间受凉又感咳嗽、咽痛，咳较剧，服感冒冲剂及头孢菌素后，痰由黄转白，咽痛尚存而来就诊。诊查示：外感热已退，复感咽痛，咳嗽，痰白黏，舌质红，苔黄，脉滑。听诊示：两肺呼吸音粗，未及干、湿啰音。辅助检查：X线检查示两肺纹理增粗。辨证：外感风热之邪，邪袭肺卫，久而不愈，从热入里，煎液为痰，痰热壅阻。经西药抗菌消炎，痰热稍挫。然痰湿蕴滞，复而化热生痰，痰热壅肺。中医诊断：咳嗽（痰热壅肺）。西医诊断：上呼吸道感染。治则：清肺化痰。

处方：鱼腥草30g，炒黄芩12g，野荞麦根30g，浙贝母15g，竹沥半夏12g，桔梗9g，前胡9g，苏梗12g，炒牛蒡子、炒陈皮，川厚朴各9g，共5剂。

按 本患者1个月内2次感冒，前症未罢，后症又起。咳嗽一症，临床上常见多种抗生素并用而未能完全控制，而中医中药却多疗效确切。本病以清肺八味汤为基本方化裁，一以清肺，一以化痰，使气机宣畅，表邪透达，热去痰孤，痰热清则咳嗽止。

案例二 刘某，女，58岁。2005年12月15日初诊。主诉：反复咳嗽、咯痰20余年，加重3天。病史：反复咳嗽、咯痰20余年，每于入冬或气候变化时易诱发或加重。有慢性阻塞性肺疾病史。诊查示：咳嗽气急，痰多白黏难咳，咳剧时左侧胸痛，神疲纳呆，口干不欲饮，下肢浮肿，舌质边红紫、苔黄燥，舌下瘀筋明显，脉细弦而数。听诊示：两肺呼吸音较低，左下肺可闻及湿性啰音。辅助检查：肺功能试验示：中度肺通气功能障碍。X线示：肺气肿伴左下肺炎性改变。心电图示：低电压，电轴顺钟向转位，肺型P波。辨证：痰热蕴结，夹有瘀滞。中医诊断：肺胀、咳嗽（痰瘀互结）。西医诊断：阻塞性肺疾病伴感染。治则：清肺泄热，化痰解毒，佐以活血行瘀。

处方：鱼腥草，炒黄芩，野荞麦根，银花各30g，浙贝母12g，丹参，车前草各30g，竹沥半夏，炙桑白皮，桔梗，炒枇杷叶各12g，桃仁，杏仁，炒陈皮各9g，鲜芦根30g，共5剂。

按 本例为慢性阻塞性肺疾病伴感染。证属痰热蕴肺，肺失肃降，本虚标实，标急于本之证。以清肺八味汤为基本方化裁，先用大剂清热化痰之品以泄肺热，使气道畅通，并佐以活血行瘀，改善心肺功能，待邪热得解，痰浊得化，可另投益气补肾、活血宣肺之品，以固本善后。

（四）结语

清肺八味汤在临床上经杨老及潘教授反复应用30余年，疗效确切。对外感咳嗽出现的痰热、肺热症状（感冒失治引起急性支气管炎）及内伤咳嗽由外邪诱发并从热化者（如慢性支气管炎急性发作，慢性阻塞性肺疾病伴感染）效果尤佳；而对内伤咳嗽，气血阴阳体虚之人，感受外邪而日久不愈者，应予局部、整体兼顾。咳嗽日久不愈者，可参合脏腑辨证进行治疗，如赵献可《医贯》中提出"治之之法不在于肺，而在于脾，不在于脾，而反归于肾"。注重治疗咳嗽时肺、脾、肾之间的关系。对于呼吸道感染（中医辨证属痰热、肺热咳嗽）者，清肺八味汤以清为主的辨证思路与现代医学主张抗炎为主的治则相吻合，疗效确切，并可缩短病程。另外，咳嗽作为一个证候，治疗时必须分清各种原发病，如肺结核、咽喉异物、胸膜炎等所致的刺激性干咳，应针对原发病采取必要的综合治疗措施。

二、当归补虚理血在治疗高血压中的意义

当前，高血压病的治疗概念在不断更新，与之相应的治疗研究层出不穷，因而也就有了新的内容和要求。现在，人们已日益注重从症状与降压的同步效应着手，重审降压的意义。因为血压升高不纯粹是消极病因病理破坏，血压升高是体内为了克服心脑肾等重要脏器血流供求不平衡所作出的代偿反应。所以治疗上不应当只是抑制血压升高，应当从全面改善血流供求关系，积极扶持机体的自稳调节能力上，帮助血压所要实现的调节反应而达到和谐状态。降压的最终目的也就是实现自稳调节正常化，减少并发症，提高生活质量，以达健康长寿之目的。祖国医学对该病治疗善于从"疏其血气，令其调达，而致和平"的法则中，体现中医治病求本的思想。通过调节机体系统的平衡状态，使血压和临床症状均得以改善。这无疑比单求充分降压（降低卒中、心力衰竭、肾衰竭的发生率与死亡率）而忽视高血压的另一心血管并发症冠心病的发生率、病死率，以及抗高血压药物治疗本身所引起的副作用和生活质量下降，更具积极的实际意义。

由于原发性高血压病系一种慢性疾病，以中老年人居多，故常因久病

浙江中医临床名家·潘智敏

或老年血液多呈现高凝状态而显示出不同程度的"虚""瘀"之征象。临床表现可见头晕、头胀、头痛、耳鸣、失眠、健忘等虚中夹实之症。《素问·至真要大论》有"诸风掉眩皆属于肝",《灵枢·海论》有"肾虚则头重高摇,髓海不足则脑转耳鸣"等记载。《丹溪心法》进一步提出了"无痰不眩"、"无火不晕"之说。《景岳全书》又阐发了"无虚不能作眩"。明代虞抟还提出了"血瘀致眩"的论点。这些理论从不同角度将该病的病因病机归纳为"风""火""痰""瘀""虚"。诸因素综合作用于人体,使气血阴阳平衡失调。如肝郁化火可耗损肝阴,阴不敛阳则肝阳偏亢,阳胜又化风化火,风火相煽,灼津成痰。肝风入络,经络受伤,病久血脉瘀阻、阴损及阳,但见阴损于前而阳亏于后,最终导致阴阳两虚,即出现多脏器功能的减退,其主要表现是靶脏器心、脑、肾的严重损害。因而有人指出脉络失和之"瘀"与脏腑亏损之"虚"两因素皆为该病发展趋势之共性。这与当前不断探索揭示高血压深一层的本质,认为引起血压升高的原始动因是重要脏器血流供求的失衡之论点亦相吻合。

根据中医理论,涉及高血压病变的脏腑为肝、脾、肾,而三脏皆与"血"相互关联。如"肝藏血","人动则血运于诸经,人静则血归于肝脏";"脾统血","为气血生化之源","肾藏精、生髓、通于脑","精血互生","肝肾同源"等。既然高血压病病人与"血"密切相关,又有"虚""瘀"并存之特点,在选择抗血压药物时,尤其应考虑对血液具有调节作用的中药。推荐治血病之要药当归,入肝、心、脾经及其与血有关系。"当归,入手少阴,以其心主血也;入足太阴,以其脾裹血也;入足厥阴,以其肝藏血也"。《日华子本草》曰:"治一切风、一切血,补一切劳"。因此,用长于补虚行瘀的当归为主药制成抗高血压药"康脉心"来治疗中老年人易出现的血虚、血凝等血病则尤为适宜。选择当归为主的制剂"康脉心"治疗高血压病的另一要素是,在观察高血压病的分型治疗中,无论是肝阳上亢、气血亏虚、肾精不足、痰浊内蕴,或是瘀血阻络的各种类型,其不同治则所选的不同方药,如用于平肝潜阳、清火熄风的龙胆泻肝汤,补益气血、健运脾胃的八珍汤、十全大补汤、人参养营汤、补中益气汤、归脾汤、当归补血汤,补益肾精、充养脑髓的右归丸,燥湿祛痰、健脾和胃的当归龙荟丸,以及祛瘀生新、行血清瘀的血府逐瘀汤等,皆取用当归,有些还被列为主药。说明祖国医学很早即对高血压病病人所具有不同程度的虚、瘀之象有一定认识,对血流供求关系失衡,影响机体自身平稳调节血压的能力这一本质已有所触及。因而从不同角度帮助改善血流的供求关系，以实现血流的自稳调节，亦即气血阴阳的平衡。在此，当归以期补血活血调益营卫、润养气血之功用，于疗补虚损寓意于治本理血之中。然当归，性味甘辛而温润，对属肝火亢盛、痰湿蕴盛类型的高血压病病人尚欠适宜，故用于虚象比较明显的气血亏虚型、阴虚阳亢型和阴阳两虚型，以及中之夹瘀者更为适宜。以其能补血养肝，活血又养血。血因归属于阴，阴血得养则上亢之阳亦得以敛。而阳损及阴至阴阳两虚者，则取"阳得阴助，生化无穷"之理，于阴中求阳，从而使之阴生阳长。

当归的现代药理研究提示，其在心血管系统方面能增强心肌收缩力，抗心律失常；显著扩张冠状动脉，明显增加冠状动脉流量，降低心肌氧耗量；扩张外周血管，减少血管阻力，明显降低血压；降低血小板聚集，抗血栓形成；降低实验性高脂血症，对实验性动脉硬化有一定保护作用。另外还有促进非特异性免疫功能，抗贫血，升高血红蛋白，抗维生素E缺乏等抗衰老的作用。这些研究均为当归治疗高血压病，提高人体的免疫力，提供了科学的参考依据。这些实验研究同时验证了中医理论，如《注解伤寒论》中"脉者血之府，诸血皆属心，凡通脉者必先补心益血"和"用当归之苦温以助心血"之论点的合理性和正确性。

运用当归治疗高血压，临床上有当归注射液静脉及穴位注射等方法。而当归制剂经化学分析测定后，发现其中与降压及抗衰老有关的Zn、Cu、Mn、Ca等元素含量较高。动物实验证明有降血压、降血脂作用。临床观察到它有改善症状和降低血压的同步疗效。对血脂（CH、TG、LDL-C）和免疫指标（IgG、IgA、IgM、C3）具有双向调节作用；对HDL-C（高密度脂蛋白，被认为是抗动脉粥样硬化的脂蛋白，冠心病的保护因子，亦是一种长寿因子）有轻微的升高作用；对血液流变学指标、血沉、血沉方程K值有显著降低作用；对全血比黏度、全血还原黏度和致粥样硬化指数均有一定的下降作用。

综上所述，当归有补血活血之功效，在高血压病的治疗中是发挥了治本理血的作用。这种通过补虚行瘀之途径来改善血流供求平衡，从而达到抗高血压目的的方法，尤适用于老年人。因为老年高血压病人多属"低肾素型"，不宜服用强烈的降压药。故对当归制剂"康脉心"的治本理血功用再作进一步的探讨，将更有利于确切地认识理解当归为治血病之要药的广义性及其深刻含义。

三、潘智敏导帅与博士后代建峰访谈录

（一）关于"积证"理论形成的学术访谈

代建峰：在您的学术体系里，"五积"理论是一项重要的内容，在这之前您的学术团队对"五积"理论多有阐发，想请教您当时提出这一理论是基于怎样的学术考虑？

导师潘智敏：说到"五积"理论，要先谈积证，回顾关于"积证"学说的历史，可以说《黄帝内经》及《难经》奠定了积证学说的理论基础。《黄帝内经》提出了积证的病因病机，如寒邪、饮食不节、用力过劳、情志内伤等病因导致血瘀（凝血蕴里）、气滞（温气不行）、痰湿（津液涩渗），著而不去，而成积证。《难经》提出了传统的五积理论，如《难经·五十六难》曰："肝之积名曰肥气，心之积名曰伏梁，脾之积名曰痞气，肺之积名曰息贲，肾之积名曰贲豚"。根据《难经》描述的五积症状，现在认为当时所提的五积之证一部分多属肿瘤的范畴。《黄帝内经》《难经》之后，一直到明清时代，乃至到现代，有许多医家对积证都有所阐释。我提出"五积"理论，一方面借鉴了这些经典理论和后世医家的阐述，但真正使这种理论系统化是基于我的临床实践和我对医学实践的思考和理论提炼，也接纳了现代医学对疾病的认识。我长期从事干部病房的保健工作，我接触的病人有许多患有高血压、糖尿病、高血脂、脂肪肝，也有许多心脑血管病病人。这些病人若从辨证来看，大多可归为痰瘀纠结、痰瘀互阻。中医对气血津液的化生和痰瘀的形成有明确的认识，从疾病的发展过程来说，痰瘀形成之前的阶段离不开气滞、食积、水湿内生等病理机制。疾病的形成是内因和外因的综合作用，疾病的发生有微观到宏观的渐变过程。以一种统一的病理机制来解释这些疾病的形成过程，我提出"积证"理论。在我40余年临床实践中，发现高血压、高血糖、高血脂、高尿酸血症、心脑血管疾病等这类疾病中医病机相似，均可归类于气、血、痰、食、脂积导致的各种积滞之证，临床治疗中，异病同治，收到了较好的疗效，基于上述的认识及实践经验，我将积证的定义扩展为：积证是指机体在各种致病因素的作用下，引起气、血、痰（湿）、食、脂积等停滞于人体的经络血脉、五脏六腑，着而不去，留结为积，并导致经络血脉、五脏六腑功能失常，由此形成的各种病症，均可称为积证。我所提的"积证"理论，包含了有形之积，也包括了无形之积。具体说，是指"气积、食积、痰积、脂积、瘀积"这五积。

代建峰：若把食、痰、瘀的滞留归为积证能够理解，把气也纳入积的范畴不太容易认识，因气导致的病理状态，若是实症我们常用的表达是气逆、气滞等，您所提出的气积和气滞有区别吗？

导师潘智敏：人体内有不同的气，元气、宗气、营气、卫气、五脏之气、胃气等，气属阳，宜行不宜留。的确因气导致的实证病理状态里，气滞是较传统的表述。一般说气滞，是指气的运行不畅，也包括了气的停滞、停留这一病理状态。可以说，气滞的严重状态是气积。把严重的气滞归为积证范畴，还因为气在人体较食、痰、脂、瘀是一种更细微的成分。如果把食积、痰积、脂积、瘀积看成是宏观，气积可认为是微观，也可以说是食积、痰积、脂积、瘀积形成之前的病理状态，是疾病的早期阶段。暴饮暴食可导致食积，进一步可造成气滞，但更多的病理状态是气滞或气积导致食积。

代建峰：综观文献，在您之前好像没人提出过脂积，是一种新颖的提法，想请教您关于脂积的理论是怎样形成的？

导师潘智敏：中医传统典籍里有不少关于脂膏致病的论述，像我们熟知的"膏粱之变，足生大疔"。人体内脂过剩可以致病是无异议的，除此之外，我提出"脂积"理论，也借鉴了现代医学对疾病的认识。我们知道心脑血管疾病发病一个重要的机制是动脉粥样硬化，低密度脂蛋白在动脉粥样硬化形成过程中起了主要作用，在动脉硬化性心脏病、缺血性脑血管病的预防和治疗中也把控制低密度脂蛋白作为一项重要的措施。医学应该与时俱进，现代医学的发展离不开高精尖的仪器、器械和科学研究手段，中医发展也应兼收并蓄，不该拒绝现代医学的先进理念。脂积的形成，是气积、食积、痰积发展到一定阶段的产物，也可以是瘀积形成的病因。脂积可以独立存在，也可以和气积、食积、痰积、瘀积并存。

代建峰：在"五积"里，气积、食积、痰积、瘀积这四积都可以找到相应的舌、脉、症，但对于脂积有相对应的舌、脉、症吗？

导师潘智敏：前面提到，脂积可以独立存在，也可以和气积、食积、痰积、瘀积并存。的确临证时气积、食积、痰积、瘀积这四积都可以找到相应的舌、脉、症，也容易根据舌、脉、症的表现辨证施治。脂积因为一部分引用了

现代医学的概念，所以脂积相对应的舌、脉、症不具有特异性，也有的患者不具备辨证所需要的舌、脉、症表现。其实有不少西医明确疾病诊断的患者都不具备辨证条件，即无证可辨，对这类患者可辨病治疗。有证时辨证，无证时辨病，病证皆明时也可病证相参，中医治疗应该圆融灵活，不拘一格。

代建峰：老师把病理状态下的气、食、痰、脂、瘀统一纳入到积的范畴，我的体会是瘀积是积证后期或者较严重的阶段，而气积是积证的早期阶段，可以这样认为吗？

导师潘智敏：气、食、痰、脂、瘀这"五积"是一个循序渐进、由微观到宏观、由量变到质变、病理演变逐渐推进的过程。五积的不同阶段，可能有症状、证候表现明显的时期，也有病机表现不突出的时间，这要求动态观察疾病的发展发生，重视防治在前、上工治未病的思想。随着时代的变迁，社会环境和生活方式的改变，影响人群健康的疾病谱发生改变，重视疾病病机演变的规律性，突出询问病史、明了疾病诱因的重要性，要有早期干预的必要性，防微杜渐的必须性。"五积"理论的提出，包含了预防医学、中医理论、和现代医学的理念，在诊治疾病时，要有整体观、也要有动态观。如前所述，气作为人体细微物质的存在，的确可以把气机的逆乱停滞看作疾病的早期阶段，而瘀表现突出的时候，也说明病情到了比较严重或必须要治疗的时期。

（二）关于"积证"理论指导临床实践的学术访谈

代建峰：导致"积证"形成的原因有哪些？

导师潘智敏：总的说，导致积证形成的原因有四个方面：饮食无节、情志郁积、久坐少动、湿积致病。具体讲，原因如下：现代之人，工作繁忙，不能按时进食，饥饱无常，日久损伤脾胃，运化虚弱，聚湿生痰，产生痰积、湿积；又嗜食膏粱厚味，损伤脾胃，运化失常，脾胃不能消食，不能输布精微，导致痰积、食积、脂积；或因应酬繁忙，烟酒叠进，损伤脾胃，导致湿热内结，产生湿积、痰积。现代之人，竞争激烈，背负各种压力，经常食不思味，夜不成眠，情志压抑，导致肝失疏泄，气血不畅，气滞血瘀，产生气积、瘀积；或情志郁结，肝失疏泄，妨碍脾胃运化，不能克化，导致食积、痰积、脂积。现代之人，脑力劳动多，体力劳动少，久坐不动；出入以车代步；日久机体气血不畅，导致瘀积。久坐少动，也可导致脾胃气机困顿，不能消克，导致食积、痰积、脂积。考虑到地域特点，因江南多湿，易致湿积。尤其江浙一带为多湿之地，无论时病或杂病，多夹湿邪，导致湿滞、湿积。加之平素应酬繁忙，烟酒叠进，损伤脾胃，导致湿积。湿积与瘀积可相伍影响，血瘀则聚津为湿，湿积则气血不畅为瘀。

代建峰："五积"之间具体是怎样相互影响的，其病机演化过程怎样？

导师潘智敏：五积之间可相互影响和转化。气积常可导致血积、痰积、食积、脂积。如气积日久，横逆犯胃，脾胃升降失常，形成食积；也可导致水液代谢障碍，痰湿内停，形成痰（湿）积；日久影响水谷精微的输布，形成脂积；继而影响血液运行，形成瘀积。气积、痰积、食积、脂积日久，也可影响血脉的运行，均可导致瘀积。痰积、食积、脂积、瘀积也可影响气机，均可导致气积。五积之间往往胶着并现，表现出复杂的证候。积滞之证形成多与肝、脾、肾、气血有关。积证早、中期多表现为实证，以气积、食积、脂积、痰积为主，晚期以痰积、瘀积为主，晚期还可见虚实夹杂之证。

代建峰："五积"是怎样导致脏腑器官发生疾病的？

导师潘智敏：五积日久，均可郁而化热。五积之邪积于肝，发为脂肪性肝病、肝肿瘤等；积于心，发为冠心病等；积于脑，发为脑血管疾病等；积于血液，发为高脂血症、糖尿病、高尿酸血症、高黏血症等；积于血脉，气血不畅，发为高血压病等；积于关节，发为痹症等；积于肠，发为肠梗阻等；积于肾，发为结石等；五积夹毒，发为肿瘤等。

代建峰：怎样应用"五积"理论指导具体疾病的治疗？

导师潘智敏：不同的疾病，五积之滞各有侧重，如脂肪肝有典型的五积表现；高血压病以气积、脂积、痰积、瘀积为主，尤其与瘀积、全身气血不畅有关；冠心病以气积、痰积、瘀积为主；高脂血症以脂积、痰积为主；糖尿病以痰积、瘀积为主；但临床上往往同一患者多种疾病同时存在，如高血压病常合并有糖尿病，或合并高脂血症，或高尿酸血症，或高尿酸血症，或冠心病，代谢综合征等，此类病人大多具有典型的五积表现。老年以瘀积、痰积、虚积明显；大多以虚、积并存，但也有实积之证。中青年以气积、痰积、湿积、食积、脂积、实积明显。小孩以食积为主。治疗积证当以消积导滞为主，采用祛瘀化浊、消导行滞、疏理解郁之法，重在调畅气血的运行，

浙江中医临床名家·潘智敏

以达积消滞畅，气血平和之效。积滞之证是一个慢性、长期的过程，治疗也需慢磨渐消，也是一个长期治疗的过程。不同疾病消积导滞方法有所侧重，积滞后期虚实夹杂，治疗当以消补并施。凡因"血瘀、痰湿、脂毒、食积、气郁"五积所致的各类积滞病证，均可采用"祛瘀化浊，消导行滞，疏理解郁"的治疗方法。

代建峰：应用"五积"理论治疗疾病时的具体方药如何应用？

导师潘智敏：根据临床实践，我在临床常用一个治疗积证的经验方"五积方"，五积方组成为莪术、郁金、莱菔子、半夏、生山楂、川朴、枳壳、泽泻、决明子、蔻仁、虎杖、过路黄。我在临床中发现上述药物联合应用，具有降低血脂、调整血压及血糖、改善血黏度、疏通心脑血脉、抗肿瘤、化结石等多重作用。其中莪术、郁金为君，破瘀消积，行滞解郁，畅通气血，治疗气积、血积；莱菔子、生山楂、半夏为臣，祛痰、导积、理气、消食，治疗痰积、食积；虎杖、过路黄、决明子、泽泻等活血开郁，清理肝胆，通利小便而清除郁热，治疗脂积、湿积。佐以川朴、枳壳、蔻仁理气行气，畅通气机，辅助它物，消除诸积。全方合用，可达消积导滞、畅通气血之效。以五积方为基础，适当加减治疗各种积证取得较好的临床疗效。

代建峰：应用"五积方"治疗具体疾病时的方药加减如何应用？

导师潘智敏：我在临床治疗疾病时，对于高血压病常用五积方合天麻钩藤饮加减；针对心力衰竭，常用五积方合五苓散加减；针对胸痹，常用五积方合瓜蒌薤白半夏汤加减或加用川芎、降香、毛冬青、鬼箭羽等。针对中风后遗症，常用五积方加补阳还五汤加减；针对血管性痴呆，常用五积方加石菖蒲、益智仁、远志等；针对肝胆结石，常用五积方加金钱草、海金沙、鸡内金等；针对肿瘤，则以五积方为基础，根据肿瘤不同的部位，加用清热解毒药、抗癌散结、以毒攻毒之药，兼顾行滞补虚之品，攻坚疗虚，逐以图之。

（三）关于原发性高血压病的学术访谈

代建峰：原发性高血压病系一种慢性疾病，中医传统理对其论述有何借鉴，导致对原发性高血压病治疗的观点是怎样的，有的患者有高血压却不积极治疗，我在随师侍诊时发现老师对原发性高血压的治疗很积极，有的患者即使血压在临界状态，老师也会积极动员患者降压治疗。

导师潘智敏：中医学对原发性高血压病常见之眩晕、头胀、头痛、耳鸣等症状有诸多记载，而导致这些症状发作的病因病机归纳为"风""火""痰""虚""瘀"等。具体病机表现有肝阳上亢、肝火亢盛、痰浊壅阻、肾精不足、气血亏虚、瘀血内阻等。但目前到医院就诊的高血压患者中有些是没有症状的，仅在体检时发现有高血压。这类患者分两种情况，有的患者对自己的高血压很重视，会因血压高到医院就诊，即使没有症状。有的患者对自己的高血压不重视，认为没有症状所以不需要治疗。后一种患者的观点是错误的，高血压的危害在于能潜移默化导致心脑肾等靶器官的损害，也是导致心脑血管疾病发生的高危因素。重视患者的血压问题，不仅仅要看患者血压的绝对数值，也要看患者自身血压的变化情况。只是在近几年现代医学提出：患者在没有不适的前提下，血压水平在正常范围内越低越好。我在10年前就有这样的观点，发现病人血压与自身对比有增高趋势时，即使在正常水平，我也主张患者进行生活干预或药物治疗。这种理念一方面是基于减少血压升高所导致的靶器官危害，另一方面也是让患者对心脑血管疾病的预防做在前面。近年来随着心脑血管疾病患者的增多，西医有预防在前的理念，中医很早强调上医治未病，我们应该发挥中医的优势，防微杜渐，把疾病消灭在萌芽状态，所以在疾病发生早期，就做好预防和治疗工作。

代建峰：导师认为该病的病机有哪些?

导师潘智敏：近年来随着生活水平提高，部分高血压病人的发病机制也发生了变化。根据我国高血压病发病多在动脉硬化的基础上发展而来，其特点可分析为痰浊、瘀血、脂毒致病，三者既是衰老的致病因素，又是衰老的病理产物。老年人肝肾不足，五脏失其濡养，脾胃功能衰弱，若过食肥甘厚味，食积不化，则为食积；进一步可致痰浊内生，化为脂毒，阻于血脉，是为痰积、脂毒；痰浊、脂毒附于血脉，阻塞经脉，可出现血脉失却柔韧弹性及血液"黏""凝"运行失畅，表现为瘀血；瘀血内阻，气机不利，发为气积，气逆于上，则表现为眩晕、头胀、头痛、耳鸣等；若气郁化火，可表现为肝阳偏亢、肝火上炎，发为眩晕头痛、耳鸣口苦、面红目赤、烦躁易怒、舌红、苔黄燥、脉弦等。发为诸症，如此周而复始，循环不止。以致出现眩晕、头胀、头痛、耳鸣等症状。临床可表现为血压偏高，其中大部分可被诊

断为原发性高血压病。

代建峰：导师在治疗老年病时常考虑"虚""瘀"两个证因，对高血压病如何从这两方面认识？

导师潘智敏：血压升高在一定程度上是体内为了克服心、脑、肾等重要脏器血流供求不平衡所作出的代偿反应。在老年高血压病患者中，则反映为有虚瘀相兼之共性，老年高血压病患者因元气亏虚常兼有多种慢性病，且因津液亏虚、瘀浊内阻等致血液呈高凝状态而显示出不同程度的"虚""瘀"征象。由于以上因素作用于机体，导致了气血阴阳的平衡失调，即使对肝火偏亢者，亦应虑其有否肾阴亏于下。因"乙癸同源"，肝阴虚甚必然累及肾阴，致肝肾两阴皆虚。临床上见有阳亢风动与阴液亏耗、上盛下虚证候同现且互为因果的。如肝郁化火耗损肝阴，阴不敛阳，致肝阳偏亢，而阳胜则化风化火，风火相煽，灼津耗液。若肝风入络，伤及经络可致血脉瘀阻；另则肝肾阴亏，阴损及阳，阴亏于前而阳损于后，导致阴阳两衰，可见多脏器功能的减退。按现代医学认识可主要表现为靶器官心、脑、肾的严重损害。故脉络失和之"瘀"与脏腑亏损之"虚"两因素皆为该病发展趋势之共性。

代建峰：现代医学对高血压的认识和治疗对中医临床治疗有何借鉴？

潘智敏：现代医学认为高血压病与交感神经兴奋、血管紧张素–肾素–醛固酮系统激活，与肾脏病变、血管硬化等有相关，治疗高血压的主要目的是最大限度地降低心脑血管发病和死亡的总风险。这要求医生在治疗高血压的同时，干预患者检查出来的所有可逆性危险因素（如吸烟、高胆固醇血症或糖尿病），并适当处理病人同时存在的各种临床情况。中医对高血压病产生的内在基础用"肝肾阴阳失调"解释的理论，与现代医学阐述的观点有一定相通之处。故因"谨察阴阳所在而调之，以平为期"。对该病的治疗注重"疏其血气，令其条畅，而致和平"的法则，体现了中医治病求本的思想。通过整体辨证论治以调节机体系统的平衡，可以使血压和临床症状均得以改善。

代建峰：导师对该病的治疗用药经验如何？

导师潘智敏：对辨证因"积证"而引起的以上高血压病人群，在遣方用药时可酌加消导积滞、疏肝解郁或祛瘀化浊之品。并拟莪术、莱菔子、半夏、生山楂、虎杖、泽泻、川朴、枳壳、白蔻仁等药物组成的效方。方中莪术为君药，意在破瘀消积，行滞解郁；莱菔子、半夏、生山楂以其祛痰导积、理气化浊为臣药，君臣合用，意在消导痰浊、瘀血、积滞之功，佐虎杖、泽泻等意在通利小便而清除郁热，更佐以川朴、留行子、枳壳理气行气，以疏导瘀、痰、食、脂、气等积滞。全方共同发挥祛瘀化浊、消导行滞、疏肝解郁之功效。在选择抗高血压药物时，尤其注重对血液具有调节作用的中药。如大剂量运用葛根、川芎、赤芍、桂枝、益母草、丹参、毛披树根，以行瘀活血、畅通血流，并以养肝补肾之首乌、枸杞子、生地、杜仲、桑寄生之类顾本补虚。在突出"虚""瘀"特点的同时，还应注意临床证候的分型，以利于主药在适合病人证情的不同药剂辅伍环境中发挥更有效的作用。

（四）关于脂肪肝的学术访谈

代建峰：中医古文献中并无与"脂肪肝"相对应的病名，如何从中医传统理论认识该病？

导师潘智敏：中医认为引起脂肪肝的病因多为过食肥甘厚味，或素体肥胖，或饮酒过度，或情志失调，或感受湿热疫毒，或久病体虚及食积、气滞、疫气等。上述因素引起肝失疏泄，脾失健运，湿邪内生，痰浊内蕴，肾精亏损，痰浊不化等；病理基础与痰、湿、瘀、积有关，病位在肝，与脾、肾、胆等脏腑功能失调密切相关；大致有湿热蕴结、肝郁气滞、脾虚痰阻、瘀血内结、肝肾不足等证型，同时临床证实饮食内伤是其发生最为常见的原因。据其病因及临床表现属中医"肝癖""积聚""胁痛""肥气""肝着""痰浊""癥瘕"等范畴。多数医家认为本病病性多为本虚标实，初期多实，后则虚实夹杂。年老久病肾阳虚弱，则气化不及，加重痰湿瘀的聚结，阻滞肝络而发病。若肾精亏耗，水不涵木，肝失疏泄，血脂失于正化，积于血中为痰为瘀，痹阻于肝，则为脂肪肝。

代建峰：导师认为现代医学对脂肪肝的认识有哪些借鉴？

导师潘智敏：现在社会竞争激烈，工作压力大、复因长期在办公室久坐缺乏运动，而且社会应酬过多等诸多因素，造成体内脂肪堆积过多，积滞于肝，形成脂肪肝。其病因除去遗传性、家族性的因素外，肥胖、糖尿病、皮质激素及药物、毒物损伤也是常见的原因。脂肪性肝病正严重威胁我国人

们的健康，成为仅次于病毒性肝炎的第二大肝病，已被公认为隐蔽性肝硬化的常见原因。脂肪肝是肝脂代谢失调引起的脂肪堆积，常伴有肝细胞变性。长期的肝细胞变性会导致肝细胞的再生障碍和坏死，进而形成脂肪性肝炎、肝纤维化、肝硬化。肝硬化继发肝癌的概率较高，一旦肝硬化发展到失代偿期，可发生肝腹水、消化道出血、肝功能衰竭、肝肾综合征、肝昏迷等，甚至危及生命，因此早期治疗脂肪肝是十分必要的。脂肪肝患者由于脂代谢失调，常累及血管引发斑块形成，脂代谢失常亦可影响糖代谢紊乱，并发冠心病、高血压、糖尿病、脑梗死等。许多患者可出现胰岛素抵抗，代谢综合征，表现为高血糖、高血脂、高尿酸等。临床上发现脂肪肝患者中约有1/3合并糖代谢异常，脂肪肝合并高血压的人群则高达50%以上。

代建峰：根据导师的"积证"理论，怎么认识脂肪肝？

导师潘智敏：脂肪肝在临床上最终是以肝损伤为主，一般可归于中医学的积证范畴。依据我的临床实践理论，由于饮酒过度，或嗜食肥甘厚味，酒食内伤，而滋生痰浊，痰浊阻滞，气机郁滞，血脉瘀阻，致气、血、痰、浊互相搏结，聚滞为积。本病的病理特点，与其他肝胆病一样，也以湿、热、滞、瘀为纲。由滞、瘀为积，形成脂肪肝。脂肪肝的病因病机，按照积证理论，总的可归纳为"五积"。一为气积：老年气血亏虚、脏腑功能失常，气机不利，发为气积；二为食积：导致水谷不能正常运化，积于中焦，为食积；三为痰积：肥甘厚味、经久宿食、酒醴甜浆不能正常运化输布，聚而可成痰浊；痰浊内生，与胃内浊气相互持结，化为痰积；四为瘀积：血脉不畅、相通困难为瘀积；五为脂积，脂质在脉络中堆积为脂积。

代建峰：导师对脂肪肝的治疗原则是怎样的？

导师潘智敏：脂肪肝在治疗上可以运用祖国医学整体观念辨病辨证，以"疏理解郁、消导行滞、祛瘀化积"法，施以中药和调脂积冲剂来预防和治疗脂肪性肝病，有些脂肪肝病人伴有不同程度的肝功能损害，并发为脂肪性肝炎，可加速、加重病情进展。因此，及早治疗，能避免肝功能进一步损害及预防并发症，从而阻截病情发展。

代建峰：同时患脂肪肝和高血压的患者在治疗上该如何协调？

导师潘智敏：从我的门诊人群来看，有一半的人都患有脂肪肝并伴有高血压的情况，而且现在这个现象在国内都有一定的比例。所以，在选择降血压的药物时，最好要选择既要能降血压又能降血脂的药物。而且在选择降压药时，最好选择长效降压药，维持平稳的降压。避免血压波动过大，造成脑血流灌流不足。临床上我常告诫那些有脂肪肝伴高血压的病人，最好在脂肪肝伴有轻度高血压的时候就要治疗，高血压证治中宗"疏其血气，令其调达，而致和平"的治疗理念，改善心脑肾重要脏器血液灌流供求平衡，以延长寿命。另外，脂肪肝属于消化系统，高脂血症属于代谢性疾病，高血压又属于心血管疾病，这三者相互作用。但人是一个统一的整体，要辩证地看待问题，要有一个整体观。对一个疾病要从纵向和横向不同角度看待，考虑共性，个性不同方面，量体裁衣，因人而异。

（五）关于胸痹的学术访谈

代建峰：导师在临床中经治胸痹的病人很多，请问导师在临证中对胸痹的病机如何看待？

导师潘智敏：本病临床以体形肥盛之老年人多见。近年来体重者逐年增多，肥胖相关系列疾病如脂肪肝、糖尿病、冠心病等发病均有增加，胸痹心痛包含于西医的冠心病范畴之中。我在临证该病是认为病机有如下几个方面：①肥甘之味多食，日久脾胃受损，水谷运化失司，变而化生痰浊，上犯心胸清旷之地，致清阳不展，气机不畅，心脉痹阻发为心痛之候；②或由痰浊久留，痰瘀交阻，亦成本病。③在老年人，若五脏薄弱，脾胃运化功能每有不足之虞，痰浊更易内生，加之年高肾虚，无力鼓动心气，脾肾阳虚，也为胸痹作生之机。胸痹心痛成因，如饮食、情志、寒邪、劳作等，皆可影响心脉、胸阳，致其痹阻不通发病，我在临床发现，患者发病以实证为主，主要表现为痰浊和血瘀。

代建峰：导师临证胸痹时，以实证辩证为多，是否认为虚证很少？

导师潘智敏：胸痹一证，古今一致认为本虚标实，虚实夹杂为多，治疗强调通补兼施。但我临床发现，许多患者虽然表现为虚实夹杂，但偏重邪实。因此我在临床中常遵循"祛邪即所以扶正""以清为补"的原则，即使对表现为虚证的患者，在益气养心、补肾助阳之外灵活应用祛痰、活血的药物，每收意外之效。

代建峰：导师治疗胸痹时，对轻症和重症的患者在治疗用药上是有区别的，能具体阐述吗？

导师潘智敏：我在治疗胸痹轻症时，常用理气宽胸，芳香化浊之药。这主要用于心胸满闷，隐痛阵作，肢体懈怠，痰多气短，脘腹胀闷或纳呆泛恶，饮食少思，舌苔薄白或白腻、白滑，脉多弦滑或濡细等患者。这类患者主要因湿阻气机，气机失和，湿反难行致胸阳不振而作胸中痹痛。治宜理气宽胸，芳香化浊，行气与化湿并重。方选柴胡疏肝汤、丹参饮、二陈汤之类。药用柴胡、川芎、香附、佛手、檀香、砂仁、枳壳、陈皮、藿香、佩兰等。其意在轻宣胸阳，妙旋气机，务在宣邪，不事呆补，以令气行浊化，塞滞得通。对于胸痹发作稍重的病人，我临床常用的治法是通阳泄浊，豁痰开结。用于胸痹发作，见证较前为重且湿浊之象更著者。常见心胸满闷，胸痛时作，发作较频，痰多气短，形丰体沉，脘腹胀闷或纳呆便溏等症。舌苔白腻而厚，舌体胖大或有齿痕，脉多弦滑。此类患者湿浊势重，凝结成痰，阻于胸中，心脉瘀阻而作胸中痹痛。治宜仲景瓜蒌薤白半夏汤加味。以瓜蒌、薤白化痰通阳，下气泄浊止痛；半夏合枳实、厚朴苦辛行滞而破痰结；加桂枝温阳通脉；配茯苓、甘草健脾利水化饮。如痰浊闭阻，重用瓜蒌半夏，酌加竹黄、南星、苍术、菖蒲、浙贝等化痰逐饮；如痰浊郁而化热，加郁金、黄连、枳实、竹茹；再甚量加青礞石、生大黄；痰瘀交阻，血瘀痰浊并见者，当合桃红四物活血和血，化瘀通络；甚者加泽兰、降香等。本法应用之要在于大剂速投，一俟痰化结开，即转如行气化湿或述培本之法。

代建峰：对于胸痹缓解期的患者，导师在临证和治疗上与前两种治法又有不同，老师有哪些心得？

导师潘智敏：对于胸痹缓解期的患者，我常用甘淡缓投，利水渗湿之法。主要见于心痛发作不频，或仅胸中隐隐作痛偶有发作者，患者多为体形肥盛之老年胸痹患者，胸痹症状不突出，常表现出一种微邪微虚的病理状态，治疗时单纯祛邪或扶正都不合病机。此类患者痰湿过盛，脾土壅滞，日久脾胃气弱，水谷不能运化又致痰湿留阻，脾气更虚所致。所以治疗以利水渗湿，稍佐运脾补脾为法，甘淡缓投，积久痰去浊消，自然收功。方常选苓桂术甘汤加减。药用茯苓、白术甘淡利水兼能实脾；桂枝通阳化气，能通心脉；枳壳、杏仁行气化滞；苍术、佩兰化湿醒脾，俾浊去清升，胸无痰浊之扰。如脾虚较著，加山药、党参；如痰兼血瘀，稍加泽兰、檀香、丹参等活血通脉。

代建峰：对于胸痹病人，导师强调祛邪为主，但导师治疗中也会用到补脾益肾之法，可否详细阐述？

导师潘智敏：对于病久体弱、痰湿稍盛脾土虚损较重者，若上述方法不应者，则宜补脾益肾，杜痰之源。常以黄芪建中、附子理中汤或补中益气汤加减。析其理，脾主运化水湿，肾主水，又能温煦一身之阳，胸痹既每有痰浊为患，有痰化之、无痰防之在本病缓解期即颇有必要。以心脉痹阻之作虽多责血瘀，而若无痰浊留滞，气机阻遏，血实难瘀矣，是痰浊为本，血瘀为标矣，而痰不自生，又脾肾为本，痰浊为标矣。故在疾病不同阶段，明辨血瘀、痰浊、本虚之证，该补当补，宜攻则攻。且该补肾时不唯脾土受益，心脉阳气亦为所鼓而流通无畅，即探病知源，治病求本之法。

第三节 医药兼通 科研并举

调脂积冲剂是潘智敏教授的经验方，由莪术、郁金、莱菔子、半夏、生山楂、川朴、枳壳、泽泻、丹参、白蔻仁、虎杖、过路黄等药物组成，具有祛瘀化浊、消导行滞、疏肝解郁作用。

潘教授针对高血压、高血脂、高血糖、脂肪肝、肥胖等代谢相关性疾病的中医治疗，运用独特的新"五积"理论，研制了"调脂积冲剂"，其成果获"浙江省政府科技进步三等奖"，主持参与国家、省部级课题，获奖30余项。"调脂积冲剂"能明显改善临床症状、降低血脂、改善脂肪性炎症、逆转肝纤维化进程。在此基础上，在临床观察的基础上开始了动物实验研究，发现调脂积冲剂不仅有效降低血脂、肝脂，保护肝功能，而且可有效阻止肝组织SOD的耗竭和脂质过氧化终产物MDA的升高。说明该药可通过降脂，清除机体氧自由基，增强抗氧化能力，减轻抗过氧化损伤，达到减轻肝脂肪变性，治疗脂肪肝的目的。

在此基础上，进行了多项相关的研究，为临床上更合理应用调脂积冲剂预防和治疗脂肪肝提供科学的实验依据，并为后期的新药研发奠定良好的基础。现将潘智敏老师的调脂积冲剂实验研究总结如下。

1）探讨调脂积颗粒对脂肪肝大鼠血脂和血液流变性的影响。采用复合

方式（高脂饲料+CCL$_4$）建立大鼠脂肪肝模型，将Wistar大鼠随机分为四组，即调脂积颗粒治疗组（调脂积组）、阳性对照组（易善复组）、正常组和模型组，测定四组生化指标及组织病理，同时检测全血高、中、低切黏度、血浆黏度。结果发现调脂积颗粒可显著降低肝组织损伤和脂肪变性程度，相对于模型组，调脂积组及易善复组的肝脂肪变性程度明显减轻，脂滴数量减少，肝细胞体积变小，肝细胞内可见散在大小不等的圆形脂肪滴，中央静脉及汇管区灶性脂肪变性。降低肝组织及血清中三酰甘油、胆固醇含量，对血液及肝组织中的TG、TC、AST、ALT、LDL、HDL等指标均有影响。显著降低全血黏度及血浆黏度，对低切、中切、高切、毛细血管血浆黏度均有影响。提示调脂积颗粒具有显著的抗肝组织损伤和脂肪变性作用，可明显降低脂肪肝大鼠血脂及改善血液流变性，对脂肪肝有治疗作用。

脂肪肝的发病机制，潘教授认为，主要是气滞血瘀、痰、食、湿、浊等病理产物聚结于肝而成，治疗上可针对性采用祛瘀化浊、消导行滞、疏理解郁之法。调脂积冲剂便是根据以上理论选药组方。方由莪术、郁金、莱菔子、半夏、决明子、川朴、丹参、山楂、枳壳等组成，在临床上已普遍应用，取得了较好的临床疗效，且尚未发现不良反应。本研究发现，应用调脂积冲剂进行干预后，大鼠肝组织的脂肪变程度和炎症程度明显减轻，肝组织TG含量降低。表明调脂积冲剂对高脂血症具有调整血脂的作用，通过其对血脂、血压流变学各项指标的影响，同时对复合因素导致的脂肪肝病变起干预作用。

2）探讨调脂积冲剂对脂肪肝大鼠胰岛素抵抗（IR）及游离脂肪酸（FFA）的影响。将SD大鼠随机分为4组，空白对照组、模型对照组、易复善治疗组、中药调脂积冲剂治疗组。采用高脂乳剂建立大鼠脂肪肝模型，以易善复为阳性对照，检测大鼠血清ALT、FFA、FBG，肝组织TC、TG，并采用放免法测定血清胰岛素含量。采用稳态模式评估法（HOMA）评价胰岛β细胞功能。结果与模型组比较，调脂积冲剂治疗组ALT、TG显著改善，FFA有改善。提示调脂积冲剂能改善脂肪肝大鼠的ALT水平，以改善大鼠肝功能，该冲剂同时作用于TG、FFA以改善血脂水平。

为了观察调脂积冲剂对非酒精性脂肪肝模型大鼠肝组织及主动脉脂质的影响。在进行以上实验时运用光学显微镜检测HE染色的主动脉壁横切面、肝组织的病理改变。结果调脂积冲剂能减少非酒精性脂肪肝大鼠主动脉的脂质沉积。提示调脂积冲剂具有降低肝组织、主动脉脂质沉积的作用，提示不仅对脂肪肝有防治作用，也对防治血管粥样硬化具有一定作用。

胰岛素抵抗（insulin resistance，IR）指胰岛素在促进葡萄糖摄取和利用方面受损，机体细胞、组织对胰岛素的敏感性或反应性降低的一种病理状态，也在"二次打击"学说中的初次打击中起主要的作用。FFA导致IR的机制：抑制葡萄糖氧化；抑制葡萄糖进入细胞；抑制肌糖原合成；促进糖异生；对胰岛素信号传递通路的影响。有实验发现，肥胖小鼠血清FFA水平是瘦鼠的2倍。血浆FFA升高对胰岛素的整体活性具有抑制性影响，并已在动物实验中得到证实。有学者提出，高游离脂肪酸血症是肥胖引发胰岛素抵抗的重要致病因素，FFA是导致胰岛素抵抗的直接原因。高FFA血症可抑制胰岛素P I3K信号通路而致骨骼肌对胰岛素介导的糖原储存及葡萄糖氧化减少，而胰岛素促进骨骼及对葡萄糖的摄取利用是通过PI3K信号通路实现的。FFA也可以通过改变胰岛素受体信号，抑制胰岛素受体酪氨酸激酶活性，从而抑制胰岛素受体表达及其活性导致胰岛素抵抗。FFA是机体主要供能物质之一，脂肪细胞内TG在各种脂肪酶的作用下被水解为FFA和甘油释放入血中被组织利用，FFA既是肝合成的底物，又是富含的TG的脂蛋白的水解产物，由本实验可见FFA与TG存在正相关，符合与在体内的相互转化。实验旨在以现代医学的发病机制来阐述调脂积冲剂在治疗脂肪肝时所产生的相关机制及影响。以目前普遍接受的"二次打击"假说为模板，在其初次打击造成脂肪肝的相关机制为切入点，选以FFA与IR为观察指标。在病理结果证实大鼠脂肪肝模型成功形成以后，以上述两种指标为中心，观察调脂积冲击在干预脂肪肝大鼠后的影响。

3）观察调脂积冲剂对高脂饮食诱导的脂肪肝大鼠的防治作用及对肝PPAR-cmRNA表达的影响，探讨其可能作用机制。将SD大鼠随机分成空白组、模型组、易善复组、调脂积组。使用高脂乳剂制作模型，治疗组分别给予对应药物，8周末处死实验大鼠。测定肝总胆固醇（TC）和三酰甘油（TG）的含量；HE染色观察肝组织病理变化；采用RT-PCR检测大鼠肝PPAR-cmRNA的表达。结果肝组织出现明显的脂肪变和炎性浸润，与模型组相比，调脂积组TG明显降低，模型组大鼠肝组织PPAR-cmRNA表达减少，调脂积组则显著升高。提示调脂积冲剂能增加肝脏PPAR-cmRNA的表达。

脂肪肝是肝细胞发生脂肪变性的一种脂类代谢紊乱性的疾病，是一种常见的临床现象，可由肝疾病引起，也可见于多种疾病，根据其轻重程度，分为单纯性脂肪肝，以及由其演变的脂肪性肝炎（NASH）和肝硬化，甚至

肝癌。大量研究表明NAFLD与胰岛素抵抗密切相关，且胰岛素抵抗可能在NAFLD形成中起关键作用，而过氧化物酶体增殖物活化受体（PPAR）是一类能被过氧化物酶体增殖物激活的核内受体，PPAR的激活在对胰岛素抵抗的改善及脂质代谢中发挥重要作用。其中PPARC可通过与配体结合、活化，改善胰岛素抵抗，而发挥降糖、抗炎作用。实验证明，调脂积冲剂能降低血清TC、TG、ALT、AST、LDL-C，升高HDL-C，改善胰岛素抵抗，调整脂质代谢，减少肝脂质沉积，减轻肝细胞脂肪变性，有效地改善脂肪肝。通过实验研究调脂积冲剂对脂肪肝大鼠肝PPAR-cmRNA表达的影响，从分子生物学水平为调脂积冲剂治疗脂肪肝的有效性提供依据。

4）研究调脂积冲剂对脂肪肝大鼠$P_{450}\,II\,E_1$表达的影响。将Wistar大鼠随机分为空白对照组、脂肪肝模型对照组、易善复治疗组、调脂积冲剂治疗组、中药六味地黄丸治疗组。采用酒精合并高脂乳剂建立大鼠脂肪肝模型，以易善复和六味地黄丸为阳性对照，测定血清TG、TC、AST、ALT、LDL、HDL、细胞色素$P_{450}\,II\,E_1$（CYP_2E1）免疫组化表达水平、肝重、肝系数和组织学检查。结果模型组大鼠肝组织出现明显的脂肪变，其血清中TG、TC、AST、ALT、LDL、HDL、肝指数均高于正常组，HDL-C低于正常组。调脂积冲剂能降低肝指数，降低TG、TC、AST、ALT、LDL、HDL的含量，升高HDL-C的含量，抑制CYP_2E1的表达。结论调脂积冲剂可降低CYP_2E1的表达，能通过抗脂质过氧化减轻实验大鼠脂肪肝变性。

为探讨调脂积冲剂对脂肪肝大鼠过氧化物酶体活化物激活受体（PPAR-α）及胰岛素抵抗的影响。在以上乙醇合并高脂乳剂建立大鼠脂肪肝模型基础上，同时采用酶联免疫法测定血清胰岛素含量，采用稳态模式评估法（HOMA）评价胰岛β细胞功能，采用免疫组化法观察对大鼠肝组织PPAR-α的影响。结果与模型组比较，调脂积冲剂治疗组HOMA-IR、肝指数明显降低，HDL-PPAR-α明显增高。提示调脂积冲剂能改善脂肪肝大鼠的血脂、肝功能及胰岛素抵抗。

脂肪肝的发病机制至今尚未完全明确，多认同于以氧应激和脂质过氧化为轴心的"二次打击"学说。CYP_2E1是细胞色素P_{450}的乙醇诱导形式，在非乙醇脱氢酶氧化途径中起重要作用，有研究表明CYP_2E1表达增强与脂质过氧化及自由基生成增多有关。大鼠微粒体氧类的生成及羟自由基的产生与CYP_2E1表达有密切关系，羟自由基是脂质过氧化反应的启动剂，高脂饮食可增加线粒体和微粒体对脂肪酸的氧化而导致氧应激，通过肝微粒体CYP_{450}酶系表达及调控使反应性氧增多（ROS），后者与多价不饱和脂肪酸发生脂质过氧化反应，生成过氧化脂质（LPO），不仅使内源性ROS增加、毒性增强，还可抑制抗氧化系的保护作用，通过活化1KKβ途径引起脂肪肝的发生，导致肝损害。测定CYP_2El水平可反映机体内脂质过氧化的程度，间接反映肝细胞损伤的程度。

胰岛素抵抗与血脂的调节在脂肪肝的形成过程中有着重要的作用。"二次打击学说"中"第一次打击"为各种原因如肥胖、2型糖尿病、脂代谢紊乱等导致的胰岛素抵抗，游离脂肪酸增加，肝脂肪代谢障碍，从而使肝细胞内合成三酰甘油增加而输出减少，导致肝细胞脂肪变性，并使肝易受第二次打击。而研究表明肝组织的PPAR-α被激活后，通过改善胰岛素抵抗，可以延缓或控制脂肪肝的发生。PPAR-α和腺苷酸激酶被活化后，脂肪酸氧化作用加强，从而可以调节脂连蛋白（adiponectin，ADPN）提高胰岛素敏感性的作用。

5）观察调脂积冲剂对非酒精性脂肪肝模型大鼠血清瘦素（LEP）和脂连蛋白（ADPN）的影响。将雄性SD大鼠随机分为正常组、模型组、易善复组和调脂积组。予高脂乳剂建立大鼠脂肪肝模型。观察各组大鼠肝指数、脂肪变性评分、炎症活动评分，ELISA法测定血清LEP和ADPN，HE染色观察肝病理变化。结果与正常组比较，模型组大鼠肝指数升高，脂肪变性及炎症活动评分均明显升高，LEP升高，ADPN降低。与模型组比较，调脂积组大鼠肝指数下降，脂肪变性及炎症活动评分均明显降低，LEP明显降低，ADPN升高。提示调脂积冲剂能明显改善肝组织细胞脂肪变性，缓解炎性细胞浸润，降低血清瘦素，升高ADPN水平，可能是其治疗脂肪肝的作用机制之一。LEP是机体脂肪组织的主要调节因子，LEP的发现改变了以往把脂肪组织单纯作为能量储藏库的观点。LEP缺乏和高水平的LEP最终均会导致脂肪肝的发生。由于机体对LEP的敏感性下降，LEP抑制胰岛素分泌的能力下降，加重机体胰岛素抵抗及高胰岛素血症，导致肝脏摄取脂肪增加，肝细胞色素$P_{450}IIE1$（CYP_2El）表达增加，导致肝细胞损伤或诱导中性粒细胞和其他炎症细胞的聚集和浸润，形成脂肪肝。现有报道示NAFLD时APN表达降低，NAFLD患者血清ADPN水平降低且伴有明显的IR。作为胰岛素增敏激素，APN可以促进骨骼肌细胞的脂肪酸氧化和糖吸收，加强胰岛素对肝糖异生的抑制作用，是机体脂质代谢和血糖稳态调控网络中的重要调节因子。因此，血清ADPN升高，可能有利于非酒精性脂肪肝的控制，这很可能与脂联

素能促进肝及周围胰岛素敏感性，降低血清脂肪酸水平并增加肌肉中的脂肪酸氧化有关。炎症是单纯性脂肪性肝病发展为脂肪性肝炎、肝硬化进程中的关键机制。低ADPN水平是NAFLD肝脂肪变性及炎症的独立影响因素，可能与β细胞功能障碍和肝坏死性炎症及纤维化的发生有关。NAFLD大鼠血清ADPN水平与肝病理脂肪变性、炎症评分的相关关系，使血清ADPN水平检测可能成为判断NAFLD病理炎症改变严重程度的血清学指标，也可用于脂肪肝预后判断。实验结果提示，调脂积冲剂治疗脂肪肝的作用机制可能与调节APN抗炎能力、增加胰岛素敏感性等途径实现，对NAFLD起一定的保护作用。

6）观察调脂积冲剂治疗非酒精性脂肪性肝病的临床疗效。临床入选非酒精性脂肪性肝病患者，随机分为治疗组和对照组，分别予以调脂积冲剂和荷丹片口服。观察两组治疗前后肝功能、血脂、B超情况。结果发现两组治疗后肝功能ALT、AST、GGT均较治疗前改善。两组治疗后TG、TC与治疗前比较，各项指标检测有好转。且调脂积冲剂治疗组中医症状积分改善优于对照组。B超肝影像学正常率治疗组优于对照组。提示调脂积冲剂对非酒精性脂肪性肝病病人有较好疗效。

为探讨调脂积冲剂对非酒精性脂肪肝人体区域分布中脂肪的影响。本临床试验中记录并比较2组治疗前后双能源X线下人体脂肪区域分布。结果显示治疗组治疗前后人体区域分布中左半身、右半身、大腿、躯干、全身脂肪减少，对照组治疗前后人体区域分布中左半身、右半身、躯干、全身脂肪减少。2组比较，治疗组右半身、躯干、全身脂肪减少更为明显。提示2种药物均能减轻人体脂肪，按照人体的区域划分，调脂积冲剂在减少人体右半身、躯干、全身脂肪方面优于荷丹片。

脂肪肝归属中医的"胁痛、积聚"等病症范畴，其病机特点是"痰、瘀、脂、食、气"互相胶结的病理状态，实乃五积致病。基于此认识，调脂积冲剂，具有祛瘀化浊、消导行滞、疏理解郁功效。方中莪术、生山楂、金钱草、虎杖活血化瘀；莱菔子、半夏、川朴、泽泻行气化浊；郁金、枳壳、白蔻仁行气解郁。其中莱菔子、枳壳、川朴为临床常用于消积化浊的药对，凡见舌苔厚腻浊满布者必用。调脂积冲剂是浙江省中医院院内制剂，长期用于治疗脂肪肝等疾病，通过对临床试验的观察及资料收集，调脂积冲剂治疗脂肪肝提供了依据。

7）探讨调脂积冲剂对脂肪肝性肝纤维化大鼠相关因子的影响。采用复合方式（高脂饲料+CCL₄）建立大鼠脂肪肝性肝纤维化模型，将Wistar大鼠随机分为四组，即调脂积颗粒治疗组（调脂积组）、阳性对照组（易善复组）、正常组和模型组，观察调脂积冲剂对实验大鼠的血液及肝组织各项指标谷丙转氨酶（ALT）、谷草转氨酶（AST）、透明质酸（HA）、Ⅲ型前胶原（PCⅢ）、干扰素1（IFN-1）、转化生长因子-β1、TGF-β1、血小板衍化生长因子（PDGF）及肝组织病理。结果发现模型组各项指标均高于正常组。调脂积冲剂组可减轻肝损伤和纤维化变性程度，显著降低血清中ALT、AST的含量，降低血清中HA、PCⅢ减少机体对TGF-β1、PDGF、IFN-1的释放。肝组织病理发现调脂积组和易善复组病变较模型组普遍为轻，肝细胞变性以少量空泡变性为主，坏死以点状坏死为主，汇管区及周围有少量纤维组织增生，小叶结构存在。纤维化程度明显轻于模型组。提示调脂积冲剂可减少脂肪肝性肝纤维化模型炎性介质的释放，降低血液及肝组织中TGF-β1、PDGF的产生，增加IFN-1的表达。减轻肝细胞变性坏死，抑制汇管区和汇管区周围纤维化的形成。

肝纤维化是多种慢性肝病病情发展的共同病理基础，脂肪肝引起的肝细胞持续损伤后，肝细胞外基质合成、降解失衡导致纤维组织的过度增生沉积，形成纤维化。肝纤维化、肝硬化及肝癌是脂肪肝疾病进展的不同阶段。在脂肪肝性肝纤维化的病理进程中，其中心环节是肝星状细胞的活化和分泌大量促纤维化细胞因子，并向肌成纤维样细胞和成纤维细胞转化，导致大量细胞外基质的合成。而透明质酸（HA）、Ⅲ型前胶原（PCⅢ）、干扰素1（IFN-1）、转化生长因子-β1、TGF-β1、血小板衍化生长因子（PDGF）是参与这个过程的重要细胞因子。通过对以上相关因子水平的研究，对调脂积冲剂治疗脂肪肝及改善预防提供了支持资料。

8）通过观察调脂积冲剂对高脂饮食诱导的肥胖大鼠减肥降脂作用，观察对真胰岛素、游离脂肪酸（FFA）水平及肝脏组织胰岛素受体底物-1/-2（IRS-1、IRS-2）mRNA表达的影响，探讨调脂积冲剂改善胰岛素抵抗的相关减肥机制。将雄性SD大鼠，设正常对照组和造模组。7周后，选择出高于正常组体重20%的肥胖大鼠并测量身长并计算Lee's指数，再随机分为调脂积冲剂组、荷丹片组及肥胖模型对照组。调脂积冲剂组、荷丹片组给予相应计量的调脂积冲剂、荷丹片混匀药液，模型组正常组给予相对计量的生理盐水。给药5周后的动物称体重，测体长，计算Lee's指数，测定大鼠TC、TG、FFA、FBG的含量，用ELISA试剂盒测空腹真胰岛素，用实时荧光定量RT-

PCR检测肝脏组织胰岛素受体底物-1/-2 mRNA的表达水平。结果示调脂积冲剂组大鼠体重、Lee's指数低于肥胖模型组大鼠；调脂积冲剂组大鼠血清TC、TG水平低于肥胖模型组大鼠；调脂积冲剂组大鼠血清FFA水平明显低于肥胖模型组大鼠；调脂积冲剂组大鼠血清真胰岛素水平明显低于肥胖模型组大鼠；调脂积冲剂组大鼠肝脏组织胰岛素受体底物-1（IRS-1）mRNA的表达水平明显高于肥胖模型组大鼠；肝组织胰岛素受体底物-2（IRS-2）mRNA的表达水平有一定升高，与肥胖模型组大鼠无明显差异。提示调脂积冲剂对肥胖大鼠具有减轻体重的作用；调脂积冲剂对肥胖大鼠具有调脂作用，可以降低肥胖大鼠血清FFA，可能是其治疗肥胖的作用机制之一。提示调脂积冲剂可以降低真胰岛素水平，增加肥胖大鼠肝脏组织胰岛素受体底物-1/-2（IRS-1、IRS-2）mRNA的表达，改善胰岛素抵抗，可能是其治疗肥胖的作用机制之一。

能量摄入与消耗间的平衡是保持正常体重的关键。肥胖是常见的能量失衡状态，并且伴有糖、脂肪、蛋白质及水盐代谢的异常。随着人们经济水平的不断提高，饮食结构发生变化，单纯性肥胖症的发病率日益增高，已成为21世纪亟待解决的卫生和社会问题。单纯性肥胖多由遗传和环境等多种因素共同作用而产生，但是在单纯性肥胖的危险因素中，过多饮食高脂高糖食物起着非常重要的作用。所以，建立一种符合人群生活规律的肥胖模型，对于肥胖的研究与治疗具有重要的现实意义。

由于人类肥胖发生发展的自然过程较长，使得以人作为研究对象进行单纯性肥胖的研究，受到很大程度的限制。因此，通过实验的方法诱发动物肥胖，已经成为肥胖研究的重要手段之一。在作为研究对象的肥胖动物模型中，以饮食性肥胖大鼠的肥胖与人类肥胖具有较好的可比性，高脂饲料配方作为高热量来源与高脂人群膳食结构更加贴近，是目前研究肥胖的较为理想方案。为此，我们应用高能量、高脂肪含量饮食，建立大鼠营养性肥胖的动物模型能在一定程度上复制人类单纯性肥胖的发病实况。

潘智敏老师认为随着社会经济的发展，饮食结构的变化、社会压力增大及江南气候环境多潮湿等特点，肥胖以实者居多，特别是"气、食、脂、痰、瘀"起着重要作用。随着年龄的增长及久病致虚，也可有虚实夹杂者。

饮食为营养之源，恣食膏粱厚味，毫无节制，往往导致脾胃运化功能失常。《医方论》指出："人非脾胃无以养生，饮食不节病即随之，多食辛辣则火生，多食生冷则寒生，多食厚味则痰湿聚生。"现代人随着生活节奏的加快，饮食结构有了较大变化，饮食中富含较多脂肪。同时，饮酒也作为一个不可忽视的问题日益突显，《医方类聚》认为"酒有大热，大毒"。清代王燕昌谓："好酒者多上热下湿、痰积"，故饮食无节制或偏嗜，均可引起食、脂、痰、瘀等积滞。《灵枢·五癃津液别》说："五谷之津液，和合而为膏，内渗于骨空，补益脑髓，而下流于阴股"指出了正常脂膏营养周身。但当摄食过多或转输、利用、排泄失常时，则变生痰浊，脂膏内癖，积于血液、肝脏、皮下，形成"脂积"。《素问·阴阳应象大论》谓："人有五脏化五气，以生喜怒悲忧恐。"随着社会竞争的加剧，因情志导致的疾病日益增多。七情治病既可直接伤及内脏，致使脏腑功能紊乱；也可到气机升降失调，影响水液代谢、血液运行，而生痰、瘀。朱丹溪《医林绳墨》曰："气也，常则安，逆则祸，变则病，生痰动火，升降无穷，燔灼中外，血液稽留，为积为聚"。现代有研究发现，在痰湿型肥胖患者中，血清胆固醇、三酰甘油、低密度脂蛋白含量增高，血液黏稠度升高，甲皱微循环障碍，认为肥胖患者中存在痰湿、血瘀、脂质沉积的病理变化。所以在肥胖的治疗上，潘老师特别重视化痰利湿与活血化瘀，消积导滞与疏理解郁相结合的原则，常取得显著的临床疗效。调脂积冲剂的主要药物都有较好的降脂、抗氧化、减轻体重的作用。调脂积冲剂在临床上治疗肥胖效果较好，前期临床研究认为调脂积冲剂用于治疗腹型肥胖，可以减轻体重，降低BMI，减少脂肪含量，降低血脂异常病人的TC、TG、LDL，具有减肥、调脂的作用。

胰岛素受体底物-1/-2是胰岛素受体底物（IRS）的家族成员，IRS目前已发现有6个，从IRS-1到IRS-6，其中以IRS-1和IRS-2的研究最多。IRS-1与胰岛素受体信号转导的关系：IRS-1是首先发现的胰岛素受体的底物，它分布较广泛，胰岛素作用的所有外周组织如骨骼肌、脂肪、肝等均有分部，所以，IRS-1所致的胰岛素抵抗主要为外周抵抗。肝是IRS-1表达和胰岛素作用的一个重要外周靶组织。研究发现，自发性2型糖尿病大鼠肝内IRS-1的蛋白表达较对照组明显减少，并且业已证实该模型存在肝组织内的胰岛素抵抗，提示IRS-1的减少可能是肝产生胰岛素抵抗的机制之一。IRS-2与胰岛素信号转导：IRS-2首先是作为IL-4信号转导通路的受体底物被发现的。其分布广泛，但主要在肝脏和胰腺β细胞大量表达。IRS-2缺陷所诱发的胰岛素抵抗主要发生部位是肝。刘小美等观察中药干预2型糖尿病大鼠的实验时，糖尿病大鼠肝、骨骼肌和脂肪组织的IRS-2 mRNA及蛋白表达均下降，提示IRS-2基因表达的降低在导致了外周胰岛素抵抗。

学 术 成 就

第一节　五积理论治代谢病

代谢综合征（metabolic syndrome，MS）是以内脏脂肪型肥胖、高血压、糖调节异常和高脂血症等多重代谢紊乱聚集于一体，动脉粥样硬化性心血管疾病为结局的临床综合征，是以胰岛素抵抗为中心的一组症候群的总和。这些组分包括：糖尿病或糖耐量异常（IFG、IGT）、高血压、血脂代谢紊乱［高胆固醇（TG）血症、低高密度脂蛋白胆固醇（HDL-C）血症］，腹部肥胖、高胰岛素血症、微量蛋白尿、高尿酸血症及高纤溶酶原活化抑制因子-1（PAI-1）等。流行病学调查，我国20岁以上人群按照2004年中华医学会糖尿病学分会（Chinese Diabetes Society，CDS）的MS定义，其患病率为14%～16%。近年来，其患病率逐年上升，严重威胁了国人的健康。2016年上海交通大学宁光院士及其团队在*The Journal of Clinical Endocrinology & Metabolism*杂志上发布了一项研究结果：中国18岁以上的成人代谢综合征患病率为33.9%（超过1/3），估计目前中国有4.5亿人患有代谢综合征。

目前对MS的研究是以胰岛素抗体作为共同的病理基础，把各个组分联系在一起作为一个整体来研究，符合中医学"整体观念"和"异病同治"理论，其在MS的发病原因和致病机理上起到非常重要的作用。潘智敏教授为第四批和第六批全国老中医药专家学术经验继承工作指导老师，全国名老中医药专家传承工作室导师，全国首批中国中医科学院中医药传承博士后导师，从事中医临床40余年，学验俱丰。潘教授在传统"积证"的基础上，系统整理并有所创新，提出"新五积说"，与时代需求紧密结合，影响深远，以此辨治代谢综合征有着独到之处，现阐述总结如下。

一、代谢综合征概述

MS是多种代谢成分异常聚集的病理表现在临床的一组症候群，包括：①腹部肥胖或超重；②致动脉粥样硬化血脂异常［高甘油三酯（TG）血症及高密度脂蛋白胆固醇（HDL-C）低下；③高血压及（4）胰岛素抗性和（或）葡萄糖耐量异常。有些标准中还包括微量白蛋白尿、高尿酸血症及促炎症状态增高及促血栓状态（纤维蛋白原增高和PAI-1增高）。这些成分聚集出现在同一个体中，使患心血管疾病的风险大为增加。

（一）概念的发展

1988年Reaven注意到脂质异常、高血压、高甘油三酯血症常汇集一起，提出了"X-综合征（X-Syndrome）"的概念，并把胰岛素抗性作为X综合征的主要特点，1997年Zimmet等主张将其命名为代谢综合征。

1999年WHO首次对代谢综合征进行工作定义，随后6年美国国家胆固醇教育计划成人治疗组第三次指南Ⅲ（NCEP ATP Ⅲ）、欧洲胰岛素抵抗工作组（EGIR）和美国临床内分泌医师学会（AACE）等基于不同的出发点和适用目的，对代谢综合征的定义各有不同。2004年中华医学会糖尿病学会也提出了中国人的工作定义即CDS标准，2007年后由中华医学会心血管病学分会、中国高血压联盟、CDS及卫生部心血管病防治中心等发布的《中国成人血脂异常、高血压和糖尿病防治指南》中，中国代谢综合征的标准得以统一，除空腹血糖和高密度脂蛋白胆固醇（HDL-C）纳入切点略有不同，其他与国际标准一致。2009年IDF和AHA/NHLBI共同制定了新的MS定义。在2013年的《中国糖尿病防治指南》中，MS的2013标准在循证医学证据的基础上被正式提出。

值得注意的是，我国的CDS标准与IDF-修订版ATPⅢ、JIS标准比较，一致性相对较差（0.610、0.655和0.620），且对于女性MS患者诊断的一致性相对更低（0.553、0.655和0.567）；可能低估了MS的患病率。

（二）代谢综合征的诊断

中华医学会糖尿病学分会（CDS）2013年代谢综合征的诊断标准如下所述。

具备以下3项或更多可诊断为代谢综合征。

1）腹部肥胖：腰围男性≥90cm，女性≥85cm。

2）高血糖：空腹血糖≥6.1mmol/L和（或）糖负荷后2h血糖≥7.8mmol/L，和（或）有糖尿病史。

3）高血压：BP≥130/85mmHg和（或）已确认为高血压并治疗者。

4）血TG≥1.70mmol/L。

5）血HDL-C＜1.04mmol/L。

（三）代谢综合征的病因及发病机制

1. 代谢综合征的表现及发病机制

代谢综合征的核心是胰岛素抵抗。产生胰岛素抵抗的原因有遗传性（基因缺陷）和获得性（环境因素）两个方面。基因缺陷可发生在胰岛素受体和受体后信号转导的各个途径，获得性因素包括胰岛素受体抗体、某些升糖激素、胰岛淀粉样多肽、慢性高血糖、高血脂毒性、生活方式西方化及饮食结构不合理等。胰岛素抵抗即胰岛素促进葡萄糖利用能力的下降。由于葡萄糖利用减少引起血糖水平升高，继而胰岛素代偿性增多，表现为高胰岛素血症，这是胰岛素抵抗的直接表现。

2. 代谢综合征的病理生理改变

胰岛素抵抗会引起一系列的后果，对重要器官产生损害，胰腺也是胰岛素抵抗受累的主要器官。为了代偿对胰岛素需求增加，胰岛素分泌也相应增加。在这种应激状态下，存在糖尿病遗传易感因素的个体胰腺β细胞的凋亡速度就会加快，非常容易出现高血糖，发展为临床糖尿病。胰岛素抵抗同时启动了胰岛细胞上的一系列炎症反应。高糖毒性和脂毒性都对β细胞造成明显的损害。胰岛中胰淀素沉积增多，进一步促进β细胞凋亡。

胰岛素抵抗还会造成全身性的影响。胰岛素抵抗会启动一系列炎症反应，胰岛素抵抗个体其炎症因子标记物，如C反应蛋白（CRP）和细胞因子白介素6（IL-6）水平会明显升高。胰岛素抵抗还通过对内皮功能的损害，加速动脉粥样硬化的进程。胰岛素抵抗个体的内皮功能障碍表现为黏附因子增多、平滑肌细胞增生以及血管扩张功能下降。这一系列改变是促进动脉粥样硬化形成的重要因素。

胰岛素抵抗还引起凝血和纤溶状态的失衡，出现高凝状态。由于纤维蛋白原、纤溶酶原激活剂抑制因子1（PAI-1）水平明显增加，一旦体内发生血液凝固，患者不能正常启动纤溶过程，极易造成血栓的形成。

3. 脂肪代谢和代谢综合征

内脏脂肪堆积是代谢综合征的重要特征，也是导致胰岛素抵抗的主要原因。目前认为内脏脂肪含量受遗传背景的影响，亚裔人群就具有脂肪容易堆积在内脏的特点。在内脏脂肪堆积的个体中，首先受累的脏器是肝。过多游离脂肪酸的沉积即可导致脂肪肝，并会引起肝酶水平升高，甚至肝结构的改变。同样，脂肪在胰腺堆积后可造成β细胞功能障碍。脂肪在内脏堆积还会引起分泌LEP、ADPN、抵抗素、肿瘤坏死因子-α（TNF-α）、IL-6、血管紧张素、PAI-1等。ADPN在代谢综合征的发生中起重要作用。抵抗素具有抵抗胰岛素作用，可能与胰岛素敏感组织上的受体结合后，对胰岛素通路的一个或几个位点起作用，抑制胰岛素刺激脂肪细胞摄取葡萄糖的能力，抵抗素可能是肥胖与2型DM之间的一个但不是唯一的连接点。具有胰岛素抵抗的肥胖个体其脂肪组织中TNF-α mRNA表达增多且与空腹胰岛素（Fins）水平呈正相关，TNF-α通过促进脂解使FFA水平增高，抑制肝胰岛素的结合与廓清，并通过抑制葡萄糖转运子-4（GLUT-4）的合成及胰岛素受体底物-1的酪氨酸化而导致胰岛素抵抗。另外，代谢综合征患者血浆PAI-1活性明显增高，而PAI-1的活性与血浆免疫反应性胰岛素水平明显相关，胰岛素抵抗与高胰岛素血症时胰岛素和胰岛素原可使PAI-1水平增高。纤维蛋白原和PAI-1可共同导致高凝状态，促进心脑血管疾病的发生与发展。

（四）代谢综合征的危害

由于代谢综合征中的每一种成分都是心血管病的危险因素，它们的联合作用更强，所以有人将代谢综合征称为"死亡四重奏"（中心性肥胖、高血糖、高脂血症和高血压），心脑血管终点事件的发生是大部分患者的转归。有多种危险因素聚集者临床预后不良的危险大于仅有一种危险因素患者，而且其效应不是简单相加，而是协同加剧。代谢综合征的危害使发生糖尿病和冠心病与其他心血管病的危险明显增加。

二、中医"积证"概述

历代医家对积证均有所论述及发挥，《黄帝内经》首创"积证"之名，并对积证的病因作了详细的阐述，认为积证首先是因为人体正气亏虚，外邪入侵，稽留不去，息而成积，也可因寒邪凝滞、饮食不节、用力过劳、情志内伤等导致血瘀（凝血蕴里）、气滞（温气不行）、痰湿（津液涩渗）著而

不去而成；还提出了治疗原则，《素问·六元正纪大论》认为"大积大聚，其可犯也，衰其大半而止，过者死"。《难经》提出了积证的病因、病机、临床特征以及其与聚证的区别。《伤寒杂病论》认为"积者，脏病也，终不移"，并对积证提出了具体的治疗方法。华佗在《中藏经》中认为积证是五脏六腑真气失而邪气并，气血熏搏，交合而成，首次提出积证（肿瘤）的形成与五脏六腑畜毒不流密切相关。此后积证的论述不断详备。张子和《儒门事亲》开了攻邪存正之先河，并分为内积与外积。李东垣强调脾胃损伤是形成积证的重要因素治疗脾胃损伤之食积常用补中消积之法。朱丹溪创制了许多名方，如越鞠丸、大补阴丸、保和丸、二妙散、左金丸等，为积证的治疗提供了许多有效的方剂，并发展了气、血、痰、食、郁五积学说，对后世影响很大。《景岳全书》首次提出积证与肾气亏虚密切相关，"治积之法，攻消散补。"李中梓认为积证当分三期治疗，初、中、末之三法，并列举了治疗16积的常用药物，并将各积用药分为轻、重两个层次。王清任《医林改错》对瘀积有详述，并创制了许多行之有效的方剂，对后世治疗瘀积有很大的指导价值。

三、潘智敏教授对"积证"的发挥创见

（一）扩展了积证的范畴，提出代谢性疾病可从积论治

潘智敏教授认为，由于历史条件和科技水平的限制，古代医家所谓的"积证"大多指宏观积证，如肿瘤等可见、可及的疾病；随着社会的发展、科技的进步、生活水平的提高，人们的饮食结构和生活习惯也发生了相应的改变，由机体代谢紊乱导致的各种疾病，如高血压、高脂血症、高血糖、高尿酸血症、脂肪肝、心脑血管疾病、积水、结石等，其产生的中医病机十分相似，可归类于气、血、痰、食、脂导致的各种积滞之证，属于微观积证的范畴。基于上述的认识及实践经验，潘教授将积证的定义扩展为：积证是指在各种致病因素的作用下，机体中的气、血、痰、食、脂停滞于经络血脉、五脏六腑，着而不去，留结为积，并导致经络血脉、五脏六腑功能失常，由此而形成各种病证，包括代谢性疾病。潘智敏教授认为，机体中的气、血、津液、精微物质发生代谢紊乱，包括其吸收、输布、运行、排泄等任何一个环节发生失常，均可导致气、血、津液、精微物质等积滞不去，从而产生气滞、血瘀、痰湿、食积、脂积而引起各种积证。如高脂血症、高血糖、高尿酸血症、脂肪肝、肥胖病多为精微物质的吸收、输布、运行、排泄失常所

致，其中高血压与气、血的输布、运行失常有关，也可视为积证的范畴。

（二）提出了代谢性疾病（积证）的病因病机特点

1. 饮食不节

现代人工作繁忙，不能按时进食，饥饱无常，日久损伤脾胃而使运化虚弱，聚湿生痰，导致痰积、湿积；现代人嗜食膏粱厚味，引起脾胃运化失常，不能消食，不能输布精微，导致痰积、食积、脂积；现代人应酬繁忙，烟酒迭进，损伤脾胃，引起湿热内结，导致湿积、痰积。

2. 情志郁积

现代人竞争激烈，背负各种压力，经常食不思味，夜不成眠，情志压抑，肝失疏泄，气血不畅，气滞血瘀，导致气积、瘀积；或情志郁结，肝失疏泄，妨碍脾胃运化，不能克化，导致食积、痰积、脂积。

3. 久坐少动

现代人脑力劳动多，体力劳动少，久坐不动，以车代步，日久机体气血不畅，导致气积、瘀积；久坐少动也可使脾胃气机困顿，不能消克，导致食积、痰积、脂积。

4. 湿积致病

潘智敏教授认为江浙一带地处江南，为多湿之地，无论时病或杂病多挟湿邪，导致湿滞、湿积；加之现代人应酬繁忙，烟酒迭进，损伤脾胃，湿蕴聚痰，导致湿积、痰积。

5. 脂积致病

潘智敏教授提出的"脂积致病说"既采纳了现代医学关于脂肪沉积导致疾病的病理机制，也是对古代文献中"膏脂过剩即可致病"观点的提炼。如《灵枢·五癃津液别》说："五谷之津液，和合而为膏者，内渗于骨空，补益脑髓，而下流于阴股。"这里指出膏脂源于水谷，与气血津液均为脾胃所化生，是生命活动的基本物质之一。正常膏脂可营养周身，当摄食过多或转输、利用、排泄异常时，则膏脂堆积，导致脏腑、经络、血脉的生理功能失常，如《灵枢·卫气失常》说："膏者，多气而皮纵缓，故能纵腹垂腴。"脂邪积于血，导致高脂血症；积于肝，导致脂肪肝；积于血脉而使血管硬化或堵塞，导致心脑血管疾病，如冠心病、心肌梗死、脑梗死等；积于皮下，导致肥胖病，故脂邪可影响五脏六腑，导致各种积证。

四、创立"新五积说"，可阐释代谢综合征的中医病机

机体发生代谢综合征等代谢性疾病，多由气积、瘀积、痰积、食积、脂积着而不去，留结为积所致，这就是潘智敏教授根据长期临床实践总结出来的"新五积说"。潘智敏教授认为现代人的生活节奏加快，心情焦虑压抑，导致肝气郁积，不得疏达，久而久之形成气积。脾主运化，其功能是运化水湿，输布水谷精微，现代人嗜食膏粱厚味，损伤脾胃，导致运化失常，饮食不化，则产生食积；或脾胃不能运化水湿，则聚为痰湿，形成痰（湿）积；或脾胃不能输布精微物质，聚为脂质，积于脉管或肝中，成为脂积。脂质、痰浊聚于血液之中，与气滞并行，循经而行，导致血脉不畅，形成瘀积。久之，气积、瘀积、痰积、食积、脂积五积留结为积，引起代谢综合征的各种代谢性疾病。

五积之间可相互影响和转化。如气积常可导致瘀积、痰积、食积、脂积，气积日久，横逆犯胃，使脾胃升降功能失常，形成食积；导致水液代谢障碍，痰湿内停，形成痰（湿）积；日久影响水谷精微的输布，形成脂积；继而影响血液运行，形成瘀积。气积、痰积、食积、脂积日久可影响血脉的运行，从而导致瘀积；痰积、食积、脂积、瘀积也可影响气机，从而导致气积。五积之间往往胶着并现，表现出复杂的证候。另外，五积日久，均可郁而化热。

潘智敏教授认为代谢性疾病早、中期多表现为实证，以气积、食积、脂积、痰积为主；晚期则以痰积、瘀积为主，还可见虚实夹杂之证，但临床上以实证居多。五积之邪积于肝，发为脂肪肝、肝肿瘤等；积于心，发为冠心病等；积于脑，发为脑血管疾病等；积于血液，发为高脂血症、糖尿病、高尿酸血症、高黏血症等；积于血脉，引起气血不畅，发为高血压等；积于关节，发为痹证等；积于肠，发为肠梗阻等；积于肝胆肾，发为结石等；五积蕴毒，久之积为肿瘤等。

潘智敏教授认为，不同的疾病，其五积之滞各有侧重，如脂肪肝有典型的五积表现；高血压与气积、脂积、痰积、瘀积有关，尤其是与瘀积、全身气血不畅有关；冠心病以气积、痰积、瘀积为主；高脂血症以脂积、痰积为主；糖尿病以痰积、瘀积为主。在临床上往往会存在同一患者伴有多种疾病的现象，如高血压患者常合并糖尿病、高脂血症或高尿酸血症，或高尿酸血症患者合并冠心病、代谢综合征等，此类患者大多具有典型的五积表现。老年人以瘀积、痰积、虚积为主，大多有虚、积并存，但也有实积之证；中青年人以气积、痰积、湿积、食积、脂积、实积为主；小儿则以食积为主。

五、应用新五积方，加减治疗代谢综合征

潘智敏教授根据上述新五积理论，认为治疗代谢综合征（积证）当以消积导滞为主，采用祛瘀化浊、消导行滞、疏理解郁之法，重在调畅气血的运行，以达积消滞畅、气血平和之效。积滞之证的形成是一个慢性、长期的过程，其治疗也须慢磨渐消。不同疾病的消积导滞方法有所侧重，积滞后期虚实夹杂，治疗当以消补并施。通过长期的临床观察和实践，潘智敏教授认为凡因血瘀、痰湿、脂毒、食积、气郁所致的各类积滞实证，均可采用祛瘀化浊、消导行滞、疏理解郁的治疗方法，并总结出治疗积证的经验方——五积方，同时应用五积方加减治疗脂肪肝、高血压、糖尿病、高脂血症、高尿酸血症、高黏血症、心脑血管疾病、肿瘤、积水、结石等积滞疾病，发现其具有移除脂质，调整血压、血糖、血脂，降尿酸，改善血黏度，疏通心脑血管，抗肿瘤，化结石，消积水等多重作用。

五积方组成：莪术、郁金、莱菔子、半夏、生山楂、川朴、枳壳、泽泻、决明子、蔻仁、虎杖、过路黄。

其中莪术、郁金为君，能破瘀消积、行滞解郁、畅通气血，可治疗气积、瘀积；莱菔子、生山楂、半夏为臣，能祛痰导积、理气消食，可治疗痰积、食积；虎杖、过路黄、决明子、泽泻等通过活血开郁、清理肝胆、通利小便而清除郁热，可治疗脂积、湿积；佐以川朴、枳壳、蔻仁理气行气、畅通气机，辅助他物消除诸积，全方合用，可达消积导滞、畅通气血之效。

潘智敏教授以五积方为基础，临证适当加减治疗代谢综合征，在临床上取得了较好的疗效。

六、潘智敏教授对诸积的认识及治疗经验

（一）气积

气是人体最基本的物质，《金匮要略》云："若五脏元真通畅，人即安和。"一旦发生郁滞，则变生百病，正如《素问·调经论》所谓："五脏之道，皆出于经隧，以行血气，血气不和，百病乃变化而生。"潘教授认为，

气积的产生与肝的疏泄功能密切相关，日久可导致血、津的代谢紊乱，脾胃的运化失常，产生瘀、痰、湿、脂、饮等病理产物，在MS病人身上非常常见。其治疗原则：疏其血气，令其调达，而致和平，即以条畅肝脾气机为主。潘智敏教授治疗气积多用莪术、郁金、莱菔子、川朴、枳壳等药，其中莪术、郁金走肝经，能疏肝解郁，畅通气机；莱菔子、川朴、枳壳能畅运脾胃气机，肝脾同调，气机畅通。对于伴有气积者，潘教授最喜欢用厚朴、枳壳、莱菔子三味药。

（二）瘀积

1. 瘀积的成因

潘教授在继承历代医家和杨老对瘀积认识的基础上，结合自己的临床经验，提出瘀积的成因包括以下四个方面。

（1）血行迟缓涩滞：如MS患者因高黏血症、高脂血症等导致血液流动变缓慢者，或因心脏射血功能减弱、血管外周阻力增大导致血液流动变缓慢者，或微循环障碍者。

（2）死血壅塞血脉：这里指血块阻塞血脉导致的瘀证。《医碥》曰："热盛则血枯，死血阻塞经隧，则亦不通而痹矣。"MS患者证多痰瘀互结、血液污秽，致使血液凝结壅塞血脉，与西医的血栓形成和血管阻塞等相似。

（3）血脉闭阻不通：这里指血脉闭塞导致的局部瘀证。《灵枢·经脉》曰："脉不通，则血不流。"指血脉本身发生病变所致的闭阻不通，如寒邪外客致血脉挛缩，热毒内燔灼伤血脉，跌扑外伤损伤血脉；或污秽之血黏着于血脉壁上，使脉络变细变窄、粗糙不利，日久造成闭阻不通。临床上可见MS患者血管硬化、血管闭塞等导致机体局部血脉管腔阻塞，局部组织血流完全停止者。

（4）血液离经停积：《灵枢·百病始生》曰："肠胃之络伤，则血溢于肠外，肠外有寒，汁沫与血相搏，则并合凝聚不得散，而积成矣。"MS患者常有血溢脉外，失其用而为邪，阻滞气机，经脉不通，气血不得温养，并易致新病。

在瘀积的病机方面，潘教授认为，因瘀致病、因病致瘀，两者互为因果，其病机可概括为：①气滞血瘀，瘀血气壅。②血滞为瘀，瘀血化水。③血结留瘀，瘀血阻络。④血蓄而瘀，瘀血症积。⑤寒凝致瘀，瘀血痹痛。⑥热盛现瘀，瘀血蕴热。⑦气虚渐瘀，瘀血损气。⑧血虚成瘀，瘀血不仁。⑨阴虚生瘀，瘀血津伤。⑩阳虚血瘀，瘀血助寒。这些方面在MS患者时见，如"瘀血化水"。

2. 理瘀经验

潘智敏教授在长期临床实践的基础上，结合前人的经验，形成了自己的理瘀经验，可归纳为以下八点。

（1）因病致瘀，以病当之：因病致瘀者应以病当之，按致瘀因素分别予以散寒、清热、补虚、攻实等法为重，结合选用理瘀之药。如肺痈热瘀之证，当以清肺解毒为主，佐以活血化瘀之品。

（2）因瘀致病，化瘀为先：因瘀致病者则应以瘀图之，着重予以活血、行血、祛瘀、逐瘀之法，结合辨证配伍化裁。如因瘀导致的下肢水肿，当以活血化瘀为主，佐以利水消肿之药。

（3）老年多瘀，疏补兼施：老年之病多虚多瘀，治应补虚理瘀兼施，补虚应审证求因，根据其气血阴阳不足和虚损的程度，分别配伍益气、养血、滋阴、温阳之药；理瘀当采用力量相对平和之药，如丹参、赤芍、当归、川芎、延胡索、郁金、鸡血藤等。

（4）瘀有虚实，药有虚实：瘀有虚证之瘀和实证之瘀，对于实证之瘀，所选理瘀药物应相对强峻以便攻逐，如水蛭、虻虫、地龙、莪术、水红花子、虎杖、马鞭草、桃仁、红花、大黄等；对于虚证之瘀，所选理瘀药物宜相对平和以利缓图，如丹参、赤芍、当归、川芎、延胡索、郁金、鸡血藤、泽兰、穿山甲、王不留行等。

（5）治瘀之宜，权衡缓急：治瘀之宜当权衡缓急，如在疾病发作期间，结合不同脏腑所属归经选用虎杖根、马鞭草、王不留行、毛冬青、鬼箭羽、桃仁、红花、三棱、莪术等破血逐瘀之药；而在疾病相对缓解期间，常多选用丹参、当归、何首乌、郁金、葛根、川芎、赤芍、牡丹皮、穿山甲、鸡血藤等扶正活血之药。在剂量上，前者多重，后者宜轻。

（6）瘀证涉气，气血并调：气为血之帅，瘀血阻滞，脉络闭塞，则气道不畅，气机壅滞。血为气之母，血能养气亦能载气，瘀血阻滞，则血不载气，气化不利；血不养气，其气必虚。气病则血病，血病则气病，故治疗瘀证当气血双调。

（7）隐性瘀证，理瘀防病：老年人气血衰少，多有瘀滞，日久致病。潘智敏教授认为老年人多有隐性瘀证，在冬令进补应用膏方之时宜补疏并用，常加平和理瘀之品缓缓微调，未病防病，既病治病，并可延缓衰老。

（8）宏微相参，寻瘀理瘀：临床上典型的瘀证根据症状、体征、舌象、脉象即可诊断，但也有不典型的瘀证，无法用中医传统的四诊方法进行宏观诊断，此时应采用宏观与微观相结合，参考现代医学的相关检验结果进行诊断。如有微循环障碍、血液流变学异常、血液凝固性增高或纤溶活性降低、血小板聚集性增高或释放功能亢进、血流动力学障碍、病理切片有瘀血表现、特异性新技术显示血管阻塞等情况者，可试按瘀证治疗。

（三）脂积

潘智敏教授通过长期的临床实践，结合现代疾病谱的发病特点，提出了脂积致病说，对脂积的认识和治疗有独到的见地。

1. 脂积致病说

潘智敏教授在长期临床实践的基础上，结合前人的学说，并参考现代医学病理学的研究成果，提出了"脂积"的概念。她认为膏脂过剩是一种重要的致病因素，可导致许多疾病，如非酒精性脂肪肝、肥胖病、高脂血症、动脉硬化、脂肪性肾病、肿瘤等。

潘智敏教授提出的脂积致病说既采纳了现代医学关于脂肪沉积的解剖学和病理学致病机制，同时也是对《黄帝内经》膏脂过剩致病观点的提炼和发扬。

《灵枢·五癃津液别》说："五谷之津液，和合而为膏者，内渗于骨空，补益脑髓，而下流于阴股。"这里明确指出膏脂源于水谷，与气血津液一样均为脾胃所化生，是生命活动的基本物质之一。正常膏脂营养周身，当摄食过多或转输、利用、排泄异常，则膏脂堆积，妨碍脏腑、经络、血脉的生理功能，导致各种疾病，这就是潘智敏教授提出的膏脂致病的学术经验。关于膏脂致病的记载，最早可见于《黄帝内经》，如《素问·通评虚实论》曰："凡治消瘅仆击，偏枯痿厥，气满发逆，甘肥贵人，则膏粱之疾也。"《素问·奇病论》曰："此肥美之所发也，此人必数食甘美而多肥也。肥者令人内热，甘者令人中满，故其气上溢，转为消渴。"《灵枢·卫气失常》："膏者，多气而皮纵缓，故能纵腹垂腴。"《素问·异法方宜论》曰："其民华食而脂肥。"从这些条文中可以看出，古代医家已经认识到膏脂过剩可导致糖尿病、心脑血管疾病、脂肪肝、肥胖病等多种疾病。

潘智敏教授认为现代社会膏脂过剩（脂积）致病的患者逐渐增多，其原因主要在于生活方式和饮食结构的改变。首先为饮食不节：现代人工作繁忙，不能按时进食，饥饱无常，日久损伤脾胃，使之运化虚弱，聚湿生痰，产生脂积；现代人嗜食膏粱厚味，损伤脾胃，使之运化失常，不能消食，不能输布精微，导致精微物质过剩而产生脂积；现代人应酬繁忙，烟酒迭进，损伤脾胃，聚湿生痰，导致脂积。其次为情志郁积：现代人竞争激烈，背负各种压力，经常食不思味，夜不成眠，情志压抑，肝失疏泄，妨碍脾胃运化和消克，导致脂积。再次为久坐少动：现代人脑力劳动多，体力劳动少，经常久坐不动，再加上出入以车代步，日久机体气血不畅，脾胃气机困顿，不能消克，导致脂积。

脂邪积于血，导致高脂血症；积于肝，导致脂肪肝；积于血脉，导致血管硬化或堵塞，引起心脑血管疾病，如冠心病、心肌梗死、脑梗死等；积于皮下，导致肥胖病，故脂邪可影响五脏六腑的生理功能，导致各种积证。

潘智敏教授认为脂积日久必致血瘀，从而脂瘀胶着，影响脏腑的生理功能。脂瘀胶着可导致各种疾病，如膏脂堵塞冠状动脉，导致心肌梗死；膏脂堵塞脑血管，导致脑梗死；膏脂沉积于肝，导致脂肪肝、肝硬化、肝癌；膏脂沉积于血脉，导致高脂血症，高黏血症、高血压等。

2. 对脂积治疗的研究

历代医家对脂积多从痰湿或气虚论治，如《丹溪心法·中湿》曰："凡肥人沉困怠惰，是湿热，宜苍术、茯苓、滑石。凡肥白之人，沉困怠惰，是气虚，宜二术、人参、半夏、草果、厚朴、芍药。"《景岳全书·非风》曰："何以肥人反多气虚……肥人者，柔胜于刚，阴胜于阳者也，且肉以血成，总皆阴类，故肥人多有气虚之证。"《石室秘录·肥治法》曰："肥人多痰，乃气虚也，虚则气不能运行，故痰生之，则治痰焉可独治痰哉？必须牢其气，而后兼消其痰为得耳。然而气之补法，又不可纯补脾胃之土，而当兼补其命门之火，盖火能生土，而土自生气，气足而痰自消，不治痰正所以治痰也。"《医门法律》认为"肥人多痰湿"。《女科切要》中指出："肥白妇人，经闭而不通者，必是痰湿与脂膜壅塞之故也。"潘智敏教授认为，现代人的脂积实多虚少，多为膏脂过剩之证，表现为舌暗、舌下瘀筋、苔厚腻或浊、脉弦或涩滞；脂积日久必有瘀积，脂瘀胶着而致病，故治疗脂积应以化痰利湿理瘀为基本法则。现代药理学也证实，许多化痰利湿药和活血化瘀药有祛脂降脂的作用，如莱菔子、泽泻、赤小豆、薏苡仁、猪苓、茯苓、陈皮、半夏、大腹皮、白术、茵陈、大黄、芦荟、苍术、灵芝、夏枯草、三棱、丹参、莪术、郁金、决明子、番泻叶、冬瓜皮、车前子、昆布、海藻、螺旋藻等。潘智敏教授通过长期的临床实践，精心研制了五积方，用莪术、

郁金、莱菔子、半夏、生山楂、川朴、枳壳、泽泻、决明子、蔻仁、虎杖、过路黄等中药治疗脂积之证，取得了较好的疗效，其组方也按照化痰利湿理瘀的法则进行。实验证明，上述经验方具有降低血脂、移除脂质等多重功效。

（四）湿积

湿积之证首见于《黄帝内经》，其对湿积的论述甚详，对湿积的病因、病机、症状等进行了描述。如《素问·至真要大论》曰："诸湿肿满，皆属于脾；诸痉项强，皆属于湿。"《灵枢·百病始生》曰："夫百病之始生也，皆生于风雨寒暑，清湿喜怒。"《素问·阴阳应象大论》曰："湿胜则濡泄。"《金匮要略》明确提出了湿证的临床症状，主要对外湿进行论治。之后历代医家对湿积的治疗均有所发挥。潘智敏教授对湿积的认识有独到的见地，认为湿积是导致各种疾病的重要因素之一。

1. 湿积的病因病机

湿积为机体的水津代谢失常，导致水津留滞之证。湿积的发生与肺、脾、肾三脏功能失调，水津不归正化有关，尤其是与脾胃的运化功能密切相关。产生湿积的病因病机有以下几条。

（1）饮食不节：现代人工作繁忙，不能按时进食，饥饱无常，日久损伤脾胃，使之运化虚弱，聚湿成积；现代人嗜食膏粱厚味，损伤脾胃，使之运化失常，不能消食，不能输布精微，导致精微物质过剩，化为湿积；现代人应酬繁忙，烟酒迭进，损伤脾胃，产生湿痰，导致湿积。

（2）情志郁结：现代人竞争激烈，背负各种压力，经常食不思味，夜不成眠，情志压抑，导致肝失疏泄，妨碍脾胃运化，不能克化水谷，聚湿成积。

（3）久坐少动：现代人脑力劳动多，体力劳动少，经常久坐不动，再加上出入以车代步，日久机体气血不畅，脾胃气机困顿，不能消克水谷，导致湿积。

（4）肾阳虚衰：现代人劳欲过度，肾阳虚衰，鼓动无力，水液失于蒸腾气化，湿浊内停，而成湿积。

（5）江南多湿：江浙一带地处江南，为多湿之地，外湿引动内湿，导致湿积。

以上可以看出，湿积与脾胃的运化功能密切相关，正如《素问·至真要大论》曰："诸湿肿满，皆属于脾。"脾为阴土，喜燥恶湿；胃为阳土，喜润恶燥。湿为阴邪，在上蒙蔽清窍，在中困阻脾胃，在下蕴结传导。

2. 对湿积治疗的研究

潘智敏教授认为，湿积与气积、瘀积、痰积、食积、脂积的产生密切相关，如气滞则津聚成湿；血瘀则津停生湿；痰湿同源，痰结则湿聚；食积脾胃不能克化，则化为湿浊；脂积本为湿、痰之聚。湿积可导致气血不畅，发生气滞、血瘀；湿聚可成痰；湿困脾胃，运化失常，不能消食，产生食积、脂积。故湿浊是产生各种积证的重要因素之一。

对于湿证的治疗历代医家均有论述。如《丹溪心法·中湿》云："湿在上焦，宜发汗而解表，此疏泄其湿也；湿在中焦，宜宽中顺气.通畅脾胃，此渗泄其湿也；湿在下焦，宜利小便，不使水逆上行，此开导其湿也。"《证治汇补》也总结："治湿不宜热，不宜寒。风胜湿，燥胜湿，淡渗湿，三者尽之。"

潘智敏教授认为，湿积之证可分为湿热与寒湿，正如《景岳全书·湿证》曰："湿证虽多，而辨治之法，其要唯二：一曰湿热，二曰寒湿而尽之矣。"但临床所见湿多与热结，而为湿热；或湿郁日久，化为湿热。潘教授认为，湿证的辨证可分为湿重和湿热并重二型，湿重者，表现为舌淡红，苔白腻，脉濡或细；湿热并重者，表现为舌质红，苔黄腻，脉濡数。根据潘教授的经验，湿邪在表，宜小发其汗，开腠理以散之，用大豆卷、苏叶、香薷之类；湿邪在里，湿在上，宜开上焦，宣肺气，用杏仁、桔梗、姜半夏、枇杷叶之类；湿在中，宜畅中焦，调脾气，用蔻仁、佩兰、川朴、枳壳之类；湿在下，宜利下焦，行膀胱之气，用生薏苡仁、茯苓皮、泽泻之类。潘教授还认为时病杂病兼有湿患诸症，此时遣方用药需佐以化湿之品，以解受困胃气，使湿去脾醒，气机拨转。湿热并重者，在上述治湿的基础上加用黄连、黄芩、芦根、淡竹叶等药，还可根据湿热累及的脏腑进行加减，如累及肝胆者，可加茵陈、柴胡、过路黄；累及膀胱者，可加白花蛇舌草、凤尾草、土茯苓等；累及肠道者，可加蒲公英、马齿苋、广木香等。

对于湿证伴有舌苔厚腻者，不论黄苔、白苔，均不应用黄芪、白术、甘草、地黄、何首乌等壅中滋养补剂，以防留湿不化。湿邪外侵，必有脾虚之内因，故在去湿化湿之后宜予以轻灵之味补脾培本，扶助正气，以防湿邪再犯。如湿热化燥伤阴，不宜用生地黄、山药等味厚之品，可用鲜石斛、鲜生地黄、西洋参、麦冬等清补养阴之品，以防恋湿碍胃，阻滞气机。

潘教授认为对于湿证的辨证，有时可舍脉从苔或舍症从苔，但见舌苔厚

腻、黄腻、厚浊者，可试从湿治或佐以湿治。

（五）痰积

1. 历代医家对痰积的论述

《黄帝内经》无"痰积"之说，而有"饮积"之述，如《素问·至真要大论》曰："民病积饮，心痛。"张仲景在《金匮要略》中首次以痰饮立篇加以论述，详细阐述了痰饮的治疗和方药，开了痰饮学说的先河。唐以后，痰证与饮证逐渐分开，历代医家充实和发展了痰积学说，其中以朱丹溪对痰积学说发展做出的贡献最大，他创立了百病兼痰学说，为治疗内科杂证开辟了新的思路。他认为"痰之为物，随气升降，无处不到"；"百病中多有兼痰者，世所不知也"，说明痰是许多疾病发生的关键因素之一。朱丹溪认为痰积也是形成积证的重要因素，如"凡人身上中下有块者，多是痰"；"痰夹瘀血，遂成窠囊"；"凡人身中有结核，不痛不红，不作脓者，皆痰注也"，并认为治痰之法应以实脾土、燥脾湿为主，以二陈汤为基础进行加减，如"湿痰，用苍术、白术；热痰，用青黛、黄连、黄芩；食积痰，用神曲、麦芽、山楂；风痰，用南星；老痰，用海石、瓜蒌、香附、五倍子"。他还列举了不同部位痰积的用药经验，如痰在胁下，用白芥子；痰在皮里膜外，用姜汁、竹沥；痰在四肢，用竹沥；痰结核在咽喉，用瓜蒌仁、杏仁、海石、桔梗、连翘。明代李中梓将痰积用药分为轻、重两个层次，轻者，用半夏、瓜蒌；甚者，用滚痰丸；老痰，用海石、瓦楞子；痰在皮里膜外，用白芥子。《证治要诀·停饮伏痰》提出了行气化痰法："故善治痰者，不治痰而治气，气顺则一身津液亦随气而顺矣。"

2. 潘智敏教授对痰积的认识和治疗经验

潘智敏教授对痰积的治疗有一定的经验，她认为痰积是许多疾病发生的重要因素，积证多与痰有关；痰积的形成与脾、肾、肝的功能失常密切相关，尤其是脾胃的功能。

（1）痰易与瘀胶结：痰成于津聚，津血同源，津聚成痰，气血不畅，导致血瘀；而瘀血内停，血脉不畅，津聚成痰，导致痰瘀胶结。痰瘀胶结是多种疾病发生、发展的共同病机之一，如朱丹溪曰："痰夹瘀血，遂成窠囊。"

（2）痰易与湿胶结：痰与湿均成于津聚，一源二岐，津聚成湿，炼为痰浊。痰湿胶结也是多种疾病发生、发展的共同病机之一。

（3）气郁易生痰积：津随气行，气顺则津顺，气郁则津停，津停则聚湿生痰，如《明医指掌》曰："夫人之气道贵乎清顺，顺则津液流通，何痰之有也！若气血津液稍有一时不得运行，则隧道不通，凝滞而为痰、为饮。"

（4）肺痰热动因说：无论是外感新起之咳嗽还是新感引发宿疾急性发作之咳嗽，均为外邪袭肺，肺为娇脏，多蕴痰热，热煎炼痰，故热痰是产生咳嗽的主因。临床所见无论是黄痰还是白痰，皆可从热痰论治，治疗当以清热化痰为主，治疗热痰常用的经验方为鱼腥草、黄芩、野荞麦根，三者的清热痰之力较强。以上三药为君组成的治疗热痰咳嗽的清肺八昧汤，经长期临床验证，疗效明显。

（5）治积证宜理气化痰：潘智敏教授认为现代人竞争激烈，背负各种压力，经常食不思味，夜不成眠，情志压抑，导致肝失疏泄，气积十分普遍，气滞易致津聚生痰，故治疗各种痰积多用理气化痰之法。正如《证治要诀·停饮伏痰》曰："故善治痰者，不治痰而治气，气顺则一身津液亦随气而顺矣。"潘教授治疗积证的经验方五积方中对痰积即采用了理气化痰法，莪术、郁金、莱菔子、川朴、枳壳、蔻仁、半夏均为理气化痰药。另外，潘教授对于顽痰者，多用胆南星、皂角刺、浮海石、海蛤壳等。

（六）食积

1. 历代医家对食积的论述

《太平圣惠方》记载的方剂中广泛采用了莪术、三棱治疗各种积证，太亟则伤正气，正气伤则不能运化，而邪反固矣。余尝制阴阳二积之剂，药品稍峻，用之有度，补中数日，然后攻伐，不问其积去多少，又予补中，待其神壮，则复攻之，屡攻屡补，以平为期，此余独得之诀，百发百中者也。"莪术、三棱不仅用于血积，也用于食积、酒积等，值得借鉴。张子和在《儒门事亲》中认为，治疗食积当先予攻下，再予养正，常用大黄、牵牛、礞石、巴豆。李东垣对食积消补并用，如槟榔丸、扶脾丸、木香干姜枳术丸等，标本兼治，实为经验之谈。朱丹溪治疗食积常用苍术、香附、山楂、神曲。他还首创保和丸治疗食积，保和丸由山楂、神曲、半夏、陈皮、茯苓、莱菔子、连翘组成，此方一出，成为后世治疗食积的代表方。食积伤脾，脾胃运化失常，必生痰湿，故用二陈燥湿化痰、健运脾胃，山楂、神曲、莱菔子克消各种食积，连翘清食积郁热，该方构思精巧，临床疗效明显，堪称治疗食积的祖方。李中梓对食积的治疗列举较详，如谷积，轻者用麦芽、谷

芽、神曲、砂仁，甚者用鸡内金；肉积，轻者用山楂、阿魏，甚者用硇砂、硝石；面积，用莱菔子、姜等。

2. 潘智敏教授治疗食积的经验

潘智敏教授认为，现代人工作繁忙，不能按时进食，饥饱无常，日久损伤脾胃，使之运化虚弱，导致食滞不化成积；现代人嗜食膏粱厚味，损伤脾胃，使之运化失常，不能消食，导致食积。食积之证的主要病机为脾胃失运，食滞不化，故治疗当运脾化食并用，常用药物为半夏、枳壳、川朴、蔻仁、莱菔子、山楂等。贪伤脾胃，脾失健运，气机困顿，故予半夏、枳壳、川朴、蔻仁、莱菔子健脾化湿理气，转动脾胃之气机，恢复脾胃的运化功能；佐以莱菔子、山楂消面、肉、酒等积滞。潘智敏教授最喜欢用莱菔子一药，认为莱菔子既能理气运脾，又能消食导滞，可用于各种食积之证。正如《本草纲目》曰："莱菔子之功，长于利气。"《医学衷中参西录》曰："莱菔子，无论或生或炒，皆能顺气开郁，消胀除满，此乃化气之品，非破气之品。盖凡理气之药，单服久服，未有不伤正气者，而莱菔子炒熟为末，每饭后移时服钱许，借以消食顺气，转不伤气，因其能多进饮食，气分自得其养也。"

潘教授认为对于食积化热便结者，可用黄连、大黄通下泻热；对于脾胃素虚食积者，可用茯苓、薏苡仁、扁豆花等轻灵健脾之品，不碍消导。总之，潘教授治疗食积，可用"运、消"两字概括。

（七）癌积

代谢综合征患者的肿瘤发病率明显升高，特别是乳腺良性肿瘤和乳腺癌、妇科的子宫肌瘤、内膜癌、肠癌、肝癌，均明显升高。故研究癌积也有积极意义。

（八）潘智敏教授治疗各种代谢相关性积证及并发症的验案举例

案例一 非酒精性脂肪性肝炎。

喻某，男，41岁，职员，绍兴人，就诊时间为2009年10月30日。

主诉：乏力、纳差2年余，加重2月余。

现病史：患者2年前起出现乏力、纳差，经B超检查，发现脂肪肝，血脂检查示三酰甘油（2.77mmol/L）及胆固醇（8.93mmol/L）均升高，平时活动极少，营养丰富，2个月来，乏力纳差明显，查乙肝三系，示甲、丙、戊、丁肝抗体均为阴性，肝功能检查示GPT 156U/L，为中药治疗而就诊。无饮酒史。

症见：乏力纳差，大便干结，小便黄，面色偏暗，舌红，舌边瘀斑，舌苔黄厚腻，脉涩。

西医诊断：非酒精性脂肪性肝炎。

中医诊断：肝积（五积郁而化热）。

辨证分析：患者平时活动极少，嗜食膏粱，导致气血不畅，气、食、痰、瘀、脂五积，积于肝，兼而化热。舌红，舌边瘀斑，舌苔黄厚腻，脉涩，为五积兼有化热之征象。

治疗方法：疏肝清热，消积导滞。

处方：五积方加减。

柴胡6g，黄芩15g，制半夏12g，郁金12g，小青皮9g，莱菔子30g，川朴12g，枳壳12g，虎杖30g，过路黄30g，垂盆草30g，荷包草15g，六月雪15g，决明子30g，瓜蒌仁30g，泽泻30g，焦山栀9g。14剂。

医嘱：忌油腻辛辣，适当的活动。

二诊：复查肝功能好转，GPT为75U/L，胃纳好转，大便已通，舌红苔薄黄腻，脉细。瘀热已减，去焦山栀，瓜蒌仁，加米仁30g，茯苓15g以健脾，再予14剂。

柴胡6g，黄芩15g，制半夏12g，郁金12g，小青皮9g，莱菔子30g，川朴12g，枳壳12g，虎杖30g，过路黄30g，垂盆草30g，荷包草15g，六月雪15g，决明子30g，泽泻30g，米仁30g，茯苓12g。14剂。

三诊：复查肝功能恢复正常，GPT为42U/L，血脂明显下降，病情好转，故予院内制剂五积方冲剂巩固治疗。

按 潘教授认为肝为将军之官，主疏泄，主藏血。现代人生活节奏加快，工作压力增大，大多心情焦虑、压抑，不良的情志刺激，导致肝气郁积，不得疏达，久之形成气积；脾主运化，运化水湿，输布水谷精微，现代之人，时进食膏粱厚味，损伤脾胃，导致运化失常，饮食不化，则产生食积，或精微物质不能输布，聚为脂质，积于血液或肝中成为脂积。气能化津，当脾失升清，肝失疏泄，食滞、脂质与胃中浊气相结，聚而为痰，积于肝中，形成痰积，脂质、痰浊与血相结，与气滞并见，积于肝中，形成脂积。总之，气、食、脂、痰、瘀五邪积于肝，是形成非酒精性脂肪性肝炎的主要因素，上述五积之邪均可郁而化热。采用祛瘀化浊，消导行滞，疏理解郁之法，重在调解气血的运行，兼以清热。本案以五积方加减治疗，取得较

浙江中医临床名家 · 潘智敏

好的疗效。其中郁金，破瘀消积，行滞解郁，莱菔子、半夏以祛痰、导积、理气，川朴、枳壳、理气行气，以疏导瘀、痰、食、脂、气等积滞，虎杖、过路黄、泽泻、决明子等活血开郁，通利小便而清除郁热，再加垂盆草、荷包草、柴胡、黄芩、六月雪清热除湿疏肝。（袁国荣整理）

案例二　代谢综合征。

张某，女，45岁，干部，杭州人，就诊时间为2009年10月20日。

主诉：头晕、乏力3月余。

现病史：患者为公司经理，压力较大，应酬较多，3个多月前无明显诱因下出现头晕、乏力，血脂检查示三酰甘油（2.31mmol/L）及胆固醇（8.75mmol/L）均升高，空腹血糖为9.25mmol/L，血尿酸为478μmmol/L，为中药治疗而就诊。既往体健，无其他疾病史。

症见：头晕、乏力、体胖，舌质暗，有瘀斑，苔厚腻，脉弦涩。

西医诊断：代谢综合征。

中医诊断：积证（气、食、痰、瘀、脂积五积型）。

辨证分析：患者生活节奏快，心情焦虑压抑，导致肝气郁积，不得疏达，加之进食膏粱厚味，损伤脾胃，导致运化失常，饮食不化，则产生食积；或脾胃不能运化湿水，聚为痰湿，形成痰（湿）积；或精微物质不能输布，聚为脂质，积于血液。脂质、痰浊聚于血液，与气滞并行，循经而行，导致血脉不畅，形成瘀积。舌质暗，苔厚腻，脉弦涩为积滞之征象。

治疗方法：祛瘀化浊，消导行滞，疏理解郁。

处方：五积方加减。

莪术12g，郁金12g，虎杖根30g，垂盆草30g，茵陈15g，地骷髅30g，枳壳12g，川朴12g，莱菔子30g，留行子12g，小青皮12g，制半夏12g，山楂30g，土茯苓30g，米仁30g，蔻仁12g，钩藤15g，刺蒺藜12g，天麻12g，徐长卿12g，决明子30g，7剂。

医嘱：注意休息，忌辛辣油腻。

二诊：乏力、头晕均有好转，效不更方，再予原方7剂。

三诊：症状明显好转，血脂下降，空腹血糖降已至5.35mmol/L，舌红，苔薄白，脉弦细。但血压仍偏高，为146/86mmHg，故原方加重钩藤至30g，平肝熄风，巩固治疗。

莪术12g，郁金12g，虎杖根30g，垂盆草30g，茵陈15g，地骷髅30g，枳壳12g，川朴12g，莱菔子30g，留行子12g，小青皮12g，制半夏12g，山楂

30g，土茯苓30g，米仁30g，蔻仁12g，钩藤30g，刺蒺藜12g，天麻12g，徐长卿12g，决明子30g，7剂。

四诊：患者乏力、头晕消失，精神明显好转，复查血脂，示三酰甘油（1.71mmol/L）及胆固醇（5.75mmol/L）已基本恢复正常，血尿酸为346μmmol/L，血压为123/81mmHg，病情明显好转，予以五积方颗粒剂巩固治疗。

按 患者身为经理，生活节奏快，心情焦虑压抑，肝气郁积，不得疏达，加之进食膏粱厚味，损伤脾胃，运化失常，导致积滞之证明显，其临床表现似为"虚象"：乏力、头晕。但四诊合参，实为积滞之实证，五积型。治疗当以祛瘀化浊，消导行滞为主。此患者经潘智敏教授运用五积方加减治疗，获得明显疗效。经临床验证五积方具有调节血脂、血压、血糖等多重作用，值得临床进一步推广使用。

案例三 高脂血证

黄某，男，46岁，就诊时间为2009年10月24日。

主诉：体检发现血脂升高3个月。

现病史：患者3个月前体检时发现血三酰甘油（2.84mmol/L）及胆固醇（8.93mmol/L）均升高，无明显不适，平素喜食肥肉。其他各项指标未见异常。

证见：形体较胖，舌淡红，舌下瘀筋，苔腻浊，脉涩。

西医诊断：高脂血证。

中医诊断：积证（五积型，以瘀积、脂积为主）。

辨证分析：患者嗜食膏脂，导致气血不畅，气、食、痰、瘀、脂五积，尤其脂邪积于血液，发为积证。舌淡红，舌下瘀筋，苔腻浊，脉涩，为邪浊积于血脉，气血不畅之征象。

治法：消积导脂，条畅气血。

处方：五积方加减。

莪术12g，郁金12g，虎杖根30g，地骷髅30g，枳壳12g，川朴12g，莱菔子30g，留行子12g，制半夏12g，山楂30g，米仁30g，决明子30g，蔻仁12g，胆星12g，泽泻30g，六神曲12g，14剂。

二诊：患者服药后，精神转佳，舌苔已转为薄腻，病情好转，原方去泽泻，加茯苓15g以健脾。

莪术12g，郁金12g，虎杖根30g，地骷髅30g，枳壳12g，川朴12g，莱菔子30g，留行子12g，制半夏12g，山楂30g，米仁30g，决明子30g，蔻仁

12g，胆星12g，茯苓15g，六神曲12g，14剂。

三诊：复查血脂已下降，三酰甘油为1.52mmol/L，胆固醇为6.97mmol/L，病情好转，改为五积方颗粒剂继续巩固治疗。

按 潘教授治疗各种积证，多用五积方加减，本案为脂邪积于血导致的积证，症状不显，但苔腻浊、脉涩，知有积滞，故予五积方消积导滞，潘教授认为各种积证，如见舌苔厚腻浊，当以消导，切不可进补，投五积方，多为有效，实为经验之谈。

案例四　肥胖病案

凌某，男，36岁，就诊时间为2009年3月21日。

主诉：身体发胖3年余。

现病史：患者婚后因营养增加，活动减少，出现身体发胖，体重逐渐加重，腹部明显，活动后出现气急，乏力。体重指数达28.3，为求中医治疗就诊。

证见：肥胖明显，舌暗，苔厚腻，脉弦。

西医诊断：肥胖病。

中医诊断：积证（五积型，以痰、脂积为主）。

辨证分析：患者嗜食厚味，运动减少，导致膏脂、痰湿内积，积于皮下，形成肥胖，伴发气血不畅。舌暗，苔厚腻，脉弦为气、血、痰、食、脂内积之征象。

治法：消积祛脂 化痰畅血。

处方：五积方加减。

莪术12g，郁金12g，虎杖根30g，留行子12g，枳壳12g，川朴12g，莱菔子30g，泽泻30g，制半夏12g，蔻仁12g，地骷髅30g，决明子30g，过路黄30g，皂角刺12g，生山楂30g，丹参30g，胆星12g，14剂。

医嘱：适当运动，适当控制饮食。

二诊：药后感觉身体清爽，气急不显，舌苔已化，内积渐化，效不更方，再予原方14剂。

三诊：患者体重有所下降，舌苔已化，病情好转，改服五积方颗粒剂每日服用。

四诊：药后2个月，患者体重明显下降，体重指数为23，病情好转，予五积方颗粒剂继续巩固治疗。

按 肥胖病属中医积证范畴，年轻之人肥胖多为进食膏粱，运动偏少有关，中医辨证多为气、血、痰湿、脂、食等内积形成，治疗以消积畅郁为主。本案运用五积方消积祛脂化痰畅血，方证相合，故能取得疗效。

案例五 高尿酸血证案

赵某，男，42岁，就诊时间为2008年10月21日。

主诉：发现血尿酸升高2年余

现病史：患者2年前体检时发现血高尿酸血证，血尿酸为658μmmol/L。当时无明显不适，患者家庭条件较好，平素多食膏脂厚味，近1年来间隙出现右足蹞趾关节处疼痛，尤其是在食用海鲜后容易发作。曾服用西药别嘌醇片，出现肝功能异常而停用，自服补药，病情未见好转，为求中医治疗就诊。

证见：形体肥胖，右趾关节疼痛，小便黄赤，舌红，苔厚腻，脉弦。

西医诊断：高尿酸血证。

中医诊断：积证（五积郁热）。

辨证分析：患者喜食膏脂厚味，加之运动较少，导致气、瘀、痰、食、脂等邪浊内结，代谢失常，产生高尿酸血证。五积郁而化热，故见小便黄赤，舌红。

治法：消积导滞，清热通络。

处方：五积方加减。

莪术12g，郁金12g，虎杖根30g，留行子12g，枳壳12g，川朴12g，莱菔子30g，泽泻30g，制半夏12g，蔻仁12g，土茯苓30g，络石藤12g，丝瓜络12g，川牛膝12g，徐长卿15g，地骷髅30g，过路黄30g，元胡30g，7剂。

二诊：患者关节疼痛好转，小便转清，舌苔转薄，病情好转，再予原方14剂。

三诊：关节疼痛基本缓解，舌淡红，苔薄白，原方减元胡至15g，过路黄15g，去徐长卿。

莪术12g，郁金12g，虎杖根30g，留行子12g，枳壳12g，川朴12g，莱菔子30g，泽泻30g，制半夏12g，蔻仁12g，土茯苓30g，络石藤12g，丝瓜络12g，川牛膝12g，地骷髅30g，过路黄15g，元胡15g，14剂。

药后复查血尿酸下降明显为342μmmol/L。后间断服用上方，病情稳定。

按 高尿酸血证为体内尿酸代谢紊乱导致，与饮食有较大的关系，常伴有痛风，中医辨证属积证或痹证范畴。本案中医辨证属积证，为痰、湿、瘀浊等内结血液或关节产生的病证，予五积方加减治疗，取得较好的疗效，为

异病同治之例。说明五积方在治疗与代谢紊乱相关的各种疾病，均有一定的疗效。

案例六 非酒精性脂肪肝

黄某，男，58岁，杭州人，就诊时间为2008年12月3日。

主诉：右胁胀滞疼痛半年。

现病史：患者近半年来无明显诱因下感右胁胀闷疼痛，乏力纳差，口苦尿赤。经血生化全套提示：胆固醇（7.3mmol/L）、三酰甘油（2.4mmol/L）、低密度脂蛋白（3.8mmol/L）、丙氨酸转氨酶（185U/L）、天门冬氨酸转氨酶（124U/L）、总胆红素（45.4mmol/L）、直接胆红素（28.6mmol/L）均升高。B超及CT示脂肪肝。甲、丙、戊肝抗体阴性。无长期大量饮酒史。

证见：形体偏胖，巩膜轻度黄染，肝肋下触之有压痛，面色晦暗，舌质黯红，有瘀点，苔厚腻，脉弦涩。

西医诊断：非酒精性脂肪肝。

中医诊断：肝积（五积郁热）。

辨证分析：气、血、痰、食、脂诸积，积于肝，为脂肪肝，积于血液，为高脂血症。诸邪积滞，肝失疏泄，不通则痛，胆汁外溢，发为黄疸。五积郁热，故口苦尿赤，舌红。舌质挟瘀点，苔厚腻，脉弦涩为积证之征象。

治法：消积导滞，佐以清热退黄。

处方：五积方加减。

留行子12g，川芎12g，郁金12g，桃仁9g，延胡索30g，生山楂15g，鸡内金9g，莱菔子30g，泽泻30g，垂盆草30g，茵陈15g，虎杖根30g，小青皮12g，川朴12g，枳壳12g，蒲公英15g，焦山栀12g，14剂。

二诊：右胁疼痛好转，乏力便溏，苔薄白腻，脉弦细。复查血丙氨酸转氨酶（85U/L）及胆红素已基本正常。郁热已清，挟有脾虚，故去蒲公英、焦山栀，加茯苓30g，扁豆衣12g，炒米仁30g。

留行子12g，川芎12g，郁金12g，桃仁9g，延胡索30g，生山楂15g，鸡内金9g，莱菔子30g，泽泻30g，垂盆草30g，茵陈15g，虎杖根30g，小青皮12g，川朴12g，枳壳12g，茯苓30g，扁豆衣12g，炒米仁30g，14剂。

三诊：患者症状基本消失，复查肝功能正常，血脂也较前下降。予五积方颗粒剂巩固治疗。

按 潘教授认为非酒精性脂肪肝多为气、血、脂、痰、瘀五积郁于肝，并化郁热，故治疗消积导滞的同时，必须兼清结热。另外，肝病及脾，可夹有脾虚之证，治疗时以消积为主，不忘健脾，消补并用。此也合李东垣治积之法。

案例七　胸痹案

王某，男，68岁，退休，杭州人，就诊时间为2008年11月7日。

主诉：反复心前区闷压感半年余。

现病史：患者半年多前反复出现心前区闷压感，伴有心悸气短，倦怠乏力。每次发作时间在5分钟左右，经休息后可以缓解。无胸痛、无夜间端坐呼吸等表现。多次查心电图，示Ⅱ、Ⅲ、aVF导联ST段轻度改变。有高血压病史10年，平时服用降压药，血压控制尚可。现查血压为146/85mmHg。血生化：胆固醇为6.51mmol/L，三酰甘油为2.25mmol/L，高密度脂蛋白为1.40mmol/L，低密度脂蛋白为3.10mmol/L。

证见：患者形体偏胖，口唇色黯，舌质淡紫，舌苔白厚腻，舌下筋脉瘀紫，脉弦细。

西医诊断：冠心病，高血压病，高脂血证。

中医诊断：胸痹（五积型，以痰、瘀、脂积为主）。

辨证分析：患者形体偏胖，素有痰积、脂积，与瘀相结，导致气血不畅，痹阻心脉，胸阳失展，出现胸痹。舌质淡紫，舌苔白厚腻，舌下筋脉瘀紫，脉弦细为痰瘀痹阻心脉之征象。

治则：活血化瘀，祛痰化浊。

处方：五积方加减。

川芎12g，降香12g，鬼箭羽12g，当归6g，郁金12g，红花9g，留行子9g，石菖蒲12g，莱菔子30g，瓜蒌皮15g，生山楂30g，鸡内金9g，川朴12g，枳壳12g，姜半夏12g，葛根30g，7剂。

二诊：患者服药期间心前闷压感缓解，自感轻松，舌苔薄白腻，脉细，病情好转。予前方去石菖蒲，加泽泻15g。

川芎12g，降香12g，鬼箭羽12g，当归6g，郁金12g，红花9g，姜半夏12g，泽泻15g，莱菔子30g，瓜蒌皮15g，生山楂30g，鸡内金9g，川朴12g，枳壳12g，留行子9g，葛根30g，7剂。

三诊：患者心前闷压感消失，无心悸心慌。病情稳定，予神香苏合丸口服巩固疗效。

按　患者形体偏胖，素有痰积、脂积，与瘀相合，导致气血不畅，痹阻心脉，胸阳失展，出现胸痹。治疗当活血化痰、通畅心脉。方用川芎、葛

根、降香、鬼箭羽、当归、郁金、红花、留行子等理心脉之瘀，加姜半夏、莱菔子、瓜蒌皮祛痰化浊，生山楂、鸡内金消食祛积，佐川朴、枳壳理气宽胸，助化痰瘀。药与病机相合，故疗效明显。

案例八　高血压病

孙某，男，37岁。杭州人，公司负责人。就诊时间为2009年11月25日。

主诉：乏力、头晕、头胀2个月。

现病史：患者乏力、头晕、头胀2个月，平素形体较胖，工作繁重，应酬较多，近来感乏力、头晕、头胀加重，纳差，自服人参、虫草进补，上述症状加重，舌苔厚腻，舌质偏暗，舌下筋脉瘀阻，脉涩。测血压，为150/95mmHg，考虑高血压病。同时检测血胆固醇，为10.22mmol/L。

西医诊断：高血压病　高脂血证。

中医诊断：眩晕（气、瘀、脂积为主）。

中医辨证：患者进食膏粱，脾胃内伤，膏脂内积，气血不畅，清窍被蒙，故出现头晕头胀，舌苔厚腻，舌质偏暗，舌下筋脉瘀阻，脉涩为膏脂内积，气血不畅之征象。

治疗：化瘀祛脂，调畅气血。

方用：五积方加减。

川芎30g，当归9g，赤芍9g，留行子15g，丹参30g，益母草30g，葛根15g，佩兰9g，蔻仁12g，决明子30g，生麦芽30g，钩藤30g，刺蒺藜12g，胆星12g，莱菔子30g，郁金12g，皂角刺12g，5剂。

二诊：患者头晕乏力已明显好转，胃纳也明显好转，舌苔厚腻变薄，测血压，为125/85mmHg，病情好转，原方减蔻仁，加车前草15g，7剂。

三诊：患者头晕乏力消失，胃纳正常，舌苔薄白，测血压，为120/73mmhg。复查血胆固醇6.21mmol/L。再予上方7剂巩固。嘱其减少应酬，少吃补药。

按　本案为高血压病、高脂血证，中医辨证属眩晕，患者进食膏粱厚味，脾胃内伤，膏脂内积，气血不畅，血脉失柔，清窍被蒙所致。治疗以化瘀祛脂、调畅气血，效果明显。

案例九　胆囊结石伴肾结石案

何某，男，43岁，就诊时间为2008年11月20日。

主诉：反复胆囊结石伴肾结石2年。

现病史：患者于2006年因发现双肾结石、胆囊结石，当时有右上腹胀

116

痛，有时腰腹疼痛、舌质红、苔黄腻，求诊潘教授，考虑湿热蕴积肝胆，出现胆囊结石，湿热蕴积流注下焦，出现肾结石。虽结石部位不同，但均为湿热蕴积所致。故治疗方法相同：清热利湿、化瘀通淋为主。治疗后，患者症状缓解，复查B超，示肾结石缩小，从8mm缩小至5mm，胆囊结石未见增多增大。病情好转。患者考虑结石部位多，未行手术。近来右上腹胀痛明显，以进食油腻后症状加重，再次求诊，复查B超：双肾结石（左6.8mm，右1.06mm），胆囊结石（7～8mm）。

诊查：右上腹轻压痛，肾区叩击痛，舌质红，苔黄腻，脉弦细。

西医诊断：胆囊结石，肾结石。

中医诊断：胆胀，石淋（气、湿、瘀积化热）。

中医辨证：湿热蕴结，积瘀成石，结于胆与肾。

治法：清热化湿，化瘀通淋。

处方：三金汤合五积方加减。

金钱草30g，海金沙30g，石苇15g，鸡内金12g，蒲公英30g，虎杖根30g，郁金12g，元胡30g，石见穿30g，米仁30g，茯苓30g，蔻仁15g，制半夏12g，川朴12g，枳壳12g，莱菔子30g，白芍15g，柴胡12g，14剂。

二诊：患者右上腹胀痛已好转，舌红，苔厚腻，继前治疗。再予中药14剂。排出较多结石，缓解病情。后以上方加减治疗2月余，复查B超，示胆囊和肾结石均减少。

按 潘教授认为患者为湿热易滞之体，如湿热蕴积肝胆，出现胆囊结石；如湿热蕴积，代谢紊乱，流注下焦，出现肾结石。虽结石部位不同，但均为代谢紊乱，湿热蕴积致瘀成石，可从积论治。故治疗以清热化湿，化瘀通淋为主。药用金钱草、海金沙、蒲公英、石苇清热利湿排石，予鸡内金、石见穿消积化石，虎杖根、郁金、元胡疏肝活血，蔻仁、制半夏、川朴、枳壳、莱菔子等利气，气行血活祛湿。此类患者最易产生结石，宜饮食清淡，以减少湿热内积，蕴酿成石。平素可间断服用清热利湿的中药，以防复发。

案例十 治疗胸腔积液（饮积）案

陈某，女，25岁，就诊时间为2008年11月22日。

主诉：反复右侧胸腔积液半年余。

现病史：患者半年余前起，无明显原因下出现胸闷、气急，无发热，无咳嗽，无胸痛，无关节疼痛，无消瘦、盗汗，经当地医院检查，发现右

侧大量胸腔积液，胸腔积液为粉红色，但原因不明，每月需抽胸腔积液一次，才能缓解症状，曾就诊北京、上海各大医院，疗效欠佳。现为行中医治疗而就诊。

证见：舌红，苔厚腻，脉细。

西医诊断：右侧胸腔积液。

中医诊断：悬饮（饮积内停）。

中医辨证：水饮内停，积与胸胁，发为悬饮，舌红，苔厚腻，脉细，为水饮内停之征象，兼有化热。

治法：泄水去饮，兼以清热。

处方：己椒苈黄汤加减。

防己15g，葶苈子27g，黄芪15g，椒目10g，胆南星12g，猪苓15g，杏仁12g，生大黄15g，桃仁12g，莱菔子30g，地骷髅30g，大腹皮9g，苍术15g，蔻仁15g，川朴15g，黄芩30g，黄连9g，14剂。

医嘱：注意休息，忌辛辣发物。

二诊：患者服用中药后，胸腔积液无明显增加，舌脉如前，继进原方14剂。

三诊：患者无明显胸闷、气急，复查B超，示胸腔积液减少，舌红苔白薄，脉细。悬饮病情好转，热象已减，故减少葶苈子、大黄的剂量，去黄芩、黄连。再予巩固治疗。

防己15g，葶苈子12g，黄芪15g，椒目10g，胆南星12g，猪苓15g，杏仁12g，生大黄9g，桃仁12g，莱菔子30g，地骷髅30g，大腹皮9g，苍术15g，蔻仁15g，川朴15g。

后以上方加减治疗半年余，胸腔积液未明显发作，病情稳定。

按 本例患者为悬饮（饮积），病因不明，十分少见。潘教授予己椒苈黄汤加减治疗，临床疗效明显。方以己椒苈黄汤为主，加猪苓、莱菔子、地骷髅、大腹皮泄水气，加黄连、黄芩去郁热。证药相吻，故疗效明显。潘教授认为，葶苈子泄水效佳，其剂量可用至30g，未见明显的毒副作用。

案例十一　消渴案

应某，女，48岁，就诊时间为2008年11月2日。

主诉：口干、多饮3个月。

现病史：患者于3月前起因工作压力，情绪不稳、眠差多梦、口干口苦、多饮尿多，右胁隐痛。门诊查空腹血糖为8.7mmol/L，餐后血糖为13.7mmol/L。原有胆囊炎、胆石症病史。

证见：形体肥胖，口唇瘀紫，舌质偏红，舌苔薄黄稍腻，舌下络脉紫暗，脉弦细略数。

西医诊断：糖尿病。

中医诊断：消渴（气积、瘀积，兼有燥热）。

中医辨证：患者情志不畅，致肝气郁结，气滞血瘀，不通则痛，故右胁隐痛；肝郁生热，耗津灼液，燥热内生，津液失布，故口干口苦、多饮尿多。口唇瘀紫，舌下络脉紫暗，为瘀积之征。肝郁脾困湿滞，故舌苔稍腻。

治法：疏肝活血，清热润燥。

处方：五积方加减。

郁金9g，川芎9g，当归9g，红花9g，赤芍9g，虎杖根30g，决明子30g，桑椹子30g，金钱草30g，猪苓30g，玉米须30g，黄芪9g，生麦芽30g，莱菔子30g，地骷髅30g，7剂。

二诊：复查空腹血糖6.2mmol/L，餐后血糖9.1mmol/L，胁痛多尿症状好转，但仍有口苦口渴，中焦燥热未清，上方去决明子、生麦芽、金钱草，加焦山栀9g、知母9g清热，再服7剂。

郁金9g，川芎9g，当归9g，红花9g，赤芍9g，虎杖根30g，桑椹子30g，知母9g，猪苓30g，玉米须30g，黄芪9g，焦山栀9g，莱菔子30g，地骷髅30g。

三诊：餐后血糖5.3mmol/L，尿糖阴性，口苦口渴消失，睡眠欠佳，舌质红，舌苔薄黄，脉弦细，上方加入玳玳花、茯苓、柏子仁以疏肝安神，改善睡眠。

郁金9g，川芎9g，当归9g，红花9g，赤芍9g，虎杖根30g，桑椹子30g，知母9g，猪苓30g，玉米须30g，黄芪9g，焦山栀9g，莱菔子30g，地骷髅30g，玳玳花9g，茯苓15g，柏子仁12g，7剂。

按 患者情志不畅，肝气郁结，导致气积、瘀积；肝郁生热，耗津灼液，燥热内生，津液失布，乃为消渴。治疗当以疏肝活血，调畅气血，兼以清热润燥。方中用郁金、川芎、当归、红花、赤芍等疏肝活血，虎杖根、知母、猪苓、玉米须、焦山栀、桑椹子等清热润燥利湿，少佐黄芪实脾，莱菔子、地骷髅消导。潘智敏教授认为消渴虽以阴虚为本，但疾病初期，燥热亢盛，阴虚未甚，治疗当以清疏为主，养阴为辅。

案例十二 湿积案

李某，男，35岁，干部，就诊时间为2012年5月28日。

主诉：头晕乏力、纳差便溏1月余。

现病史：头晕乏力，纳谷不馨，时有泛酸，口苦不爽，大便偏烂。前医诊为虚证，投以温阳补气之剂不起。

证见：舌红，舌苔黄腻，脉弦。

西医诊断：消化不良。

中医诊断：湿积（湿困脾胃）。

辨证分析：时值夏季，湿阻中焦，脾胃失运，故纳差、便溏。湿郁化热，加之温补，故口苦，舌红苔黄腻。

治则：清热化湿。

处方：

黄连6g，吴茱萸2g，炒米仁30g，茯苓12g，炒扁豆衣9g，制半夏12g，鸡内金9g，川朴12g，枳壳12g，留行子12g，郁金12g，莱菔子30g，谷芽30g，浙贝母12g，鸡血藤12g，绞股蓝15g，7剂。

二诊：药后头晕乏力好转，神清气爽，胃纳增加，大便成形，但晨起口苦，舌红苔薄黄腻。上方去鸡血藤、绞股蓝，加黄芩15g，蒲公英30g，夏枯草9g以加强清热之力。

黄连6g，吴茱萸2g，炒米仁30g，茯苓12g，炒扁豆衣9g，制半夏12g，鸡内金9g，川朴12g，枳壳12g，留行子12g，郁金12g，莱菔子30g，谷芽30g，浙贝母12g，黄芩12g，蒲公英30g，夏枯草9g，7剂。

三诊：患者诸症基本消失。

评析：患者头晕乏力、纳差、便溏，似为"虚证"，但其舌红，苔黄腻，结合发病季节，当为湿困脾胃化热，此时应"舍症从舌"，投以化湿清热之剂。药用黄连、黄芩、蒲公英等清热，米仁、茯苓、扁豆衣、半夏、鸡内金等淡渗利湿，莱菔子、川朴、枳壳理气化湿，少佐绞股蓝、鸡血藤清补养气阴。湿积易致血脉不畅，故加留行子、郁金理气畅血。

第二节　补虚理瘀治老年病

（一）病因病机

1. 气滞血瘀、瘀血气壅

《寿世保元》云："盖气者，血之帅也，气行则血行，气止则血止，气温则血滑，气寒则血凝，气有一息之不运，则血有一息之不行。"提示血液循行不止，环周不息，全赖气之推动，若气机阻滞，无以鼓动血行，则血流缓涩，停留而为瘀血。所谓气机阻滞，主要指的是肝气郁结。肝主疏泄，性喜条达，若所欲不遂，所愿不能，忧思不解，曲意不达，或忧愁恼怒，以致肝气郁结，阻滞气机而致瘀。正如《血证论·吐血》所云："气结则血凝"。又如《三因方》所云："因于大怒……血停著不散，两胁痛，皆由瘀血在内。" 随着社会老龄化的日益加重和工作生活节奏的日益加快，"空巢老人"这一现象越来越严重，老人独守空巢，缺少与子女交流的机会，寂寞孤独，易致肝失疏泄，肝气郁结，兼之老年人少动多静，气滞更甚，血瘀自成。气为血之帅，血为气之母，瘀血阻滞，脉络闭塞，则气道不畅，气机壅滞。正如《素问·玉机真脏论》所云："脉道不通，气不往来"。《血证论·经血》又云："瘀血阻滞者，乃血阻其气，是血之咎，故破散其血，而气自流通。"《寿世保元》亦云："若夫血有败瘀滞泥诸经，壅遏气之道路，经所谓去其血而后调之，不可不通其变矣。"

2. 血滞为瘀、瘀血化水

血作为构成人体和维持人体生命活动的基本物质之一，尤其强调血贵冲和流行。如《灵枢·本脏》云："血和则经脉流行，营复阴阳，筋骨劲强，关节清利矣。"《素问·调经论》又云："五脏之道，皆出于经隧，以行气血。血气不和，百病乃变化而生。"老年人或因多静少动，或因久病卧床，或因体虚鼓动无力而致血流缓滞，瘀血内生。津液作为血液的重要组成部分，津血同源，血脉既瘀，血行不利，津液也随之停滞，并从经脉中外渗，积于皮肉之间，发为水肿。正如《金匮要略·水气病脉证并治》所云："血不利，则为水。"《诸病源候论·水肿病诸候》又云："夫水之病……寻其病根，皆由荣卫不调，经脉痞涩，脾胃虚弱，使水气流溢，盈散皮肤，故令遍体肿满。"《血证论·阴阳水火气血论》亦云："瘀血化水，亦发水肿。"

3. 血结留瘀、瘀血阻络

老年人因多患冠心病、高血压、糖尿病等疾病，导致血证多见。血结留瘀是指出血之后，已离经脉而未排出体外之血，结留于体内所见之瘀证。凡吐血、咯血、咳血、便血及外伤出血等，均为离经之血，除溢出体外者，必然尚有部分停留于脏腑组织间，故待血止之后，应及时化瘀通络，除瘀务尽，不可有丝毫留滞。正如《三因方》所云："病者或发汗不彻，及吐衄不尽，瘀蓄在内。"又如《血证论·瘀血》云："既是离经之血，虽清血鲜

121

血，亦是瘀血。"瘀血既成，阻滞脉络，血行不利，濡养失司，可见面色萎黄、肌肉瘦削、肌肤干涩、毛发不荣、肢体麻木或活动障碍等。

4. 血蓄而瘀、瘀血癥积

肝主藏血，脾主统血，肝脾在血液的循行分布中起着极为重要的作用，若肝脾藏血、血功能失司，血液过度蓄积，流通不利，则化生瘀血。如血蓄于肝脾，积于胁腹，脉络瘀甚出现赤缕、蟹爪、腹壁青筋显露之臌胀等。血瘀日久不去，或与汁沫相搏，或与痰浊相结，日积月累，逐渐增大，或横亘于心下，或盘踞于腹中，或停积于两胁，或聚结于少腹，坚硬如石，推之不移，按之则痛，则为癥积。正如《素问·举痛论》所云："血气稽留不得行，故宿昔而成积矣。"又如《灵枢·百病始生》云："肠胃之络伤，则血溢于肠外，肠外有寒，汁沫与血相抟，则并合凝聚不得散而积成矣。卒然外中于寒，若内伤于忧怒，则气上逆，气上逆则六输不通，温气不行，凝血蕴里而不散，津液涩渗，著而不去，而积皆成矣。"

5. 寒凝致瘀、瘀血痹痛

寒为阴邪，其性凝滞、收引，客于血脉，则血脉收引挛缩，血液凝滞，血行缓慢不畅而致瘀。正如《素问·调经论》所云："血气者，喜温而恶寒，寒则泣而不能流，温则消而去之。"又云："寒独留则血凝泣，凝则脉不通。"《素问·举痛论》亦云："寒气客，则脉不通。"《素问·离合真邪论》云："夫邪之入于脉也，寒则血凝泣。" 瘀血痹阻经络，气血运行不畅，血之濡养功能失司，"不通则痛"，"不容则痛"，发为痹证。如《素问·痹论》云："心痹者，脉不通。"又云："痹之在于骨则重，在于脉则血凝而不流。"《灵枢·贼风》亦云："此皆尝有所伤于湿气，藏于血脉之中，分肉之间，久留而不去，若有所堕坠，恶血在内而不去，卒然喜怒不节，饮食不适，寒温不时，腠理闭而不通，其开而遇风寒，则血气凝结，与故邪相袭，则为寒痹。"

6. 热盛现瘀、瘀血蕴热

热包括温邪、热邪、火邪、暑邪、瘟疫毒邪等，热蕴血分最易造成血瘀。热灼营阴，伤津耗液，血液黏稠凝滞而致瘀，正如《金匮要略·肺痿肺痈咳嗽上气病脉证治》所云："热之所过，血为之凝滞。"《重订广温热论·清凉法》亦云："因伏火邪蒸津液，血液被煎熬而成瘀。"；"脉为血之府"，热盛则灼伤脉络，脉失滑利，血行不利而致瘀；热盛迫血妄行，而致吐血、咯血、咳血、便血等，离经之血蓄而不去而成瘀；热盛壅遏气机，气滞而致瘀，如陈平伯《外感温热篇》云："热毒内壅，络气阻遏。"；热毒秽浊于血胶结而致瘀，如《医林改错·论痘非胎毒》云："受瘟疫至重，瘟毒在内烧炼其血，血受烧炼，其血必凝，血凝色必紫，血死色必黑。"瘀血壅积，尤其是壅塞血脉之死血及离经而积聚于体内之瘀血，不能及时清除，郁而化热，形成瘀、热互结之势。如中风之脑出血、真心痛心包络壅塞等均可出现热不退，吐血便血，舌质紫暗或有瘀点、瘀斑等瘀热互结之症，又如消化道出血，瘀血积于肠腔所致的发热等。

7. 气虚渐瘀、瘀血损气

老年人由于机体老化，正气损耗，脏腑机能减退，气血多虚。正如《灵枢·天年》所云："六十岁，心气始衰，善忧悲，血气懈惰。"《医门补要》亦云："人至老年，未有气血不亏者。"气为血之帅，气盛则血行滑利，气虚则鼓动无力而致血行迟涩，脉络瘀闭，形成瘀血。正如《临症指南医案》所云："至虚之处，便是留邪之所。"王清任更是提出了："元气既虚，不能达于血管，血管无气，秘停留而瘀"，并创制了补阳还五汤这个一代名方来治疗。《读医随笔》亦云："气虚不足以推血，则血必有瘀。"血为气之母，血能养气亦能载气，瘀血阻滞则血不载气，气化不利，血不生气，其气必虚。如中风后遗症之半身不遂，久病气虚、瘀血损气，互为因果，互相关联。

8. 血虚成瘀、瘀血不仁

如前所述，年老者气血多虚。营血充盈则脉道流利，血行通畅；营血亏虚则脉道涸涩，血行不利，日久成瘀。正如《景岳全书·胁痛》所云："凡人之气血犹源泉也，盛则流畅，少则垂滞。故气血不虚不滞，虚则无有不滞者。"《医论十三篇》更是指出："譬如江河之水，浩浩荡荡，岂能阻塞，惟沟侩溪谷水浅泥淤，遂至塞遏。"瘀血阻滞，脉道不利，营血无以循行周身，失于濡养，而见肢体麻木不仁、四肢发凉等症。正如《素问·逆调论》所云："荣气虚则不仁"。

9. 阴虚生瘀、瘀血津伤

朱震亨云："《礼记》注曰：惟五十然后养阴者有以加。《内经》曰：'年至四十，阴气自半，而起居衰矣。'又曰：'男子六十四岁而精绝，女子四十九岁而经断。'夫以阴气之成，止供给得三十年之视听言动，已先

亏。"由此可见年老者多阴虚。阴液不足，则血脉涸涩，脉道失于濡养，无以载血，血行涩滞而致瘀。正如《读书随笔·中风有阴虚阳虚两大纲》所云："阴虚血必滞。"如前所述津血同源，瘀血阻滞，则津液不行停滞，渗于脉外，则脏腑组织所需之津液匮乏，兼之瘀血阻滞，气化不利，生津不足而致津伤更甚。

10. 阳虚血瘀、瘀血助寒

随着年龄的增大，人体阳气亦逐渐衰竭，正如《素问·上古天真论》所云："女子……六七三阳脉衰于上，面皆焦……丈夫……六八阳气衰竭于上，面焦，发鬓颁白。"阳虚为气虚进一步发展的结果，阳虚不但气虚，必生内寒。气虚则无力推动血液运行，内寒则血液凝滞而致瘀。正如《读书随笔·中风有阴虚阳虚两大纲》所云："阳虚必血凝。"如前所述，瘀血阻滞而致气机不利，阳气无以散布周身，温煦无权而助寒，致畏寒喜暖、四肢不温、体温低下、脏腑生理活动减弱、代谢减慢等一系列病证。

（二）治则治法与方药特色

1. 虚瘀兼顾，疏补并施

如前所述病因病机，可知老年人为多虚多瘀之体，故治疗上应注意虚瘀兼顾，疏补并施。补虚应审证求因，根据其气血阴阳的不足和虚损程度，相应的配伍益气、养血、滋阴、温阳等法，不可见其虚而一意峻补，一者壅补易于滞脾，阻其运化；二者虚滞不除或因补至瘀。正如《素问·至真要大论》所云："察阴阳所在而调之，以平为期。"如此虚瘀并调而"能使周身之气通而不滞，血活而不瘀，气通血活，何患疾病不除"（《医林改错·黄芪赤风汤》）。

2. 瘀病因果，各有侧重

治疗上因病致瘀者应以病当之，按致瘀因素分别予以散寒、清热、补虚、攻实之法为重，结合选用消瘀之药；对因瘀致病者则以瘀图之，随已致瘀象着重予以活血、行血、祛瘀、逐瘀之法为主，结合辨证配伍化裁。在具体方药的选择上，主张结合血瘀部位、所属脏腑、血瘀严重程度等来确定，对于"邪实"、血瘀较严重的瘀证，多选用化瘀力量相对强峻以便更好地攻逐，如水蛭、地龙、莪术、留行子、虎杖、马鞭草、桃仁、红花、大黄等；对"虚证"、血瘀较和缓的瘀证，多选用化瘀力量相对平和以缓图，如丹参、赤芍、当归、川芎、延胡索、郁金、鸡血藤、泽兰等。

3. 治病求本，权衡缓急

在治疗中，应综合分析，辨清疾病本质识别疾病的根本原因，从而进行针对性的治疗。于治瘀中，当首先明确其病性、病因，从本论治，方可从根本上治疗血瘀病证。如气滞血瘀当配以川朴、枳壳、广木香、佛手片、绛香等理气药；寒凝血瘀当配伍桂枝、吴茱萸、淫羊藿等温经散寒药；热盛血瘀或配伍鱼腥草、黄芩、黄连、栀子、金银花、连翘、败酱草等清热解毒药，或配伍水牛角片、赤芍、玄参、丹参、丹皮、郁金等清营凉血药，或以配伍大黄、芦荟、芒硝、瓜蒌仁等泻热通腑药；因虚致瘀则根据其虚衰的不同病因及程度的不同，配伍相应补益之品。此外还应权衡缓急，于病之"急"，即疾病发作期，需结合脏腑及归经多选用留行子、莪术、桃仁、红花、马鞭草、鬼箭羽等破血逐瘀之药；而于病之"缓"，即疾病缓解期，多选用丹参、葛根、川芎、赤芍、当归、郁金、鸡血藤等扶正养血活血之品。同时剂量上，前者多重，后者宜轻。

4. 疏肝理气，气血并调

随着社会老龄化的日益加重，"空巢老人"越来越多，老年人肝气郁结现象将越来越严重，再加上老年人生理功能衰退，气机不利，故治疗上尤其应重视疏肝理气，气血并调，处方中每多用柴胡、香附、佛手片、绿梅花、陈皮、郁金、合欢皮、夜交藤、白芍等调畅肝气，并劝告病人怡悦情志，注意精神调适。

5. 调达理瘀，整体调治

老年人的常见病、多发病，如高血压、冠心病、2型糖尿病、慢性肺源性心脏病、慢性支气管炎等多为慢性病，其形成多数从中年甚或至青年时期即已起病，疾病缓慢发展；且随着年龄的逐渐增大，各脏腑功能逐渐衰退，老年人患病多多系统相兼为病，往往既有心脑血管疾病，又有呼吸系统等疾病。针对于此，治疗上当强调综合考虑各脏腑之间的相互关系，从整体上调达理瘀、综合调治，万勿只顾一脏不及其他，从而导致疾病不愈而变证丛生。

6. 用药方式多样，不拘泥于汤剂

活血化瘀手段多种多样，包括口服活血化瘀汤剂、中成药，静脉滴注活血化瘀中药针剂，针灸按摩，足浴，中药熏蒸等，皆可使用。其又各有各自特点，口服活血化瘀汤剂、中成药应用最广、最普遍；静脉滴注活血化瘀中药针剂起效最快，作用相对较强；足浴、中药熏蒸对局部的作用最强。

（三）治病求本，从因施治

潘教授认为，瘀与病之间是一个因病成瘀，因瘀成病，互为因果的不良循环。只有在治疗时清除病源，先其所因，在理瘀的同时重视病因的治疗，才能截断这个不良循环，从而取得事半功倍的效果。以下分别论述瘀证的病因及治疗方法。

1. 气滞血瘀

临床表现：除可见口唇、爪甲紫黯，皮肤青紫斑或粗糙，局部刺痛或绞痛固定不移，或触及肿块，面部色素沉着，眼圈黑，黄褐斑，舌紫黯或有青紫斑点，舌下络脉曲张，脉涩等瘀证证候外，尚可见胸闷喜叹息，两胁、胃脘胀痛，嗳气，咽部如有异物梗阻，性格内向，忧郁寡欢，心胸狭窄，情绪波动时易腹痛、腹泻，女性乳房、小腹胀痛等气滞症状。

治法方药：行气活血。此法为行气药与活血药相配伍的一种复合理瘀方法。代表方为血府逐瘀汤。潘老师临床常用川朴、枳壳、延胡索、金铃子、木香、小青皮等行气导滞，配以郁金、当归、赤芍、桃仁、红花、川芎等活血化瘀，以起气行则血行之效。

案例 薛某，女，71 岁。2008 年 2 月 17 日就诊。

主诉：反复右上腹疼痛 2 年。患者右上腹有刺痛感，两胁胀满不舒，发作时有心悸感。平素郁郁寡欢，就诊时显现焦虑感，喋喋不休。面部色素沉着明显，舌黯，苔薄白腻，脉细涩。大便稍干，小便短赤。辅助检查，心电图：房性期前收缩。腹部 B 超：胆石症、胆囊炎。

西医诊断：胆石症，胆囊炎。

中医诊断：胁痛。

治则：行气活血，利胆清热。

处方：柴胡 9g，郁金 12g，小青皮 9g，留行子 9g，莪术 6g，姜黄 12g，虎杖根 20g，蒲公英 20g，蛇舌草 15g，过路黄 20g，川朴 12g，枳壳 12g，延胡索 18g，7 剂，水煎服，日 1 剂。

二诊：患者两胁胀痛减轻，心悸消失，右上腹尚有隐隐作痛，精神仍感压抑，大小便正常。观之用药有效，故前方去蛇舌草，加香附 9g，佛手 9g，服 7 剂。

按 当前社会压力大，子女关心老年人不够，常引起老年人精神抑郁，气机失调。气滞日久，则血行不畅成瘀。气滞血瘀，郁而生热，故稍作清热

126

利尿之品，使热从下而走。患病日久，且精神因素非药物所及，故症状缓解之后当着重于疏肝理气。潘教授同时指出，胆囊疾病会影响到心脏功能，治疗时要抓住病因，控制胆囊病变后，心脏自不药而治。

2. 血滞为瘀

临床表现：此类病人血行速度迟缓变慢，血流状态黏滞艰涩，其血瘀轻者，血瘀症状可不明显。临床可仅见高凝血症、高黏血症、高脂血症等诊断者；或但见口唇面色稍黯，面部黄斑，舌色较黯，舌下络脉显现，脉细涩等血瘀轻症；其血瘀重者，可见下肢脉络隆起、扩张、变曲，甚至迂曲或团块状，局部压痛，红肿，色素沉着，水肿，甚者可见溃疡、出血。同时可兼见阳虚、气虚等证。

治法方药：助运活血。此法又名行血法，主要适用于治疗各种血行迟缓涩滞的"血涩""血滞""血不活"等证。代表方为桃红四物汤。潘教授临床常以川芎、红花、桃仁、郁金、大黄、降香、鬼箭羽、留行子等药行血活血，适当配以川朴、枳壳等气药以助行血之功。

案例 王某，男，68岁，退休。2008年3月7日就诊。

主诉：反复憋闷半年余。憋闷一、二日发作1次，疼痛不明显，每于活动量较大时发作，故来就诊，憋闷发作时多伴有心悸、气短、倦怠乏力等症。患者体型偏胖，口唇色稍黯，舌苔白厚腻，舌下络脉青紫，脉弦细。患者平时服用降压药，血压为132/85mmHg。

辅助检查：心电图示Ⅱ、Ⅲ、aVF导联ST段轻度改变；生化示胆固醇为6.51mmol/L，三酰甘油为2.25 mmol/L，高密度脂蛋白为1.40 mmol/L，低密度脂蛋白为3.10 mmol/L。

西医诊断：冠心病。

中医诊断：胸痹心痛，痰瘀互阻型。

治则：活血化瘀，祛痰化浊。

处方：川芎12g，降香12g，鬼箭羽12g，当归6g，郁金12g，红花9g，姜半夏12g，石菖蒲12g，莱菔子30g，瓜蒌皮15g，生山楂30g，鸡内金9g，川朴12g，枳壳12g，留行子9g，7剂，水煎服，日1剂。并嘱服成药神香苏合丸。

二诊：患者服药期间胸前憋闷未发作，自感轻松，较前大有好转，舌苔薄白腻，亦有好转。予前方去石菖蒲，加泽泻15g，继服7剂。

按 此类病人体胖多痰，病程日久，痰浊流注于血脉之中，使血液变稠

变浓，血行迟缓，滞而为瘀，黏附于心脉之上，故心痛时作。现今临床之上，以此类病人为数最多。其中，降香性温，味辛，长于行气活血，止痛；鬼箭羽性寒，味苦，长于破血，通经。此二药为潘教授治疗心脉血瘀常用药。成药神香苏合丸化痰浊之力颇强，用于各种痰瘀互阻之病症，疗效良好。

3. 血结留瘀

临床表现：常可有出血病史，如吐血、咯血、便血及外伤出血等，留离经之血于体内，可见痛处固定不移，刺痛拒按，夜间痛甚；或出血反复不止，色黯夹有血块；或大便色黑如柏油样；面色黧黑，皮下紫斑，舌色紫黯，舌体有瘀点，脉涩等。

治法方药：化瘀活血。此法亦称攻逐瘀血法。适用于瘀血内阻，瘀结难消，脉络闭阻等证。代表方为逐瘀止血汤。潘教授常以生军、三七粉祛瘀生新，桃仁、莪术、留行子活血化瘀，当归、郁金、小青皮等活血行血，诸药合用，瘀去病瘥。

案例 周某，女，76岁，农民。

主诉：腹部疼痛半个月。疼痛以脐上为甚，刺痛，固定不移。口苦，舌黯红，苔黄腻，舌下络脉青紫，脉弦细。体温为37.8℃。

辅助检查：大便OB（+++）。胃镜报告：十二指肠球部溃疡。

西医诊断：十二指肠球部溃疡。

中医诊断：腹痛，瘀血阻滞型。

治法：化瘀止血，清热止痛。

处方：白茅根 12g，榉木 6g，紫珠叶 12g，白芨粉 6g，生大黄 6g，桃仁 6g，三七粉 3g（吞），蒲公英 30g，败酱草 30g，红藤 15g，黄芩 9g，黄连 3g，吴茱萸 1g，姜半夏9g，知母 9g，延胡索 30g，川朴 9g，枳壳 9g。7剂，水煎服，日 1 剂。并嘱其每日服用潘立苏胶囊 1 粒。

按 此病例为出血不尽，未完全排出体外，血结成瘀。血瘀体内，郁而生热，故除疼痛外，尚有发热。所幸瘀血时日不长，瘀去则痛自止，热自除。生军一药既有清热解毒之效又有祛瘀生新之功，为潘教授常用药。此外，加服潘立苏，以控制胃酸，加速创面恢复。

4. 血蓄而瘀

临床表现：此为血蓄于肝脾，积于胁腹，瘀久不去，逐渐增大，盘踞于腹中，停积于两胁。可见腹大坚满，脉络怒张，胁腹攻痛，面色黧黑，头颈胸臂血丝赤缕，手掌赤痕，唇色紫褐，便黑。舌质紫红或有瘀斑，脉细涩。

治法方药：散血化瘀。此法运用于治疗瘀血阻滞，日久不愈之癥积等血瘀重症。代表方为鳖甲煎丸加味。潘教授常以鳖甲、地鳖虫、甲片、三棱、莪术、鸡内金等行瘀散结，配以当归、降香、苏木、红花、马鞭草、延胡索、失笑散等活血行瘀。针对病情或行气，或补虚，或泄水，疗效显著。

案例 患者，男，58岁，2006年12月3日初诊。

主诉：右胁胀滞而痛半年。患者近半年来无明显诱因下觉右胁胀闷伴疼痛，伴肢体轻微瘙痒，尿色微黄。体型偏胖，巩膜黄染，肝触之有压痛，面色晦暗，舌质黯，有瘀点，苔厚腻，脉弦而坚涩。胆固醇（7.3mmol/L）、三酰甘油（2.4mmol/L）、低密度脂蛋白（3.8mmol/L）、丙氨酸转氨酶（ALT）（185U/L），天冬氨酸转氨酶[（AST）124U/L]及总胆红素、直接胆红素均升高。B超及CT示：脂肪肝。肝炎全套（-）。

西医诊断：脂肪性肝炎。

中医诊断：胁痛，血脉瘀阻型。

治法：消瘀散结，理气行滞。

处方：鸡内金9g，莱菔子30g，泽泻30g，垂盆草30g，茵陈15g，虎杖根30g，小青皮12g，川朴12g，枳壳12g，蒲公英15g，焦山栀12g。14剂，水煎服日1剂。

二诊，右胁胀闷及疼痛好转，尿色转清，肢体瘙痒缓解，胃纳转佳。血生化示肝酶谱明显好转，总胆红素及直接胆红素指标均下降好转，舌苔亦转净。效不更方，再进原方14剂，并予院内制剂调脂积冲剂长服。

按 肝主藏血，瘀血阻滞肝内，日久则成蓄血之证。此病例为蓄血之轻症，已出现肝内血脉瘀阻之状。若不及时治疗，可转化为肝硬化。潘教授认为，中医对肝脏的生理认识可概括为"其体为血，其用为气"，"宜调达，忌抑郁"。故以疏肝理气、活血化瘀为治疗肝病的常法。且不拘早晚，均可使用活血行气之法，因肝为多气多血之脏，理气活血药的使用对改善肝血液循环很有好处。

5. 寒凝致瘀

临床表现：可见局部或周身疼痛，固定不移，或皮肤紫黯不泽，四肢逆冷，痛得温稍减，舌质紫黯，脉沉涩等症。并可同时见到肢体麻木疲软，皮肤不泽，手足清冷，心腹怕寒，腹有块痛，得热则止，女子月事后期而痛等血寒之症。

治法方药：温经散寒活血。《灵枢·调经论》云："血气者，喜温而恶

寒，寒则泣而不流，温则消而去之"。对感受外寒而凝结瘀滞之病症均适宜适用温阳活血法。代表方为当归四逆汤。潘教授常用桂枝、附子、干姜、吴萸等温经散寒，延胡索等利气散瘀、消肿定痛，失笑散等活血行血、散结止痛，当归、川芎等活血行气散滞。诸药相和共奏温经散寒、活血祛瘀之效。

案例 邢某，男，86岁。2008年1月来我科室住院。

主诉：双下肢关节疼痛，屈伸不利10余年。患者双下肢潮湿，怕冷，不能自行行走。双足背麻木疼痛，触觉减退，皮色暗紫。口唇、舌黯，苔白腻。脉细濡。辅助检查：风湿类全套（-），双下肢动脉B超：动脉多处斑块形成，局部管腔狭窄。

西医诊断：下肢动脉狭窄。

中医诊断：痹症，寒湿痹。治法：温化寒湿，活血通络。

处方：桂枝9g，附子6g，独活12g，木瓜12g，丝瓜络15g，络石藤15g，桑寄生12g，生米仁30g，猪苓15g，留行子9g，川芎12g，桃仁6g，延胡索20g，川朴12g，蕲蛇3g，蜈蚣3g，全蝎3g。水煎服，日1剂。并配合使用活血化瘀的中药针剂静滴，院内中药熏蒸及气压治疗，效果卓著。连续治疗3个月后，不仅症状减轻，更能自行下床行走。

按 此病虽诊断为痹症，但同时存在有血管狭窄、轻度闭塞等情况，双足背皮色亦变黯。若不及时治疗，寒凝血瘀日久，最终必将堵塞血脉，成为脱疽重症。潘老师认为，此类病人应先排除其他原因引起的疾病，如类风湿关节炎等。在口服汤剂治疗时，可以充分运用现代医疗手段，采取更快速起效的中药针剂和更直达病所的局部中药熏蒸。辅助以促进下肢血液循环的气压治疗，取得更好的疗效。

6. 热盛血瘀

临床表现：身热夜甚，或潮热、口渴、面赤、心烦、失眠、躁扰不宁，皮肤发斑，颜色紫暗，或有吐衄，出血色深红，身热神昏，甚者狂乱、谵语。大便色黑，小便黄赤。舌质红绛或紫黯，脉细数。

治法方药：凉血活血。此法为清热凉血药与活血化瘀药相配伍的复合化瘀法。用于治疗外感热病，热入血分，瘀热互结证。代表方为清营汤。潘教授临证以水牛角、生地、丹皮、赤芍、白茅根、紫草等凉血活血；并认为瘀热互结，必有热毒，常配以大青叶、连翘、虎杖根、大黄、鱼腥草、败酱草等清热解毒药品，使之起效更快。

案例 张某，男，78岁。2007年7月11日首诊。

主诉：胰腺癌术后3个月。

患者于3个月前行胰腺癌手术，术后未接受化疗，希望服中药保守治疗。患者腹部仍有压痛，固定不移。面色稍红，口苦口干，舌红有瘀点，舌下络脉曲张。脉细数。小便黄赤，大便干结。

西医诊断：胰腺癌术后。

中医诊断：腹痛，瘀热互结型。

治法：清热解毒，活血化瘀。

处方：败酱草30g，红藤15g，蒲公英30g，苦参12g，蛇舌草15g，藤梨根15g，浙贝15g，生军9g，川芎12g，郁金12g，留行子9g，莪术9g，桃仁6g，川朴12g，枳壳12g，延胡索18g，决明子30g，瓜蒌仁30g。7剂，水煎服日1剂。并服用抗肿瘤中成药参莲胶囊。

二诊：患者腹部压痛减轻，自感精神状态良好，大便通畅。予原方去川朴、决明子，加生地12g，再服7剂。患者一直坚持治疗至今，身体状况良好。

按 对于肿瘤，中医认为乃毒邪留滞于体内，致使气血运行不畅，生瘀、生浊。最终毒、血、浊、瘀胶结成块，发为肿瘤。故潘老师治疗常从"清热、解毒、行气、化瘀"着手，并根据现代中药药理研究，选取一些抗肿瘤的药物，如白英、山海螺、鲜芦根、蛇舌草等。在毒瘀形成之前即使用活血化瘀法，使毒瘀无从结结，故疗效良好。

7. 气虚渐瘀

临床表现：此症是气虚运血无力，血行瘀滞而表现的症候，常由病久气虚而起。临证可兼见气虚与血瘀的面色淡白或晦滞，身倦乏力，气少懒言，气短心悸，头晕眼花，胸中隐痛，食少无力。疼痛如刺，常见于胸胁，痛处不移，拒按，或腹部胀满作痛，或有积块，或肢体偏瘫。舌淡黯或有紫斑，脉细缓而涩两种证候。

治法方药：补气活血，亦称益气活血法，此法立法原则为气为血之帅，气行则血行，气虚则血滞。以补气药为主，活血药为辅的治疗方法。代表方为补阳还五汤。潘教授临证多以黄芪、生晒参、党参补气，并重用生芪，以消除病源，增强行血之动力，促进瘀血消散。辅以当归、川芎、桃仁、红花等活血药，使已瘀之血得化，已滞之血得行。两者相和则气足而鼓动有力，瘀消而血行通常。

案例 陆某，男，77岁。2008年2月13日初诊。

主诉：右臂麻木3年。患者3年来持续感右前臂轻微麻木，感觉减退，有

如戴手套之感，肢体活动尚无障碍。患者体型偏胖，面色黧淡，自述常感精神倦怠，胃纳不佳。有高血压史，血压为150/85mmHg。大便稀，一日常2、3次，量不多。舌体胖，有齿痕，舌苔白腻，脉细涩。辅助检查：头颅磁共振：大脑两侧半球多处微小梗死灶，脑萎缩。

西医诊断：脑梗死。

中医诊断：中风，中经络。

治法：益气活血，祛瘀通络。

处方：生黄芪30g，炒白术12g，茯苓12g，炒豆衣9g，陈皮9g，白豆蔻9g，淮山药12g，生米仁30g，姜半夏12g，石菖蒲12g，钩藤30g，川芎12g，桃仁9g，红花9g，当归12g，蜈蚣3g。14剂，水煎服，日1剂。并嘱口服活血化瘀成药脉血康以增强疗效。

按 此类病人多在夜间睡眠时或安静休息时发作，且症状常进行性加重，严重者可出现昏迷。本例为气虚生痰、生瘀的典型病例，其标在痰浊、瘀血闭阻脑络，其本在气虚脾弱。发病日短，症状不甚严重，故在健脾化湿的基础上，加以化痰、活血，攻补并用，标本兼治，取得了较好的效果。

8. 血虚成瘀

临床表现：此型为营血亏虚，脉道涩涩，血行不利，日久成瘀。证见面色苍白、唇色爪甲色黧、无华、头晕目眩、肢体麻木、筋脉拘挛、心悸怔忡、失眠多梦、皮肤干燥、甚则肌肤甲错，头发枯焦，低热，夜间为甚。舌淡黧，或有瘀点，脉细涩。

治法方药：养血活血。此法意在补血和血，使营血充盈，则脉道流利，血行通畅。代表方为四物汤。潘老师在使用当归、赤芍、熟地、川芎等养血活血药的同时，必当佐以补气药。《删补名医方论》云："四物汤不得补气药，不能成阳生阴长之功。"《石室秘录·论气血》中也说："气无形也，血有形也，人知治血必须理气，使无形生有形。"当知气血同源，补血必先补气，使无形生有形。

案例 姜某，男。2008年8月5日初诊。

主诉：精神疲惫，注意力不集中2周。患者素来身体健康，近2周倍感疲劳，注意力不能集中，常感口干，欲饮水，偶有心慌胸闷感。大小便正常。面色稍灰暗，口唇舌色稍紫，舌下瘀经显露。苔少，脉涩。辅助检查：查生化、OGTT、心电图、冠状动脉CT等皆无异常发现，唯血黏度偏高。多次详细追问病史发现，患者发病前有数次桑拿，出汗过多史。

西医诊断：高黏血症。

中医诊断：瘀证，血不足。

治法：补血养阴，活血化瘀。

处方：生黄芪15g，当归12g，川芎9g，生地12g，郁金12g，红花6g，赤芍9g，知母9g，沙参12g，玉竹12g，五味子12g，鲜芦根30g，太子参12g，枳壳9g，鸡内金6g。7剂，水煎服，日1剂。并予静脉滴注活血化瘀成药针剂。经治疗半个月后，症状消失。

按 本病是因热天过汗，伤津耗气而成。津血同源，可以互相转化，伤津即是伤血；且大热伤气，气不能生血，则血虚更甚。这一系列症状都可用血虚血瘀解释。另外，此例体现出详悉病史的重要性。潘教授从医首先推从"寻因探源，治病求本"的思想，认为只有明确病因，抓住病机，才能有的放矢，使治疗获得最好的疗效。

9. 阴虚生瘀

临床表现：此症为阴液不足，血脉涸涩，脉道失于濡养，无以载血，血行涩滞而致瘀。临证常可见灼痛、刺痛，夜间尤甚。体倦神疲，五心烦热。大便干涩，口干口苦，神烦气粗，思饮欲冷。体质虚衰、心悸气短、头晕眼花、两目干涩，目赤畏光，精神状态差。面色黯青无华，两颧微赤，黑色素沉着，黄褐斑滋生。舌红无苔，有紫斑片片。脉弦细数等证。

治法方药：养阴活血。阴液有濡润血脉、脏腑之功能，阴液充足是保证脉道滑利、血流畅行的重要条件。另外，阴津为血液的重要组成部分。《读医随笔》云："血犹舟也，津液者水也。"代表方为通幽汤。潘老师临证以选取滋而不腻、滋而能通的养阴药物，如肝阴虚用生地、山药、女贞子、桑椹子；心阴虚用生地、玉竹、女贞子、枣仁；肺阴虚用百合、沙参、麦冬；胃阴虚用石斛、沙参、麦冬；肾阴虚用枸杞、女贞子、生地等为主药。配以桃仁、红花、当归、芍药等辅以活血，使得阴液得补，血行无阻。

案例 冯某，女，78岁。2008年9月19日就诊。

主诉：反复口干、多饮、消瘦3年，盗汗3天。患者于3年前无明显诱因下出现口干、多饮，体重下降10kg，于外院诊为2型糖尿病，予口服格列齐特、二甲双胍控制血糖。后症状略有缓解，但仍时有口干、多饮。3天前出现盗汗，现口干，多饮，心烦，倦怠乏力，口唇舌色黯，少苔，舌下络脉青紫，脉弦细。辅助检查：糖化血红蛋白为7.0%，空腹血糖为7.32mmol/L。

西医诊断：2型糖尿病。

中医诊断：消渴，阴虚夹瘀型。

治则：益气养阴，活血化瘀。

处方：党参12g，麦冬15g，五味子9g，生地黄15g，淮山药15g，黄连6g，天花粉15g，玄参12g，枸杞子12g，川芎9g，黄芪12g，葛根30g，赤芍12g，郁金12g，玉米须30g。7剂，水煎服，日1剂。并嘱继续服用格列齐特。

二诊：患者诸症减轻，续予原方再进7剂以巩固疗效。

按 消渴之症，无论早期、晚期，或是虚实错杂，阴虚是贯穿于病程整个始终的。消渴可分为三消，上消多饮，为肺阴虚；中消多食，为胃阴虚；下消多溲，为肾阴虚。人体之内的津、精、液、血都属阴，并可互相转化，阴虚则津血枯涸成瘀。另，"养阴降糖片"为潘教授总结继承杨老经验所制治疗糖尿病的经验方，此方除有养阴清热、活血化瘀的功效外，尚能益气健脾。益气之品在此的功效有二：其一，气能生津，气能生血；其二，气能行血，改善血瘀症状。

10. 阳虚血瘀

临床表现：此为阳虚无力推动血液运行，内寒血液凝滞而致瘀。可见畏寒怕冷，四肢不温，刺痛不移，拒按，毛发枯黄脱落，面色苍白或有黯斑，眼睑下发青发黯，大便溏薄，小便清长。精神不振，舌淡或黯而胖，或有齿痕，或有瘀点，脉象沉细涩。

治法方药：温阳活血。人体一切机能活动都有赖于机体阳气的温养作用，《景岳全书》云："万物之生由乎阳，万物之死亦由乎阳。人之生长壮老，皆由阳气为之主：精血津液之生成，皆由阳气为之化。"年老体衰，阳气温化不足，则气血无以生，气血无以行。此法用于阳气不足，阴寒内盛，气血亏失之血瘀者。代表方为金匮温经汤。此型在老年病人中尤其多见，潘教授认为，肾阳为一身阳气之本，老年人阳气虚衰，以补肾阳虚为要，故在使用肉桂、干姜、附子等温阳药和当归、川芎、赤芍、红花等活血药的基础上，同时配以仙茅、淫羊藿、苁蓉等温肾阳之品。使命门之火得补，气血生化运行无碍。

案例 章某，男，66岁。2008年1月29日初诊。

主诉：反复晕厥20余年。患者自20余年前过度疲劳晕厥1次，之后每3、4年发作1次。至今发作日渐频繁，近1年来晕厥2次，最近一次发作时间为2007年12月25日。晕厥为短暂性，每次发作十几秒至半分钟不等，发作时意识尚存，感觉全无，而致伏扑倒地，但从无损伤，回复后无任何后遗症。来诊前已做过全面检查，除血压偏低（95/50mmHg），窦性心律过缓（52次/分），其余心脏、血管、理化等检查均无异常。患者形体偏瘦，脱发严重，牙齿竟已全部脱落，形寒怕冷，四肢不温。胃纳尚可，大便溏，每日晨必有泄泻。面色黯，口唇紫，舌边有瘀点，苔厚白，脉沉细涩。

西医诊断：短暂性脑缺血发作。

中医诊断：厥证，辨为阳虚血瘀。

治法：温阳补肾，活血化瘀。

处方：淡附子6g，淫羊藿12g，巴戟天12g，苁蓉12g，桑寄生12g，肉豆蔻6g，苦参12g，五味子12g，生黄芪15g，太子参12g，川芎9g，当归12g，留行子9g，红花9g，丹参12g，川朴9g，枳壳9g。7剂，水煎服，日1剂。并予口服成药河车大造丸，加强补肾，鼓舞气血之效。

二诊：患者诉精神较前大有好转，大便亦成形，晨起泄泻已愈。血压为115/70mmHg，心率64次/分。药已对证，效不更方。再服7剂以观后效。随访至今，晕厥未发，自我感觉良好。

按 潘教授认为：其有瘀者，必有气血不通也。有瘀的存在，必定会阻碍气血的运行，短暂性的晕厥就是由于气血不能上行而引起的大脑间歇性缺血造成的。再者，本例病人舌苔白厚，似有脾虚之像，潘教授说，审证要辨别真伪。正常人的薄白苔是由牙齿对舌面有一定的刮擦作用而形成的，此患者牙齿已脱落殆尽，舌苔厚白亦属正常，且胃纳尚可，故不是脾虚。

第三节　辨病辨质　巧用膏方

一、对女性病人辨体质运用膏方

膏方是一种将中药反复煎煮，去渣浓缩后加胶质、糖、酒等制成的半流体制剂。膏方多量身定做，充分体现了辨证施治和因人、因时制宜的个体化治疗原则。服用膏方的人群中又以女性居多，不仅因为女性对保养调理的重视程度高于男性，更因女性与男性相比，多虚多郁多瘀，更适合服用膏方。潘智敏教授临床辨证用药多有特色，注重患者的个体差异，现就其临床根据平和、阳虚、阴虚、瘀血、气郁、痰湿这几种常见体质使用膏方的经验简述如下。

（一）性别与体质相关

女性在生理和心理上与男性具有明显差异。张仲景的《金匮要略》有

浙江中医临床名家·潘智敏

妇人病专论，除妊娠、产后诸病与情志关系极为密切外，杂病中脏躁、咽中如有炙脔（梅核气）等均为妇人多有的情志病，而百合、狐惑等亦多见于妇人。王焘的《外台秘要》、严用和的《济生方》、虞抟的《医学正传》等都较多地描述了妇女多情绪障碍的心理特点。《济生方》指出："若是四时节气，喜怒忧思，饮食房劳为患者，（妇女）悉分丈夫同也……又况慈恋、爱憎、嫉妒、忧恚。女子多虚弱、偏颇、失调体质，与男子相比，尤以精血不足等虚弱体质为多见。"

（二）妇女体质特点

按照王琦教授的中医体质类型划分，常见的体质类型主要有平和质、气虚质、阳虚质、阴虚质、痰湿质、湿热质、瘀血质、气郁质、特禀质9种。有研究发现，女性体质分布前5位分别为阳虚质、气虚兼气郁质、气虚质、阳虚兼气郁质及气虚兼痰湿质。

（三）临床经验

潘智敏教授根据女性患者较多见阳虚、气虚、气郁、痰湿、瘀血、阴虚体质，而组方遣药结合妇科疾病特点，调补同时注重疏肝解郁，充分体现中医因人制宜的辨证思想。

1. 阳虚质

江某，女，45岁，平素多畏冷肢寒，易困乏，月经迟，量少，色淡，经行腹痛，口干，多痰，舌淡苔胖有齿痕，脉软迟。

治则：温阳健脾益肾。

拟方：合欢皮120g，远志、津柴胡各60g，小青皮90g，留行子120g，米仁300g，大枣250g，茯苓120g，炒扁豆衣90g，白术、党参各60g，天麻、制半夏各90g，熟地、萸肉、山药各60g，川朴、枳壳各90g，萝卜子150g，黄芪90g，当归、仙淫羊藿、菟丝子、枸杞各60g，褚实子90g，鸡血藤120g，生晒参、淮小麦各100g，夜交藤150g，制首乌60g，泽兰、红景天各90g，甲片20g，灵芝90g，芝麻100g，核桃仁120g，阿胶250g，龟甲胶120g，鳖甲胶、鹿角胶各60g，冰糖250g，黄酒250g。

2. 气虚质

金某，女，28岁，既往心肌炎病史，近年来睡眠差，多梦，易惊，易感冒，易疲劳，动则易汗出，平素懒言，语声低，时有消化不良、胃下垂感，经行量少、腹痛，舌红苔薄有齿痕，脉迟缓。

治则：益气养血，健脾补中。拟方：太子参、麦冬、五味子、黄芪、当归各60g，川芎、降香各90g，炒枣仁120g，柏子仁、夜交藤各150g，苦参60g，炒扁豆衣90g，炒米仁300g，元胡、茯苓、红枣各200g，白芍120g，熟地、萸肉、山药各60g，徐长卿120g，老观草150g，果肉、苁蓉各60g，地骨皮150g，广木香90g，吴茱萸10g，留行子、莪术各90g，白术30g，枸杞子、褚实子各60g，萝卜子150g，川朴、枳壳各60g，甲片20g，阿胶250g，龟甲胶125g，黄明胶125g，冰糖250g，黄酒250g。

3. 气郁质

谭某，女，38岁，近几个月睡眠差，不得眠，易惊多疑，时有嗳气呃逆，经行时乳房胀痛，食欲较差，痰多，大便偏干，舌淡红，苔薄白，脉弦细。

治则：疏肝解郁，条达安神。

拟方：夜交藤、炒枣仁、淮小麦、柏子仁各300g，紫贝齿、青龙齿各150g，百合60g，红枣200g，茯苓120g，米仁300g，黄芪、制首乌各60g，鸡血藤、川芎、灵芝、山药各90g，熟地、当归、远志、川断、牛膝、萸肉、枸杞各60g，合欢皮120g，黄连30g，蒲公英300g，银花炭90g，乌元参、麦冬、天冬、女贞子、知母、生晒参各60g，甲片20g，核桃仁100g，阿胶250g，龟甲胶125g，鳖甲胶100g，鹿角胶20g，冰糖250g，黄酒250g，芝麻100g。

4. 痰湿质

申某，女，74岁，既往子宫肌瘤病史，体型肥胖，易虚汗，汗多且粘，时有咳嗽胸闷，痰黏，口感甜腻，喜食肥甘甜黏，大便正常或不实，舌体胖大，舌苔白腻，脉滑。

治则：健脾理气，化痰利湿。

拟方：天麻、制半夏各120g，苍术100g，泽泻、山楂炭各300g，黄连60g，广木香90g，川芎、降香各120g，葛根、蒲公英各300g，川朴、枳壳各120g，萝卜子300g，虎杖根150g，远志100g，佩兰150g，合欢皮、留行子、莪术各120g，败酱草300g，老观草150g，鸡内金120g，炒稻芽300g，鸡血藤120g，肉果90g，炒扁豆衣100g，元胡300g，黄芪、当归各60g，前胡、桔梗120g，茯苓、地骨皮300g，牙皂、制胆星、白薇各90g，黄明胶、阿胶各125g，鹿角胶30g，黄酒、冰糖各250g，核桃仁120g，大枣250g。

5. 瘀血质

万某，女，45岁，10年前曾行脑外伤术，近年来时有腰酸，经行腹痛剧烈，有瘀块，面部皮肤多色斑，胃肠功能不佳，口唇暗淡，舌质黯，舌下瘀筋，脉细涩。

治则：理气化瘀，调脾养心。

拟方：莪术、三棱各90g，虎杖根150g，郁金120g，赤芍、桃仁各90g，红花、地龙各60g，天麻、白术各90g，茯苓120g，制半夏、川朴、枳壳各60g，萝卜子150g，广木香90g，川芎120g，泽泻、葛根各300g，鸡血藤120g，当归、枸杞各90g，黄芪、川断、熟地、萸肉、山药各60g，米仁300g，大枣250g，生晒参、苁蓉、制首乌各60g，玫瑰花、扁豆衣各90g，补骨脂、生姜各60g，甲片20g，佛手60g，灵芝、楮实子各90g，芝麻100g，核桃仁120g，阿胶250g，龟甲胶125g，鳖甲胶60g，鹿角胶20g，冰糖250g，黄酒250g。

6. 阴虚质

屠某，女，26岁，近来月经不调，经行腹痛，夜眠差，长痘，手足心热，易口燥咽干，喜冷饮，大便干燥秘结，舌红少津少苔，脉细数。

治则：滋阴清热，调肝补肾。

拟方：西洋参、珠儿参各30g，石斛60g，黄连30g，黄芩60g，蒲公英、紫花地丁各300g，金银花150g，玄参、连翘、白菊花各90g，炒枣仁120g，柏子仁、夜交藤各300g，生地90g，天冬、女贞子、熟地、萸肉、山药各60g，泽兰90g，益母草150g，留行子、郁金、月季花各90g，地骨皮、地肤子各300g，苦参、黄芪、当归各60g，米仁、土茯苓各300g，徐长卿120g，莪术、丹皮各60g，萝卜子150g，川朴、枳壳、百合、鸡血藤各60g，芝麻100g，核桃仁120g，阿胶、黄酒各250g，龟甲胶125g，冰糖250g。

（四）注意事项

女性在怀孕、经期时，应注意停服。服膏方期间，不宜饮浓茶、浓咖啡，不宜服辛辣刺激性食物，忌食生萝卜。患有感冒、咳嗽、发热、胃痛、腹泻时可暂停服用，以免闭门留寇。

二、潘智敏运用膏方调治老年病的经验

膏是中医药学五大主要剂型之一。膏，《说文解字》曰："肥也"，

指心膈间的脂肪，因膏为脂肪可以滋润，故《正韵》、《博雅》释义为"润泽"。膏方又称膏滋，煎膏，通常是医生在中医整体观念，辨证论治原则的指导下，根据病人的体质因素，疾病性质，按照君、臣、佐、使原则，选择单味中药或多味中药配伍组成方剂，并将方中的中药饮片经多次煎煮，滤汁去渣，加热浓缩，再加入某些辅料，如冰糖或蜂蜜以及阿胶或其他胶类等收膏而制成的一种比较稠厚的半流质或半固体的制剂。近代名医秦伯未先生在《膏方大全》中指出："膏方者，盖煎熬药汁成脂液，而所以营养五脏六腑之枯燥虚弱者也，故俗称膏滋药。""膏方非单纯补剂，乃包含纠偏却病之义"此为对膏方含义的恰当诠释。潘教授应用膏方调治老年病的经验整理如下。

（一）补治结合，虚瘀并理

历史上，膏方是富贵人家独享的高级补品，中华人民共和国成立后曾一度沉寂。近十几年来，由于人民生活水平的提高，健康意识逐步增强，每年初冬在江、浙、沪三省市请中医专家定制膏方，以养生健体、防病治病的人日益增多，但有一些人缺乏对膏方基本功能的正确认识，盲目追求滋补，而一些医师为迎合患者喜补的心理更是一味地投以补药，一开膏方必有野山参、冬虫夏草、鹿茸等名贵药材。潘教授认为，从膏方的历史来看，在古代其制定的确是以"补"为主，在体虚而无邪实的情况下以补为主无可非议，而在邪盛正不太虚的情况下则应侧重予祛邪，使邪去则正自复，以达到"不补之中有真补存焉"的目的，"补"不是补益药物的简单堆砌，而是通过调节患者体内机能，纠偏以却病，帮助纠正失调的功能以重建阴平阳秘的状态。所以，凡能产生纠偏却病，调整人体机能而重建生理稳态作用即是"补"。古典医籍有"年四十而阴气自半，起居衰矣"，"人年五十以上，阳气日衰，损与日增，心力渐退"，老年人大多呈现出正气渐衰，虚实夹杂，身兼数病的特点。潘教授认为，老年人随着年龄的增长，受体内外各种因素的影响，常形成各种瘀血，或气滞血瘀，或血滞为瘀，或血结留瘀，或血蓄而瘀，或寒凝致瘀，或热盛现瘀，或气虚渐瘀，或血虚成瘀，或阴虚生瘀，或阳虚血瘀。常见的老年病如高血压病、糖尿病、高脂血症、冠心病、前列腺增生症、老年痴呆、脑中风等，其病因和症状虽不一，但病理机制却无不与瘀血有关，因此，在开膏方时既要考虑到老年人体虚，更要顾及其身兼数病及多瘀血的特点，使补中有治，治中有补，补治结合，虚瘀并理。

（二）调畅气血，以平为期

气血是构成人体和维持人体生命活动的基本物质，也是脏腑身形生理活动的物质基础，是人体赖以生存的根本。气属阳、主动、主温煦；血属阴、主静、主濡润，这是气与血在属性和生理功能上的区别，两者都源于脾胃化生的水谷精微和肾中精气，在生成、输布等方面关系密切。故气与血不可须臾相离，乃阴阳互根，自然之理也。一方面人体各脏腑经络等组织器官的生理活动，血液的生成与运行，人体体温的恒定等，都有赖于气的推动与温煦作用，另一方面血具有营养和滋润全身的作用，如四肢百骸、五脏六腑、毛发皮肤、肌肉筋骨均需血来濡养，气与血生理功能正常，则人体无病，如气与血失却其正常的生理功能则可导致各种疾病。《素问·调经论》曰："人之所有者，血与气耳""气血未并，五脏安定"，若"血气不和"则"百病变化而生"，《丹溪心法》曰："气血冲和，万病不生，一有怫郁，诸病生焉。"表明气血不和是导致阴阳失调，产生疾病的主要原因，因此潘教授在开膏方时常利用调气活血的方法，疏通气血，调节气机升降，平衡气血阴阳，以即中医所谓"疏其气血，令其调畅，而至和平"。

（三）固本培元，重视脾肾

五脏之中，脾为后天之本，生化之源，肾为先天之本，性命之根，脾肾两脏是推动人体生命活动的关键。五脏之病，只要脾肾不伤，虽重不险，脾肾一败，则病转深重。疾病好转常常首先是脾肾功能好转，病有轻转重，也往往首先表现在脾肾受损，因此，观察脾肾盛衰程度，是判断五脏病变轻重以及人体衰老程度的主要标志。脾胃为仓廪之官，气血生化之源，人体生命活动的延续都有赖于脾胃运化的水谷精微，《素问·平人气象论》曰："人以水谷为本，故人绝水谷则死，"，《中藏经》曰："胃者，人之根本，胃气壮，五脏六腑皆壮也……胃气绝，五日死。"《医宗必读》曰："有胃气则生，无胃气则死。"因此潘教授在临证中处处以顾护胃气为先，潘教授认为，治脾胃者，当补其虚、除其湿、行其滞、调其气，处方常用茯苓、山药、米仁、炒扁豆衣等补脾之药。肾为先天之本，主藏精，肾精所化生的肾气是促进机体生长、发育、生殖及调节人体代谢和生理功能活动的基本物质，历代医家都重视肾气在抗衰老中的作用，故潘教授对肾虚者，根据"形不足者，温之以气；精不足者，补之以味"，常选用鹿角胶、肉苁蓉、巴戟天、淫羊藿等以补肾阳，鳖甲胶、龟板胶、枸杞子、女贞子、旱莲草等以滋肾阴。

（四）动药静药，相兼并施

膏方内多含补益气血阴阳的药物，并且多以阿胶、龟板胶、鹿角胶等胶质收膏，其性黏腻难化，若纯补峻补，每每会妨气碍血，反受其害，故配方用药必须动静结合，至关重要。静药是指滋补阴精、津液和血等有形物质的一类药物；动药是指以推动气血津液、活跃机体功能的一类药物，故潘教授在膏方中多将补血药与活血、调气、消导之品相配伍，动静结合，使补而不滞，既能消除补药黏腻之弊，又可充分发挥其补益之功，有一举两得之妙。潘教授辨证选用"动药"，例如用决明子、瓜蒌仁通腑排毒，降低血脂；川芎、葛根活血化瘀，净化血液；川朴、枳壳、广木香、降香等理气导滞。

（五）医案举隅

案例一 王某，女，60岁，膏方门诊：2009年12月13日。

患者有冠心病、高血压病及糖尿病病史，际于冬令时分，欲予调补养身，诊查：疲劳后有心悸胸闷，寐况不佳，工作紧张时尤甚，血压偏高，为160/95mmHg，控制饮食血糖基本正常，全身皮肤瘙痒，遇热痒甚，大便干结，数日一行，舌质红，苔薄白，脉细弦。

辨证为气阴不足，心失所养，阴虚内热，阴血暗耗，血脉瘀阻，不能上荣诸窍。

中医诊断：心悸，眩晕。西医诊断：冠心病，高血压病，糖尿病。

治则：益气养阴，活血宁神，滋肾养肝。

处方：党参300g，黄芪300g，生地200g，萸肉100g，制黄精150g，枸杞子120g，郁金150g，制首乌200g，炒枣仁150g，丹参250g，川芎150g，桑寄生150g，决明子150g，白菊花150g，泽泻150g，炒枳壳120g，生楂肉120g，炒陈皮100g，炒杜仲150g，炒牛膝150g，大枣150g，龟板胶200g，木糖醇250g，收膏入。

按 本例气虚不足，心失所养，肝肾阴虚，阴损及阳，故以大剂参、芪及丹参、郁金、川芎、牛膝等益气活血，与龟板胶、杞菊地黄等滋肾养肝为伍，并选寄生、杜仲既补肾阴肾阳，又具降压之功，兼以决明子、炒枣仁等清肝宁神。此膏方综合病人素体因素及病变涉及脏腑部位而辨证选方用药，配伍严谨，剂量多寡均经细酌。

案例二 徐某，男，71岁。2015年12月因"反复腹痛、腹泻7年余"前

来就诊。

患者7年前无明显诱因下出现腹痛、腹泻，腹痛为脐周绞痛，伴里急后重，大便不成形，日5～6次，当时无发热，无黏液脓血便等其他症状。曾至当地医院就诊，查结肠镜示：溃疡性结肠炎。予口服"柳氮磺吡啶"，后出现过敏反应，遂自行停药。7年来腹痛、腹泻反复发作，每于受凉后发作，偶伴有黏液脓血便，时常服用中药汤剂（具体不详），服药后好转，停药后又发。前来膏方门诊就诊，当时腹痛不剧，大便每日3～4次，不成形，无里急后重，伴腰酸、夜尿多，口干，皮肤瘙痒，舌质红、苔薄黄根薄腻，脉弦细。

西医诊断为：溃疡性结肠炎。

中医诊断：湿热痢。

辨证：湿蕴肠胃，日久损伤气血致气阴两虚，脾肾不足。

膏方处方：马齿苋、藤梨根、红藤、地锦草、老鹳草、芡实、煅牡蛎、煅龙骨、金银花、连翘、蒲公英、土茯苓、龟甲胶各150g，金樱子、柴胡、郁金、浙贝、制何首乌、熟地、凌霄花各60g，砂仁、黄连、黄柏、灵芝孢子粉、白及、肉豆蔻、菟丝子30g，鸡血藤、绞股蓝、钩藤、香茶菜、黄明胶、阿胶、薏苡仁、山药、地肤子、徐长卿、胡桃肉、黑芝麻各100g，山茱萸90g，黄芩50g，鲜石斛200g，鳖甲胶125g，西洋参20g，冰糖500g，麦芽糖300g，黄酒1料。上药先每日1勺，冲水服用，如无特殊反应，1周后每日2勺，共服用约2个月。遇感冒、发热、腹泻时停服，忌食刺激性食物。

2016年11月患者又继续来服用膏方，诉去年服用膏方后，大便已基本正常，夜尿频多等症也已好转，偶有腰酸口干，目昏，心烦多梦。查舌尖红、苔薄黄。脉弦细。证属气阴两虚，心肝火旺。原方出入：马齿苋、紫贝齿各200g，败酱草、红藤、连翘、蒲公英、地肤子、麦芽糖、龙齿各300g，地锦草、金银花各150g，桑叶、青蒿、山茱萸、决明子各90g，菊花、薄荷、制何首乌、熟地、凌霄花、密蒙花、谷精草、齿瓣石斛、合欢花各60g，薏苡仁、山药、黄明胶、胡桃肉、黑芝麻各100g，阿胶、鳖甲胶、龟甲胶各125g，西洋参20g，灵芝孢子粉30g，冰糖500g，黄酒1料。

按 溃疡性结肠炎归属于"腹痛""泄泻""痢疾"。多由大肠湿热引起。然久病必虚，久泄伤津，需缓慢而持久地补虚养阴，而膏方起效缓慢、持久的特征正符合了溃疡性结肠炎非急性发作期的调治需求，其难点在于如何协调膏方中一些滋腻部分对气机壅滞的影响，又不犯"虚虚实实"的错误，做到补而不滞、滋而不腻。潘智敏教授认为，本案患者老年男性，有溃疡性结肠炎7年病史，虽就诊时并无里急后重、黏液脓血便等症，但其舌苔根腻、脉弦细，属于胃肠湿热，而久病必虚，久泄伤及脾肾，患者也已出现腰酸、夜尿多等症，属虚实夹杂，单纯补虚用大剂量的参、芪恐其壅中，患者体型消瘦，用药宜轻，如"小舟不能载重量"。纵观全方，补虚类药如西洋参、熟地、山茱萸、制何首乌、菟丝子等都只用十几克，米仁、山药等健脾之品清灵不滋腻，则用量稍大，连用清热解毒药7味，剂量较大，犹如一帚扫尽尘垢。患者服用膏方后，溃疡性结肠炎的症状已基本控制，湿热蕴肠也较前好转，然有热移心肝的趋势，恐是平时思虑太过所致，潘教授在首诊时已用了柴胡、郁金疏肝解郁，也是一种"治未病"的思想，在二诊时，患者已经有肝郁化火的情况，故不用柴胡、郁金，改用桑叶、菊花、薄荷、青蒿、谷精草、密蒙花、决明子、合欢花、龙齿、紫贝齿来清肝火，宁心神。值得一提的是，潘教授运用敛法治疗疑难病的思想在此案中也可见，潘教授认为在许多经久不愈的难治病症中，在清湿热的同时，加用敛法，往往起到画龙点睛的作用，疗效大大提高，似有久病多脱的现象。该案中，潘教授在大量的清热、补虚药里用肉豆蔻、白芨、山茱萸三味收敛的药，分属三种类型，苦寒、甘温、酸收并用，脾肾共调，以达整体局部并重，增强疗效，改善症状。

第四节　因变施治　肺肝同治

高血压病是一种发病机制复杂的心血管疾病，起病缓慢，持续高血压状态若得不到有效控制会累及心、脑、肾等器官损伤，同时伴随脂肪、糖代谢紊乱。潘智敏教授以"五积致病"学说及"理血求本"解释和治疗高血压，极具中医特色。又通过10余年的临床经验，根据现代高血压病的特点因时制宜，在过去"五积理论"的基础上，制定新方"畅疏达"，在临床治疗中取得很好的疗效。现将潘智敏教授"畅疏达"治疗高血压病的学术经验总结如下。

一、高血压病的中医病因病机

高血压病属于中医学"眩晕""头痛"范畴，一般认为，本病以阴虚

为本，阳亢为标，瘀血贯穿疾病始终。《素问·至真要大论》云："诸风掉眩，皆属于肝"。《类证治裁·眩晕》曰："高年肾液已衰，水不涵木……阴不吸阳，以致目昏耳鸣，震眩不定"。其病位在肝肾，病性本虚标实。虚在肝肾，实在风、火、痰、气、瘀。《高血压病中医循证临床实践指南》于2011年出版，该指南遵循循证指南的基本原则，提出证候包括肝阳上亢、阴虚阳亢、肝肾阴虚、阴阳两虚、风痰上扰、瘀血阻络六个证型。

二、"五积理论"治疗高血压

潘智敏教授认为，现代许多疾病多由痰积、食积、脂积、气积、瘀积着而不去，留结为积所致。随着经济水平的提高，许多人嗜食肥甘厚味，损及脾胃，使运化失常，水谷不化，则生食积；水湿不运，聚为痰积；精微失于输布，沉积为脂，形成脂积。痰浊阻滞有碍气机正常运转，加之工作生活压力造成的情志不遂，日久产生气积。各类病理产物聚于脉道，气机阻滞，共致血行不畅，久而久之形成瘀积。痰、食、脂、气、瘀五积，引起各类代谢性疾病，包括高脂血症、高血压病、糖尿病、高尿酸血症、肥胖病、脂肪肝、结节病、肿瘤等，这即是潘智敏教授的"五积理论"。

潘智敏教授将高血压病分为肝火亢盛型、肝阳偏亢型、痰浊瘀阻型、阴虚阳亢型、肝亢瘀热型、阴阳两虚型六个证型。潘智敏教授在过去几十年临床中发现，高血压病患者中痰浊瘀阻型占绝大多数，即五积型，症见眩晕，头重如蒙，视物旋转，胸闷恶心，呕吐痰涎，食少寐多，舌体胖大，伴见齿痕，苔白腻或黄腻，脉濡滑。潘智敏教授认为，高血压病患者以痰浊瘀阻证型居多，其原因主要与饮食结构和生活方式的改变有关。首先是饮食不节，现代很多人不按时进餐、嗜食肥甘厚味，损伤脾胃，使运化失司，水谷不化，聚食生痰脂；其次人们以车代步、久坐少动，长久以后导致周身气血不畅，脾胃气机阻滞，形成积证。

潘智敏教授开拓创新，首创"求本理血"理念治疗高血压，历经30余年临床，获国务院颁发的"国家科技进步二等奖"。又根据"五积理论"，自创"五积方"，作为五积型高血压病经验方，并投以临床使用20余年，得到了肯定的疗效，获"浙江省政府科技进步三等奖"。其方功效为消积导滞，其药物组成主要有莪术、郁金、莱菔子、山楂、半夏、过路黄、虎杖、泽泻、决明子、蔻仁、枳壳、川朴等。其中莪术、郁金为君药，消积破瘀、畅通气血，主治气积、瘀积。臣药包括莱菔子、半夏、山楂，理气消食、祛痰导积，主治食积、痰积；过路黄、泽泻通利小便、活血化瘀，主治湿积；决明子清肝利胆降脂，主治脂积。佐以川朴、蔻仁、枳壳调畅气机。全方合用，共奏消积导滞、调畅气血、调控血压之效。

三、"因时制宜"解释现代高血压病的成因

潘智敏教授认为，随着时代的发展，我们所生活的环境发生着巨大的改变，很多疾病的病因病机越来越复杂化，其论治也需因时制宜，不能与以往一概而论。潘教授在过去的几十年临床中发现，高血压患者多表现为痰浊瘀阻证型。而近十余年来，随着生活水平的不断提高，人们的健康观念已有所改善，逐渐意识到过量饮食和高脂高热量饮食对身体的危害，开始注重低盐、低脂、低量的优质均衡饮食。人们也意识到身体锻炼的重要性，也来越多的人参与到体育锻炼中。从而临床上痰浊瘀阻证型的高血压患者比例正在不断下降，而肝阳上亢证型的患者却日益增多。

现代的快生活节奏、沉重的工作负担，使人们感到焦虑压抑，压力堆积得不到释放，久而久之造成肝气郁结，肝阳亢盛。所谓"木火刑金"，肝气郁而化火，灼伤肺津，肺失肃降。加之社会发展不可避免带来一定程度的空气污染，毒素日久沉积于肺，致使肺气郁闭。潘智敏教授认为，肝、肺两经首当其冲，"肝肺同病"成为新时期高血压病的特点。

四、"畅舒达"解析

新时期高血压病症见头昏头痛，面红目赤，烦躁易怒，口苦，咳嗽，痰黄黏稠，痰量不多，夜寐不安，舌红苔黄腻，脉弦紧。潘智敏教授根据其"肝肺同病"的特点，首创"肝肺同治"理念治疗高血压病，并制新方，在"五积方"基础上减少消积导滞药味，功效以镇肝清肝、清肺除热为主，使肝、肺两经畅通，脏腑疏理，功能调达，并给其取名"畅疏达"。用方组成主要包括钩藤、柴胡、薄荷、枳壳、石决明、决明子、青葙子、僵蚕、龙齿、浙贝母、金银花、连翘、郁金、竹茹等。其中以钩藤、僵蚕、石决明、龙齿为君，镇肝熄风、平肝潜阳，治疗肝阳上亢之头晕头痛、目胀耳鸣、心烦失眠；决明子、青葙子均入肝经，既可清泻肝经实热，又可平抑肝阳，辅助君药，增强镇肝熄风之功，兼有清肝明目之效，善治肝热之目赤肿痛、目

暗不明，决明子亦有消脂之功，为臣药；柴胡、郁金合用，疏肝解郁，调达肝气，既能调畅情志，又防潜镇太过郁滞肝气；金银花、连翘均入肺经，散肺经热邪，兼有解毒功效，清理肺内毒素。佐以薄荷、竹茹、浙贝母清热除烦，清肺化痰；枳壳行气开胸，宽胸除胀。全方合用，体现了潘智敏教授"肺肝同治"的思想理念，透达祛邪，表里双解；清热散结，徐徐化积；层层疏理，渐进缓图。

五、典型病例

田某，男，52岁。初诊时间：2016年7月12日。

主诉：反复头昏、头痛10年余，加重5个月。病史：患者10年余前劳累后感头昏、头痛，以胀痛为主，无视物旋转，无恶心呕吐，无胸闷气闭，无晕厥史，至当地医院查头颅CT未见明显异常，测血压最高为180/100mmHg，当时诊断为"高血压病"，予"硝苯地平控释片30mg qd"控制血压，症状缓解。患者5个月前因劳累后感症状加重，现头目胀痛，时有视物不清，感恶心，口苦，时有咳嗽，咳吐黄痰，量不多，无呕吐，无视物旋转，无一过性黑曚，无胸闷气喘，食纳不佳，夜寐差，小便无殊，大便秘结，舌红苔黄腻，脉弦。平素工作压力较大，自诉按时服用降血压药，血压控制在（130～160）/（80～110）mmHg"。测血压为145/95mmHg。

中医诊断：眩晕病（新五积型）。

西医诊断：高血压病。

辨证分析：患者平素工作压力较大，导致肝气郁结，肝阳上扰清窍，症见头目胀痛，视物不清；肝木乘脾土，脾胃运化不利，故见恶心，食纳不佳；肝气热，则胆泄口苦；肝经热扰心神，则见夜寐不安；肺经有热，炼液为痰，症见少许咳嗽，咳黄痰；肺热下移大肠，故见大便秘结；舌红苔黄腻，脉弦均为肝阳上亢之症。

治则：镇肝清肝、清肺除热。

处方：钩藤30g，龙齿、紫贝齿、石决明、决明子、青葙子、金银花、菊花、连翘各20g，柴胡、薄荷、枳壳各12g，天麻、竹沥半夏、浙贝母、郁金、青蒿、桑叶各9g，僵蚕、姜竹茹各6g，共7剂。

二诊：患者头昏头痛较前缓解，咳痰较前减少，食纳改善，大便通畅，舌苔变薄，测血压，为135/93mmHg。病情好转，改钩藤20g，决明子、青葙子为15g，金银花、菊花、连翘为12g，再予7剂。

三诊：患者头目胀痛明显好转，视物清晰，咳嗽咳痰明显减少，无口苦，胃纳好转，夜寐安，二便调，舌苔转薄，测血压，为125/80mmHg。再予7剂巩固，嘱其调整心态，劳逸结合。

桃李天下

第一节　诲人不倦　倾心传承

　　潘智敏主任中医师长期从事中医内科门诊、中医老年病科病房的临床工作40余年，临床经验丰富。擅长治疗心脑血管、呼吸、消化、代谢性疾病，在湿、热、瘀、虚病症的诊治与内科疑难杂病等方面，具有丰富的临床经验，临床疗效显著。运用中医中药成功抢救病危患者，其中包括"心源性休克""急性心肌梗死伴重症胰腺炎肠梗阻""脑卒中""高热惊厥"等重、顽、急病症，秉承"继承不泥古，创新不离宗"之意，善将学院学术与传承经验有机结合，宏微融汇，综合辨证。诊治病人70余万人次，深获病家爱戴，门诊一号难求，病源来自全省及全国各地，影响力辐射宽广，连续5年为浙江省中医院膏方门诊量第一。并受省内多家三甲医院、基层中医院邀请，指导、带教、传授中医学术思想及临床经验。

　　潘教授积极参与国家医疗改革，坚持5年于浙江省中医院大手牵小手的名医下基层项目"灵隐街道西湖区卫生服务中心西湖名医馆"门诊，每周半天，使广大基层医院的病人，能在家门口看到名中医，缓解看名医难的压力，深受基层医院欢迎和广大病人一致好评。帮助和指导金华市中医医院老年病科开展病房和中医门诊工作，在金华市中医局局长和金华中医医院院长的支持下，建立了潘智敏全国名老中医药学术经验传承工作分站，展开病房查房、带教、学术讲座等传承中医学术经验，并设立和成功申报了肺肝并治的"畅疏达"科研项目；支持浙江省立同德医院名医门诊，开展老年病科中医查房，干部病区查房，指导学生成功申报了"调脂积"科研项目的深入研究。扩大了浙江省中医院老名中医的学术经验辐射范围，指导兄弟医院及基层医院学术研究与临床实践，让中医药传承事业不断发扬光大。

2016年在浙江省中医院举办的杨继荪100周年诞辰纪念活动上，于专题讲座中主讲了题为"杨继荪学术经验传承和临证精华"的学术报告，同时在浙江省中医院举办的中青年读书会上做了学术传承报告；并在浙江省中医药学会和浙江省中医药学会医史文献分会共同举办的《浙派中医》巡讲活动暨钱塘医派学术大会上作题为"杨继荪临证思路的启迪"专题报告，弘扬中医药文化之杨氏内科流派的学术传承，承前启后，结合时代变迁，不断提高创新，在中医药发展伟业中贡献一分力量。

一、潘智敏名老中医药专家传承工作室

潘智敏名老中医药专家传承工作室成立于2012年，是国家中医药管理局下达的工作室。2013年工作室信息网络平台采集管理系统投入使用。目前工作室拥有名老中医药专家临床经验示教诊室、名老中医药专家临床经验示教观摩室及名老中医药专家资料室及仪器设备等配套设施。其中名老中医药专家临床经验示教诊室面积大于20m²，用于门诊诊疗患者；名老中医药专家临床经验示教观摩室面积大于 30m²，用于临床带教、讲座、病案讨论等；名老中医药专家资料室面积大于 50m²，用于名老中医临证医案、笔记、心得等资料的整理与储存；在场所安排、环境布置、物品摆放、工作程式等方面能体现中国传统文化元素。浙江省中医院导师所在干部病房示教室、主任办公室、医生办公室也是本工作室的诊疗、示教的场地。此外，工作室还配有计算机、网络宽带、声像采集系统（摄录设备和编辑系统）、实时记录设备（录音笔、移动存储设备）等配套硬件，使用率达100%。工作室成员有潘智敏、袁国荣、唐黎群、宋文蔚、杨珺、沈凌波、华军益、罗科学、代建峰、赵同伟、吴树强、王进波、王群江、叶倩、叶金芳15人。其中主任医师3人，副主任医师5人，主治医师6人，经济师1名。工作室负责人袁国荣为浙江省人民医院主任中医师，医学博士，为第四批全国名老中医药专家潘智敏学术继承人。在2012年7月至2016年4月建设期内整理潘智敏教授对于心脑血管、肝胆胃肠、肺系、代谢等系统常见疾病的诊疗经验，形成优势病种诊疗方案：高血压病、脂肪肝、上消化道出血、肺心病、肠梗阻、瘀证6种。社会影响力大。

工作室成员收集整理原始资料，已整理出潘智敏工作室建室前医案20

例，已整理出《潘智敏学术论文、手稿、讲稿集》2本，《潘智敏处方集》4本，《跟师笔记集》1本，《跟师医案、读书临证心得集》1本。共发表与名老中医传承相关论文30余篇，其中在核心期刊发表20余篇。出版名老中医学术经验专著2部，学术水平高，影响力大。

二、潘智敏传承工作室金华分站

2016年10月28日国家级名老中医药专家潘智敏传承工作室金华分站在金华市中医医院门诊2楼正式挂牌成立。

金华市中医院老年医学科是新兴学科，坚持中西医并重，同步发展，聘请中医专家为老年人服用。在陈慧兰主任的努力下，在院领导的支持下，邀请到国家级名中医潘智敏主任中医师、教授、博士生及硕士生导师到金华指导工作，带教学生，发展中医事业。

工作室现有主任医师1名，主治中医师6名，住院医师5名，大部分医师都是高等院校全日制硕士研究生学历，专业、职称结构合理。

2016年10月28日老年医学科新门诊整合原老年科门诊、优待门诊、潘智敏名医工作室等，在门诊楼2楼重新开诊迎接患者，新门诊宽敞、明亮、整洁，布局合理，古色古香。其主要以老年病为主（包括老年高血压、冠心病、糖尿病、高脂血症、脂肪肝、慢性支气管炎、慢阻肺、骨质疏松、腰腿痛、肿瘤、睡眠障碍、衰弱、谵妄等）。以"低廉、高效、周到、简化"为服务宗旨，仁医仁术，使患者得到优惠。同时得到金华市卫生和计划生育委员会领导，院领导的大力支持，并到场祝贺。潘教授语重心长的告知老年医学科成员，祖国医学博大精深，源远流长，要以扎实的中医理论功底，结合临床实践，逐渐继承"杨氏中医内科"，造福金华人民。古人云"师傅领进门，修行靠自身"，潘教授认为"授之以鱼、不如授之以渔"，这样"中医传承"才会发扬光大。潘教授诊查患者时，以实际病例，结合理、法、方、药，逐一讲解，提出中医灵魂"辨证论治、整体观念""与时俱进""天、地、人、时代、生活水平"等，再次提出"五积理论""瘀积、痰积、脂积、气积、食积"。真正的一对一带教，无私的传授知识。同时指出"冬令进补，膏方时节"。

工作室成立以来，潘教授定期来金华市中医院门诊，给住院患者查房处方，冬令季节预约膏方治疗，疗效显著，取得患者及家属肯定，期间还应邀去浙江师范大学义诊1次，给退休老教授们分析体检报告，给予相关知识指导。

潘教授利用中午休息时间，还经常给工作室成员理论授课，讲解典型病例，分享自己宝贵的临床经验，大家受益匪浅，同时指导科室积极申报科研课题，在潘教授的悉心指导下，成功立项金华市科技局课题2项。①课题"畅疏达对肝阳上亢型老年高血压病患者血压变异性的影响"，对60岁及以上的原发性高血压患者进行临床调查，采用眩晕、头痛、头胀等47个症状和舌脉、口唇紫暗、目眶发暗、手掌暗红等14个体征统计，将高血压患者分为阴虚阳亢、气阴两虚、阴阳两虚、肝风痰浊、痰瘀互阻5种证型。动态血压结果显示阴虚阳亢组患者的收缩压变异性及变异系数较其他组大，考虑血压变异性与阴虚阳亢有关。肾精亏虚，五脏六腑失其濡养，功能失常，痰浊、血瘀内生，影响血脉运行，滞积瘀积，脉道不畅，逐渐形成动脉硬化之症；本研究以阴虚阳亢型老年高血压患者为治疗对象，评价针刺结合苯磺酸氨氯地平对其血压变异系数及血压昼夜节律的影响，以探寻控制血压变异性的更佳治疗方案。②课题"基于中医传承辅助系统分析潘智敏教授治疗慢阻肺用药规律的研究"，运用现代信息技术研究归纳总结名中医用药规律，能够及时保存名中医实时的临床诊疗数据，将所得出的知识用于临床实践，提高疗效；传承名老中医学术思想与临床经验，不仅对推动中医药学术进步产生巨大作用，所得研究结果为慢性阻塞性肺疾病的中西医防治优化方案提供了循证医学依据；获取核心处方，为新药研发提供一定的思路，更好地延缓慢性阻塞性肺疾病的进展。

三、成果、学术著作

（一）获奖情况

1）当归提取物治疗高血压病的作用机制与临床研究，获中华人民共和国国务院颁发的国家科学技术进步奖二等奖（2009年，北京）。

2）康脉心口服液治疗高血压病，获国家食品药品监督管理局颁发的新药证书（国药证字号Z2003064，2003年，北京）。

3）血灵抗高血压临床及实验研究，获浙江省人民政府颁发的浙江省政府科学技术进步奖二等奖（2004年，浙江省）。

4）著名中医杨继荪学术经验整理研究，获浙江省人民政府颁发的浙江

省政府科学技术进步奖三等奖（1999年，浙江省）。

5）调脂积冲剂抗小鼠肝脂肪变性实验研究，获浙江省人民政府颁发的浙江省政府科学技术奖三等奖（2004年，浙江省）。

6）老年胃肠病人围手术期促康复治疗临床研究，获浙江省人民政府颁发浙江省科学技术奖三等奖（2003年，浙江省）。

7）当归提取物治疗高血压病的作用机制与临床研究，获中国中西医结合学会科技进步奖一等奖。

8）《杨继荪临证精华》，获第十三届华东地区科技出版社优秀科技图书二等奖（2001年，华东地区）。

9）《杨继荪临证精华》，获中国中医药学会颁发的中国中医药学会科学技术奖（2000年，浙江省）。

10）血灵抗高血压临床及实验研究，获浙江省卫生厅颁发的浙江省中医药科技创新奖一等奖（2004年，浙江省）。

11）著名中医杨继荪学术经验整理研究，获浙江省卫生厅颁发的二等奖（1999年，浙江省）。

12）调脂积治疗大鼠脂肪肝过氧化损伤的实验研究，获浙江省中医药科技创新奖二等奖（2006年，浙江省）。

13）调脂积冲剂抗小鼠肝脂肪变性实验研究，获浙江省中医药科技创新奖三等奖（2004年，浙江省）。

14）康脉心口服液治疗高血压病，获浙江省中医药科技创新奖二等奖（1996年，浙江省）。

15）胃癌术前康莱特联合化疗作区域动脉灌注的临床研究，获浙江省中医药科技进步奖二等奖（2000年，浙江省）。

16）老年胃肠外科病人围手术期促康复治疗的临床研究，获浙江省中医药科技创新奖二等奖（2003年，浙江省）。

17）人参皂甙对腹腔感染大鼠血清白蛋白及白介素-6影响的实验研究，获浙江省中医药管理局颁发的浙江省中医药科技创新奖三等奖（2003年，浙江）。

（二）潘智敏学术著作《杨继荪临证精华》

杨继荪，是全国首批五百名名老中医药专家一，该本著作中潘教授系统总结了全国首届名老中医杨继荪的学术精华。杨继荪教授是一位学验俱丰的中医临床学家。这本著作集中反映了杨老的学术思想。杨老认为，一个科学的临床思维过程是引导正确认识疾病的前提，更是促使建立正确诊断，进行合理治疗，提高临床疗效的有力保证。而这种科学思维的内容和发展过程，一方面是基于祖国医学的理论体系，随着历代医家实践经验的积累和对学术理论的发挥而日臻成熟；另一方面又必须广征博采，古今相参，集众家所长，吸取时代信息，建立起一个反映时代特点和水平，符合时代临床需求，与社会变异和时代变迁息息相关的、整体的、系列的思维过程。当今，中医宝库在继续深入挖掘，高精尖科技在各边缘学科间相互渗透，中医的理论机制和实质渐被揭示，人体的生命现象和奥秘亦被逐步阐明。在这信息时代，临床医生的思维方式必将跟随时代变化做出相应调整。不论是中医还是西医都要把自己的实践医疗经验加以升华，使它同最先进的自然科学的多种学科联系起来，在发展中实现系统、科学的医学现代化。

中医诊治疾病的思维方法有很多特色，但总的可归纳在辩证唯物主义哲学思想统领下的以整体观念为指导、辩证论治为核心的两大纲目之中，而具体运用时，则每个人有各有千秋，他在中医临床已辛勤耕耘六十余年，逐渐形成了谨严有序、宽广而全面的临证思路，并贯穿和渗透于整个临床诊治过程中。

他强调临床上要寻因细审，临证思路应于细微之中见清晰。他以《伤寒论》治下利为例，阐明医圣张仲景重视临床证候，详于审证求因、审因论治，善于辨析同中之异、异中之同的治疗风格。此外，还当考虑法外有法。补有清补、温补，下有峻下、缓下，谨防骤补壅塞，峻攻伤正之太过或不及。他认为，《伤寒论》治下利，虽治一症，由于病因病机不同，临床表现不一，治疗法则亦迥然有异。东汉医学家张仲景所著之《伤寒论》，将中医基本理论与临床实践密切结合起来，提出了辩证纲领和具体治疗措施，为中医学辩证论治奠定了基础。他在临床治疗中，始终坚持辩证论治这一核心。

1956～1958年经过730例流行性乙型脑炎的治疗实践后，他对该病提出了新的看法。突出了审因论治，提高了诊治效果。在临床中他认为要认识疾病的本质，必须细审明察、探赜索隐。

他临床注重"溯源求本"的辨证思路。如中医对痰的辨别，有黄痰为热、白痰为寒之说。他则认为黄痰固为有热，白痰未必有寒。黄、白之辨仅为大的纲领，还当深入细辨，强调了痰质的鉴别，重申了痰与饮的概念。他以具体大量的治验病例论证了白痰亦为有热的论点。临床上，他仍把张仲景

浙江中医临床名家·潘智敏

的《伤寒论》引为范本，反复再述了《伤寒论》中涉及虚实方面内容的诸多条文，学习他的辨证思路，指导临床实践。他在临证中，经常剖析病证，运用了一条以大临床学家张仲景的辨证思想为基准，金、元、明、清各大临床学家的临证思路为经纬的中医临床医学思维路线，并结合现代医学理论，随时代变化不断适应和总结因疾病谱改变、人类生存年龄延长所产生的更多复杂或新生现代疾病的发展变异。以这种既具有中医辨证特色，又处于开拓发展中的临床思维来指导整个辨治过程。特别是对近代新兴学科老年病的虚实辨治，细微中肯，而疗效确切。

杨老认为，中医辨证的突出见长是系统整体观。整体观念则是中医论治疾病的主要特点和最重要的论治规律之一。临证时，他以整体综合观察的方法，把人体看成是一个有机的整体，认为同样的疾病，相同的药物，由于所处内、外环境不同，其临床表现和对药物所产生的效应可以截然不同。

在辨证与辨病的结合方面，他提倡"古为今用""洋为中用"。他医疗、教学、科研活动中，将上述学术观点和研究方法，体现和落实在实践中。如他在对"胃病"的诊治中，若遇症状不典型的"心下痛"，则详询病史，了解病情特点，并让病人做必要的有关检查，除外非"胃病"所致的心下痛以后，再进一步证实其具体病位所在，明确病变性质。

杨老认为，中医方药的运用，必须以中医理论为指导，才能显示出辨证施治的优越性。由于他在治疗胃病方面有独到的见解。因此对溃疡性消化不良、反流性消化不良及吞气症等病证的治疗均有明显的疗效。

活血化瘀法的应用源远流长，极为广泛。杨继荪主张，除立足中医的整体现，掌握辨证施治外，应适当参考各种检测资料，以拓宽诊断思路，提高活血化瘀法的疗效。在临证中他以此思想为指导，广泛运用活血化瘀疗法，并将宏观与微观辨证有机地结合，从而扩大了应用范围，使得理瘀活血的方法成为他擅长的主要治疗法则之一。

杨老指出，瘀可因病而起，病可因瘀而成。两者在因果关系上和治疗方面都有所侧重。尽管临床上有时两者难以辨别，但通过详细的病史采集，连贯地分析各脏腑功能和病变程序间的关系，还是能够推断出前后因果、寒热虚实的。关键仍是有否整体观念、有否溯源明由的思路。

瘀血所涉病证虽然广泛，但据其病性基本上可分成相应的两个方面，若能辨别清楚，则有利于施治。

对于衰老机制的认识，他认为现代人食则高能量，行则不言步，四体不勤，缺乏运动。加上高速度、快节奏、竞争性强带来的精神紧张和情绪不稳定因素，均可导致机体气机的逆乱，并常能使由于过量饮食超越了消化代谢能力而不能及时排出体外所产生的有害物质蓄积于体内，加重了脏腑的负荷，促进和加速了衰老。故他在饮食方面，要力求"平衡膳食"。

第二节　桃李满园　薪火相传

传承队伍成员力量雄厚，经过多年的传承，取得优异成绩：形成优势病种诊疗方案7种，发表相关经验论文50余篇，收集医案100余篇，承担国省级、厅局级课题50余项，举办省级继续教育3次，接受外单位人员进修50余人，培养团队内各级医师成才。带教全国访问学者1名。

潘智敏教授培养硕士、博士、博士后研究生40余人，培养学术继承人15人，获首届联邦医学教学奖，浙江省保健委员会颁发的干部保健专家先进工作者，第二届中国中西医结合学会贡献奖。

一、袁国荣

袁国荣，主任医师，教授，医学双博士，全国名中医工作室负责人，全国名中医学术经验传承人，全国首届中医师承医学博士，著名中医流派杨氏内科第三代传人。全国中西医结合虚证与老年病医学专业（肿瘤）委员会委员，全国综合性医院示范中医基地中医肿瘤学组组长，浙江省中西医结合老年病医学专业（肿瘤）常委，浙江省抗癌协会中医肿瘤专业委员会委员，浙江省中西医结合康复与保健医学专业委员会委员，浙江省中医药管理局课题评审专家，浙江中医药大学教授，杭州市癌症康复协会医学顾问、安吉癌症康复协会医学顾问。1993年大学毕业后从事肿瘤临床、教学、科研工作20余年，先后获得浙江大学肿瘤学硕士和浙江中医药大学中西医结合肿瘤学博士及上海中医药大学临床医学博士学位。2008年被国家人事部、卫生部等五部委联合确定为全国名中医学术经验传承人。2012年被国家中医药管理局定为全国名中医工作室负责人。他亲自创立中西医结合肿瘤治疗中心，担任中心医疗组长，开展中西医结合治疗恶性肿瘤，收治各类住院肿瘤病人近1.5万例，获得了较好的临床疗效；积极开展中医肿瘤专病专家门诊，中医治疗各类肿瘤病人近10万人次。通过大量的中西医结合、中医治疗肿瘤的临床实

践，积累了丰富的治疗经验，创制出了许多行之有效的肿瘤治疗经验方，治疗水平已达省内先进。他能学贯中西，擅长运用化疗、分子靶向等多种手段综合治疗恶性肿瘤，临床经验丰富；并擅长运用中、西医两套技能有机结合诊治各种恶性肿瘤，减毒（减轻放化疗的毒性）增效、预防肿瘤复发；擅长运用中医中药治疗晚期肿瘤，减轻痛苦、延长生命。近年来已在中华系列杂志上发表专业学术论文20余篇，并主持和参与10余项卫生部、省厅级课题的医学研究，主编和参编医学专著5部。

（一）潘智敏教授证治肠梗阻的经验

潘智敏教授在证治肠梗阻方面有独到的经验，认为肠梗阻可分为痞结、瘀结、疽结三期，其病机为腑气闭绝，气滞血瘀，热毒内结。治疗原则为理气攻下，清热解毒，活血化瘀。治疗的关键在于理气通下，及早使用清热化瘀。年老体虚，兼顾扶正。

1. 治疗肠梗阻应首重理气攻下

肠梗阻是指肠内容物不能正常运行、顺利通过肠道，是外科常见的急腹症之一。临床表现为腹痛、腹胀、呕吐、肛门排气排便减少或停止。临床上肠梗阻可分为机械性肠梗阻、动力性肠梗阻、血运性肠梗阻、炎症性肠梗阻、粘连性肠梗阻等，西医以抗炎解痉补液保守治疗或外科手术，但有时治疗效果欠佳，而中医中药治疗肠梗阻有一定的优势。

肠梗阻属中医"腹痛""呕吐""肠结""阳明腑实"的范畴。潘智敏教授认为肠梗阻根据中医理论及临床表现可分为痞结、瘀结、疽结三个阶段。早期为痞结，多为肠腑气机不利、滞塞不通，呈现痛、胀、吐、闭四大症状；中期为瘀结，肠腑瘀血阻滞，痛有定处，胀无休止，甚至瘀积成块或血不归经，导致呕血、便血；后期为疽结，气滞血瘀进一步发展，郁久而化热生火，热与瘀血壅积不散，血肉腐败，热毒炽盛，邪实正虚、甚至正不克邪而产生亡阴亡阳之危象。临床上肠梗阻病情复杂，上述三期并非决然分开，往往相互夹杂。但无论痞结、瘀结、疽结其基本病机均表现为腑气不通或闭绝。根据上述病机潘教授认为治疗当首重理气攻下。气畅则不致化热生瘀，通下则不致腑气闭绝，理气和攻下相得益彰。理气可重用川朴、枳壳；攻下可重用大黄、芒硝，尤其是大黄的用量，如用量不足，难以取效。

2. 治疗肠梗阻宜早用清热化瘀

潘教授认为肠梗阻患者，整个病程均可兼有热邪，而且热邪是导致疾病加重或病情反复的重要因素之一。腑气不通或闭绝最易化热，无论痞结、瘀结、疝结均可郁而化热，故清热解毒为常用的治法。潘教授认为热邪煎熬最易致瘀，热与瘀结，可变生败证，故治疗肠梗阻宜及早使用清热解毒之品，以阻截病情向瘀结、疝结阶段发展，这与现代医学使用抗生素治疗肠梗阻十分相合。潘教授常选用蒲公英、红藤、败酱草、黄柏、黄芩等药以解热邪。另外，肠梗阻早期，痞结实为气滞，气滞日久可致血瘀，而瘀结、疝结本有血瘀，潘教授认为瘀阻是肠梗阻的基本病理因素之一，故活血化瘀也为常用的治疗方法。潘教授还认为肠梗阻患者也应及早使用活血化瘀之品，使热无所依，可阻截肠梗阻患者病情向瘀结、疝结阶段发展。综上所述，潘智敏教授认为肠梗阻患者，气滞一久，易郁而化热生瘀，热与瘀结，则血肉腐败，耗损正气、产生亡阴亡阳之危象，故应及早使用清热化瘀之品，使热清瘀消，阻截肠梗阻病情的进展、恶化。

3. 肠梗阻治则

潘智敏教授认为肠梗阻病机为腑气闭绝，气滞血瘀，热毒内结，治疗原则：理气攻下，清热解毒，活血化瘀。另外，老年性肠梗阻病机以正虚为本，腑气不通为标，病机表现为虚、闭。治疗虽在于解决腑实证，但也需兼顾扶正。扶正攻下，标本兼顾。

潘智敏教授治疗肠梗阻常用基本方为：生大黄（后下）12～30g，芒硝15～30g，川朴12～30g，枳壳12～30g，蒲公英30g，败酱草15g，桃仁9g，虎杖根30g，杏仁9g，郁金12g，瓜蒌仁30g，炒莱菔子30g，大腹皮12g。

方解：生大黄、芒硝重用为君，攻下去闭；川朴、枳壳重用为臣，理气导滞；蒲公英、败酱草清热解毒，以祛热结；桃仁、虎杖根、郁金活血化瘀，以祛瘀结；更佐杏仁、瓜蒌仁润肠软便去结，炒莱菔子、大腹皮理气消胀。全方共奏理气攻下、清热解毒、活血化瘀之效。

辨证加减：闭积明显，在使用上方基础上辨证施治，生大黄用量可酌情逐渐增至90g，或加芦荟1～3g以加强攻下作用；热势重则加黄芩30g，黄连6～10g，红藤30g等；因肝胆系统病变相关导致的肠梗阻，可加金钱草30g，郁金12g等，此为取大柴胡汤之意；老年性肠梗阻，多为气虚推动无力或津亏肠燥所致，气虚者初用参芪，以其虚实夹杂，且早期以实证为主，故剂量宜小，后逐渐增加剂量，常用黄芪6～30g，党参6～15g；津伤者可合用增液汤：生地30g、玄参30g、麦冬30g。

用药时要注意以下几点。

（1）肠梗阻治疗关键在于理气攻下，理气可重用川朴、枳壳，两药均可用至30g，攻下的关键在于大黄、芒硝的用量，尤其是大黄的用量，可用至90g。

（2）攻下的药物既要大胆使用，又要注重个体化，注意中病即止，以防耗正伤津。

（3）老年性肠梗阻可合用增液汤。

（4）肠梗阻日久，热毒内积，耗气伤津，临床虚症明显，表现为"大实有羸状"，此时不可为虚象所惑，应大胆攻下。

（5）部分肠梗阻患者往往表现为"热结旁流"，此时当通因通用，大胆攻下。

（6）中药起效，需要一定的作用时间，一般需4～6小时，甚至1～3天。如病情允许，需耐心等待。并非1剂起效，有时需2～3剂才能奏效。

4. 潘智敏教授治疗肠梗阻的验案六则

案例一　理气通腑清热化瘀治肺癌合并肠梗阻案

孙某，男，44岁，因左肺腺癌伴肺内转移2个月入院，入院后完善各项检查，符合化疗指征，予健择加顺铂静脉化疗，化疗后10天，患者出现恶心呕吐，腹胀，并逐渐出现腹痛，解少量粪水，诊查：腹隆，肠鸣音亢进，全腹可及压痛，未及反跳痛，舌质红，苔黄厚腻，舌下有瘀筋，脉弦滑。腹部X片：肠梗阻。肠镜检查：直结肠未见肿瘤病灶。腹部CT：肠梗阻，未见明显腹腔内肿块。

西医诊断：肠梗阻。

中医诊断：腹痛（气滞血瘀热结）。

治法：理气通腑清热化瘀，笔者拟中药：生大黄30g，枳壳12g，厚朴12g，大腹皮12g，莱菔子12g，赤芍12g，丹参15g，红藤30g，甘草6g。3剂。

药后，腹痛便闭未缓解，舌质红，苔黄厚腻同前，请潘教授会诊，潘教授认为辨证基本正确，但攻下清热之品力薄，且患者苔黄腻，甘草壅中之品应去之。可增生大黄至45g，枳壳21g，厚朴21g，加芒硝21g，蒲公英30g，败酱草30g，金钱草30g，黄芩30g。

二诊：患者排出大量粪水和大便，腹痛腹胀明显缓解，腹部变平变软，舌质红，苔黄厚腻转为薄黄腻。将生大黄减至30g，余药同前，再予3剂，梗阻缓解。

按 患者肠梗阻属中医腹痛范畴，气滞血瘀热积于肠腑，导致腑气闭绝，热结旁流，潘教授认为笔者辨证正确，但攻下力薄，并指出凡苔厚腻者，不宜用甘草甘补壅中之品。潘教授认为攻下之法，生大黄配芒硝疗效明显好于单用生大黄，如不应，可加生大黄剂量，潘教授有用至90g攻之之抢救成功的病例，药中病受，未见明显毒副作用。如仍不应，可再加芦荟3g以加强攻下作用。

案例二 增液通腑治肺癌骨转移合并麻痹性肠梗阻案

陈某，男，80岁，因右肺癌术后4年，突发双下肢无力2天入院。患者4年前体检发现右上肺占位，予手术切除，术后病理：中分化腺癌，术后未行化疗，病情未见复发或转移。2天前突发双下肢无力，不能活动，大小便不利，腹壁皮肤及双下肢感觉消退，诊查：慢性病容，浅表淋巴结未及肿大，心肺无殊，腹软，未及压痛与反跳痛，肠鸣音消失，双下肢无力，腹壁及下肢皮肤感觉消失，舌淡胖，苔白腻。入院后检查MR：胸腰椎多发转移。诊断：右肺癌术后，胸腰椎多发转移，截瘫。入院后大便未行已1周，予开塞露和通便灵、番泻叶等药，大便未下。腹部X片：肠腔积气积液明显，考虑肠梗阻。为胸腰椎转移，压迫支配肠道之神经，导致肠道运动失常，产生麻痹性肠梗阻（动力性肠梗阻），请潘教授会诊，该患者老年高龄，本有体虚津亏，突发肿瘤转移，肠道麻痹，导致肠梗阻。四诊合参，治拟增液通腑，理气活血。

药方：生大黄30g，芒硝21g，川朴21g，枳壳21g，芦荟3g，生地30g，玄参15g，天冬30g，决明子30g，瓜蒌仁30g，火麻仁12g，苁蓉12g，知母9g，大腹皮12g，留行子12g，桃仁12g。

1剂后，患者解出大量积便。后上方去芦荟，继续服用，大便通畅，但停用数天，解便停止。需再服上方。之后一直服用中药，大便通畅。

按 该例患者为老年高龄，本有体虚津亏，突发肿瘤转移压迫神经，肠道麻痹，导致肠梗阻。潘教授采用增液通腑，理气活血，以大承气汤加增液汤加减使用，取得明显疗效。本例患者结热不显，故未用清热解毒之剂，又因高龄津亏，舌质淡胖，阴阳俱损，故在增液之中佐以苁蓉温润通下之味增加疗效，可谓画龙点睛。

案例三 理气通腑清热活血治粘连性肠梗阻案

潘某，女，46岁，因子宫肌瘤术后，肠粘连松解术后10天，腹痛1天入院。患者于10天前在本院行子宫肌瘤切除术，术中发现肠粘连明显，即同时

浙江中医临床名家·潘智敏

予肠粘连松解术，手术顺利。1天前出现腹痛腹胀，肛门排气排便减少。诊查：腹隆，肠鸣音亢进，下腹可及压痛。双下肢不肿，舌质红，苔厚腻，脉弦细。腹部X片检查发现：小肠梗阻。

西医诊断：粘连性肠梗阻。

中医辨证属肠结，为气滞血瘀热结所致。

治法：理气通腑清热活血。

方药：生大黄（后下）30g，川朴15，芒硝15g，枳壳15g，蒲公英30g，败酱草15g，桃仁9g，虎杖根30g，杏仁9g，郁金12g，炒莱菔子30g、大腹皮12g，地骷髅30g。3剂。

药后大便通畅，腹痛缓解。

按 本例患者为肠粘连松解术后，又出现粘连性肠梗阻，予肠梗阻基本方加减，取得明显疗效。潘教授认为此类患者，病情容易反复，需长期间隙服用上述方药，经临床验证可明显减少发作次数和减轻发作的症状，实为经验之谈。

案例四 清热解毒通腑祛瘀治胃癌术后合并炎症性肠梗阻案

张某，男，82岁，因胃癌在某省级医院行全胃切除加横结肠部分切除加右肠造瘘术。术后四日未解大便，咳嗽咳痰，体温升高。B超：腹腔内积液，右侧胸腔少量积液。予禁食、抗感染等治疗，并予大承气汤口服，仍有腹胀。以为术后体虚，予生晒参、黄芪、桂枝等益气温通助运。患者即出现"痛、胀、吐、闭"肠梗阻征象。邀潘教授会诊，诊查：患者表情极度痛苦，腹部膨隆，疼痛拒按，双下肢明显浮肿，舌质红，苔黄厚，脉弦。西医诊断为炎症性肠梗阻。潘教授认为患者属阳明腑实证（瘀结），治拟清热通腑化瘀，阻截病情发展，以防变生为疽结。

急拟处方3剂：生大黄（后下）30g，芒硝20g，杏仁9g，炒莱菔子30g，蒲公英30g，败酱草15g，大腹皮12g，川朴20g，桃仁9g，虎杖根30g，枳壳20g，郁金12g，芦荟2g，瓜蒌仁30g，决明子30g，煎服。药后患者排便1次，量多臭秽，身轻气爽。

二诊：患者腹痛腹胀已明显缓解，下肢尚肿，予原方基础上加天竺黄12g，猪苓30g通利。之后患者大便能解、腹痛腹胀消除、水肿消退，随症加减用药，病情好转出院。

按 患者年事已高，虽有术后体虚，但手术伤气动血，术后必有气滞血瘀，腑气未复或欠畅，此时治当理气通腑活血清热，而反予益气助阳之品，已犯"虚虚实实之戒"，药后助热化火，病情加重，出现肠梗阻的症状。后予清热理气通腑化瘀之剂，取得明显疗效，可见潘教授辨证精确。现代药理实验证实：大黄、芒硝、枳壳、厚朴等药具有增加肠蠕动，促进术后胃肠功能的恢复，改善肠道微循环，减轻肠腔的炎症、粘连，从而缓解肠梗阻的作用。又加败酱草、蒲公英、虎杖根三味增加清热解毒之力，这与现代医学治疗炎症性肠梗阻的方法十分相吻。

案例五 清热通腑化瘀止血治疗缺血性肠病合并肠梗阻案

王某，女，80岁，干部。主诉：腹痛黏液血便6个月，再发腹痛1天。6个月前曾因腹痛伴黏液血便入住，肠镜检查示：缺血性肠病。1天前饮食不慎出现持续性下腹部疼痛，伴发热，体温为38℃，诊查：腹部膨隆，左腹深压痛，无反跳痛及肌卫，腹部皮肤可见广泛出血斑，肠鸣音亢进。舌质红，苔黄燥，脉滑。既往有"特发性血小板减少性紫癜"病史，血小板：$24 \times 10^9/L$；腹部X线诊断：小肠梗阻。西医诊断：①缺血性肠病，肠梗阻；②特发性血小板减少性紫癜。外科建议保守治疗，故予解痉、禁食、抗感染、维持水、电解质及酸碱平衡等，但治疗效果欠佳，腹痛便闭。故予中药治疗，潘教授认为中医辨证属腹痛，治当清热通腑、活血化瘀、凉血止血。

治拟中药：生大黄（后下）30g，川朴10g，枳壳10g，红藤15g，败酱草15g，青蒿12g，蒲公英30g，郁金9g，茜草12g，藕节12g，炒黄芩15g，鲜芦根30g，茯苓15g，决明子30g。2剂。

二诊：药后患者腹痛好转，但大便未通。增芒硝20g，改生大黄为40g加强攻下。次日肛门排气，解便1次，量多色褐。之后大便次数逐渐增多，便质稀，腹痛缓解，欲进食。

按 患者为缺血性肠病，血运性肠梗阻，合并特发性血小板减少性紫癜，肠道、皮肤出血，且为老年高龄患者，治疗十分棘手。治疗不当，即现变症。潘教授认为患者虽有攻下指征，但毕竟年老体弱，先须投石问路，暂予生大黄30g攻下。为防出血，加用茜草12g，藕节12g凉血止血。药后腹痛好转，腑气未通，药已中病，二诊加强攻下，增芒硝20g，改生大黄为40g。药后痛缓便解，病情好转。此案充分体现了潘智敏教授诊治重危病人胆大心细的医学精神。

案例六 轻剂攻下治疗中风后遗症合并老年性肠梗阻案

张某，男，74岁。因老年性脑病，中风后遗症入院，入院后大便未解10天，但进食不减。服用蕃泻叶，灌肠无效。诊查：意识欠清，心肺无殊，

腹软，未及压痛，未见腹隆，肠鸣音稍亢进，下肢轻度浮肿，舌质红，苔白腻，脉细。X片：小肠梗阻。

西医诊断：肠梗阻。

中医辨证：肠结。予理气清热通腑化瘀，但考虑老年体虚，攻下剂量减少。

拟方：生大黄（后下）15g，川朴21g，芒硝12g，枳壳21g，蒲公英30g，败酱草15g，桃仁9g，虎杖根30g，杏仁9g，郁金12g，瓜蒌仁30g，炒莱菔子30g，大腹皮12g，生地30g。3剂。患者服完3剂，未解大便，家属甚为焦急，至傍晚患者解出大量积便。复查X片：肠梗阻消失。家属甚欣。

按 本例患者为老年形体虚弱，故攻下适可而止，剂量不宜过大，缓缓图之，以防伤正。服用3剂，未见便下，家属焦急，但用药对证，此为中药起效，也须时间，医者和家属均需耐心。潘教授认为对老年虚弱的病人，须权衡轻重缓急，可用中药口服并灌肠，上下合用，或用中药滴注入肠道，逐渐渗入软化积便，缓缓去除梗阻，既慎亦稳，万不可强攻。

（二）潘智敏教授治疗肿瘤的临床经验

恶性肿瘤发病率高，死亡率高，目前已成为常见病、慢性病，严重威胁着人们的生命健康。如何防治肿瘤已成为医学研究中的难点、重点、热点。但到目前为止，人类对肿瘤的发生、发展、转移的机制还未十分明了，虽然治疗肿瘤的方法很多，但都不是根治的方法，存在疗效不佳，毒副作用大的缺陷，肿瘤防治的道路漫长而遥远。中医防治肿瘤虽然在某些方面有一定优势，但也存在不少缺陷，如缺乏统一的认识和治疗方法等。潘智敏教授就中医治疗肿瘤的热点、难点和存在的问题等，阐述独特的看法。

1. 关于中医在肿瘤治疗中的疗效。

中医治疗肿瘤有一定的疗效，但疗效如何，到底有多少客观疗效，到底能延长晚期肿瘤患者的多少生存期，虽然国内运用中药治疗肿瘤已有50余年，但在这些方面缺乏大样本的临床对照研究，尚无定论。虽然许多中药在细胞、动物实验研究中发现有较好的抗肿瘤作用，但对人体肿瘤疗效如何没有明确的数据。中医治疗肿瘤要想走向世界，这是中医同行必须要做好的事情。回顾中医治疗肿瘤几十年的文献报道，可以发现中医作为综合治疗肿瘤的手段之一，其疗效可概括为减轻症状、延长生命、预防复发、解毒增效等方面。单纯运用中药，缩小肿瘤的概率较低，其可能的优势在于提高患者的生活质量，延长患者的生存期，与瘤共存。

2. 关于肿瘤的中医证型

有关肿瘤的证型分类研究文献报道很多，同一肿瘤，每位医家的证型分类各不相同，仁者见仁，智者见智，至今很难统一，这给中医治疗肿瘤的研究造成困难。中医的证型分类是否存在着缺陷？也就是我们的研究方法是否正确？中医证型的研究始于中华人民共和国成立后，至今已经几十年，高等教学的教材均采用某一疾病分几种证型的形式。但中医发展2000余年，古代几乎没有医家进行疾病的证型研究，医圣张仲景撰写《伤寒杂病论》，认为某一疾病在其发生、发展的动态过程中，可出现各种主证和变证，主张"观其脉证，随证治之"，治疗疾病是一个动态的过程，从未对某一疾病作出固定的、单一的、机械的证型分类。这种机械的证型分类，不能全面反映疾病的发生、发展、转归等规律，不利于主动把握病情的变化，而且以线性思维代替中医的非线性思维，不符合中医的临床思维特点。综观历代医家的临床思维特点：从病证出发，紧紧抓住证候的发展变化，病机转归，灵活应变，处方用药。鉴于以上考虑，中医治疗肿瘤，可能应该从某一肿瘤的病证出发，抓住肿瘤的主要病机，结合证候的动态变化，随证治之。中医临床的精华在于辨证施治，同一肿瘤不同的患者，反映出来的证型可能完全不同；不同肿瘤，反映出来的证型可能完全相同，而且肿瘤的不同证型往往交叉，错综复杂。现代医学治疗肿瘤逐渐注重个体化方案，寻找个体化的分子靶向治疗，取得了不少的成果。这与中医的辨证施治不谋而合。在治疗肿瘤的方法论方面两套医学理论逐渐接近，也反证中医机械的证型分类存在着一定的缺陷。

3. 关于肿瘤的中医病因、病机

我国关于肿瘤的中医病因、病机众说纷纭，潘教授对肿瘤的中医病因、病机认识有自己的总结。

（1）邪积蕴毒是肿瘤发生的关键因素：邪积蕴毒是肿瘤发生的关键因素。华佗《中藏经》明确指出："夫痈疽疮肿之所作也，皆五脏六腑蓄毒不流则生矣，非独因荣卫壅塞而发者也。"说明肿瘤的发生非独一般的气滞血瘀痰聚热结等所致，更有瘀痰湿热等邪，积滞日久蕴毒而成。《诸病源候论·恶核肿候》曰："恶核者，肉里忽有核，累累如梅李，小如豆粒……此风邪挟毒所成。"宋代杨士瀛在《仁斋直指方》亦认为："癌者上高下深，

浙江中医临床名家 · 潘智敏

163

岩穴之状，毒根深藏，穿孔透里"，《外科正宗·脏毒论》曰："夫脏毒者，醇酒厚味，勤劳辛苦，蕴毒流注肛门，结成肿块"。进一步认识到肿瘤为邪积蕴毒所致，并具有穿孔、透里、流注的转移特性。中医认为癌毒是由人体脏腑功能失调、外感六淫、内伤七情、饮食不节、劳逸失度等因素综合作用，导致正气亏虚，气滞血瘀、痰湿凝聚、火热内积，日久邪积蕴毒，产生的一种强烈的致病物质。综上所述，肿瘤属于中医的特殊积证，为人体正气亏虚，瘀、湿、痰、寒、热等内积，日久蕴毒，邪积蕴毒是肿瘤发生发展的关键。仅有正虚，未必成积；仅有邪积，未必蕴毒成癌；若有癌毒，必为邪积日久蕴积而成。综上所述，可见肿瘤的基本病理为虚、积、毒。

（2）正气亏虚是形成肿瘤的内在因素：恶性肿瘤大多属于中医积证的范畴。诸有形而坚着不移者为积，这与现代医学所称的肿瘤十分相似。积证之名首见于《灵枢·百病始生》，曰"是故虚邪之中人也……留而不去，传舍于胃肠……留而不去，传舍于肠胃之外，募原之间，留著于脉，稽留而不去，息而成积。"《灵枢·五变》曰："人之善病肠中积聚者……皮肤薄而不泽，肉不坚而淖泽，如此则肠胃恶，恶则邪气留止，积聚乃伤。"至《难经·五十六难》正式提出五积理论："肝之积名曰肥气，心之积名曰伏梁，脾之积名曰痞气，肺之积名曰息贲，肾之积名曰贲豚。"正气亏虚是肿瘤（积）发生的内在因素，正如《素问·评热病论》云："邪之所凑，其气必虚。"《素问·刺法论》云："正气存内，邪不可干。"2000多年前祖国医学已认识到人体之所以患肿瘤，同其他疾病一样，也是正气虚于内、邪毒乘虚侵犯五脏六腑，蕴发而成。金元易水学派创始人张元素《活法机要》云："壮人无积，虚人则有之。《景岳全书·积聚》谓："凡脾肾不足及虚弱失调之人，多有积聚之病。"《医宗必读》云："积之成也，正气不足，而后邪气踞之。"《外症医案汇编·乳岩附论》认为："正气虚则成岩。"后世医家通过大量临床实践也进一步证明和阐述了正气亏虚是形成肿瘤的内在因素。

4. 关于肿瘤的中医治则

肿瘤的基本病理是积、毒、虚并存。如正气亏虚，但无瘀、湿、痰、寒、热之邪聚，则不能成积；如瘀、湿、痰、寒、热之邪积未日久蕴毒，也不能成癌。积、毒、虚缺一不可。《素问·阴阳应象大论》曰："治病必求于本"。根据肿瘤的上述病机病理，其治疗原则为祛积攻毒、扶正补虚。治疗过程中要注重攻毒扶正之宜，需防扶正敛毒，或攻毒伤正。正如《景岳全书》云："治积之要，在知攻补之宜，而攻补之宜，当于孰缓孰急中辨之。凡积聚未久，而元气未损者，治不宜缓，盖缓之则养成其势，反以难制，此其所急在积，速攻可也。若积聚渐久，元气日虚，此而攻之，则积气本远，攻不易及，胃气切近，先受其伤，愈攻愈虚，则不死于积而死于攻矣，此其所重在命，不在乎病，所当察也。"而《医宗必读》进一步提出初、中、末期治疗肿瘤的原则："愚谓积之成也，正气不足，而后邪气踞之……邪气日昌，正气日削，不攻去之，丧亡从及矣。然攻之太急，正气转伤，初、中、末之三法，不可不讲也。初者，病邪初起，正气尚强，邪气尚浅，则任受攻；中者，受病渐久，邪气较深，正气较弱，任受且攻且补；末者，病魔经久，邪气侵凌，正气削残，则任受补。盖积之为义，日积月累，匪伊朝夕，所以去之，亦当有渐，太亟则伤正气，正气伤则不能运化，而邪反固矣。余尝制阴阳二积之剂，药品稍峻，用之有度，补中数日，然后攻伐，不问其积去多少，又予补中，待其神壮，则复攻之，屡攻屡补，以平为期，此余独得之诀，百发百中者也。"这与现代医学对肿瘤进行分期治疗的方法十分吻合。另外，肿瘤术后，气血亏虚，易再次邪积，或留有余毒。中医治疗当以扶正补虚，佐以祛积攻毒之品，以防复发或转移。术后康复期，虽无癌毒，也当扶正补虚，佐以祛积，积去则无以蕴毒成癌。总之，扶正祛积攻毒是治疗肿瘤的基本大法。扶正之法，不外益气补血，滋阴补阳。祛积之法，分为清热、散寒、化痰、祛湿、化瘀、软坚等。攻毒之法，根据热毒、寒毒、痰毒、湿毒、瘀毒之别，随证攻之。常见的肺癌多为热瘀毒为主，肝癌以湿热瘀毒为主，患积脏腑不同，癌毒也异。

中医作为肿瘤综合治疗的手段之一，祛积攻毒扶正是治疗肿瘤的基本原则。广义的祛积攻毒可包括现代医学的手术、放疗、化疗、分子靶向治疗等。广义的扶正，可包括西医的免疫治疗、营养支持治疗等。在祛积攻毒方面，中药力薄，疗效持久，毒副作用小；西医力强，但毒副作用大。扶正补虚是中医治疗肿瘤的优势，大量的临床和实验研究发现，扶正与祛积攻毒结合比单纯祛积攻毒疗效好。中医在肿瘤综合治疗中特别重视扶正补虚治疗。中医认为癌毒是一种特殊的病邪，可强烈耗损机体正气的特性，肿瘤患者肯定有正虚的一面，不同的阶段，程度不一而异；而且现代医学治疗肿瘤的手段均可不同程度地耗损正气。如手术可耗气动血伤津；化疗可导致脾肾二虚，气血亏虚；放疗可导致气阴二虚；分子靶向治疗可导致机体阴津损伤等。在这些治疗过程中，尤其需要配合扶正治疗，可起减毒增效的功效。扶

正根据临床辨证，补脾选用生芪、白术、米仁、山药、党参、黄精等为主；补肺肾阴虚可用山海螺、天冬、女贞子、生地等；补肾阳可用淫羊藿、吐丝子、枸杞子、补骨脂、巴戟天等；气血亏虚可用黄芪、当归、制首乌、鸡血藤、绞股蓝等，其中鸡血藤有升白细胞的作用，绞股蓝有抗血小板减少之力。

5. 关于中医在肿瘤不同阶段综合治疗中的地位和方法

目前现代医学治疗肿瘤的各种手段是肿瘤综合治疗中的主力军，中医大多配合其治疗，但在晚期肿瘤的治疗中有较大的优势。早期肿瘤术后，既有正虚的一面，也可能留有余毒。中医治疗的策略，扶正为主，佐以祛积攻毒，修复正气，祛除余毒，以防复发。中期肿瘤放化疗为主，中医配合治疗，可起增效减毒的作用。肿瘤化疗早期，患者脾胃运化和气机受遏，当以运脾化湿为主。化疗后期，患者脾肾受伐，气血亏虚，当以健脾补肾、益气养血为主。肿瘤放疗，多为耗气伤阴、瘀热内积，治疗当以益气养阴、清热化瘀为主。分子靶向治疗多以耗气伤津、热毒内积为主，治疗以益气养阴、清热解毒为主。晚期肿瘤，患者正气亏虚明显，邪毒严重，治疗当以扶正为主，辅以祛积攻毒，争取与瘤共存，减轻痛苦，延长生存期。以中医辨证论治为主，适当考虑现代中药的药理。如鸡血藤既可补血，又可抗肿瘤，可用于各种肿瘤；如具有活血祛瘀抗癌的中药：莪术、三棱、郁金、丹参、留行子等；如化痰软坚抗癌中药：夏枯草、浙贝、陈胆星、牡蛎、海藻等；清热解毒抗癌中药：蛇舌草、三叶青、藤藜根、半枝莲、半边莲、七叶一枝花、白毛藤等；以毒攻毒抗癌药：砒霜、蜈蚣、守宫、蛇六谷等。

（三）潘智敏教授治疗放疗副作用的经验

现代医学治疗肿瘤的手段均可不同程度耗损患者的正气。如手术可耗气动血伤津；化疗可导致脾肾二虚，气血亏虚；放疗可导致气阴二虚；分子靶向治疗可导致机体阴津损伤等。在这些治疗过程中，尤其需要配合中药扶正祛毒之品，明显提高疗效，减轻毒副作用。

潘教授认为放疗热毒，既杀伤癌细胞，也耗气伤津，导致气阴二虚十分常见，根据不同的放疗部位，予以补益。如肺部放疗肿瘤可用沙参麦冬汤加减治疗，脑部肿瘤放疗可补肾养阴，枸菊地黄加减。肝部肿瘤放疗可用麦冬汤、一贯煎加减等。

放疗热毒损伤机体脉络，或热煎熬成瘀，均可产生瘀证，故治疗时必加用凉血活血之品，如丹参、赤芍、丹皮、虎杖、郁金等。

放疗热毒，灼伤机体，热毒内留，为减轻其对机体的损害，必用清热解毒抗癌中药：蛇舌草、三叶青、藤梨根、半枝莲、半边莲、七叶一枝花、白毛藤、银花、蒲公英、野菊花、芦根、山海螺等。

根据上述的认识，潘智敏教授认为肿瘤放疗，多为耗气伤阴、瘀热内积，治疗应以益气养阴、清热化瘀为主。

举例潘智敏教授治疗验案二则如下所述。

案例一 清热养阴化瘀通络治疗肺癌胸痛案

唐某，男，82岁，就诊时间为2010年7月9日。

主诉：诊断右肺癌40天。

现病史：患者1月余之前体检发现右上肺团状高密度影，两肺慢支伴左下肺感染，经抗炎后复查CT，肺部炎症好转，但右上肺团状高密度影仍在。因出现右前胸疼痛，经检查发现肺内病灶增大，故予局部放疗。

证见：纳差乏力，口干便结，胸痛不适，舌红，苔少，脉细数。

西医诊断：肺癌。

中医诊断：肺积，胸痛（热瘀内结，阴津亏虚）。

辨证分析：癌毒内结，胸络不通，故胸痛。患者高龄，本已阴虚，加之放疗，阴血更亏。

治则：清热养阴化瘀通络。

处方：白毛藤30g，羊乳30g，芦根30g，忍冬藤12g，金银花15g，天冬30g，北沙参15g，麦冬15g，白芍12g，郁金12g，赤芍9g，丝瓜络12g，络石藤12g，蒺藜12g，米仁30g，扁豆衣9g，茯苓15g，7剂。

二诊：药后纳增便畅，胸痛好转，舌红苔少，脉细。原方去金银花、芦根，加生地、石斛以加强补阴作用。

白毛藤30g，羊乳30g，芦根30g，忍冬藤12g，生地15g，天冬30g，北沙参15g，麦冬15g，白芍12g，郁金12g，赤芍9g，丝瓜络12g，络石藤12g，蒺藜12g，米仁30g，扁豆衣9g，茯苓15g，石斛12g，7剂。

药后，诸症明显减轻，再以上方加减巩固治疗。

按 肺癌患者放疗后，多有阴亏血瘀，故治疗以养阴化瘀为主。本例患者以白毛藤、羊乳、芦根、忍冬藤清热养阴，加生地、天冬、北沙参、麦冬、白芍养阴补血，佐郁金、赤芍、丝瓜络、络石藤化瘀通络，更加轻灵健脾之米仁、扁豆衣、茯苓，以助运化之源，故能收到较好的临床疗效。

案例二　养阴清肺化瘀治疗晚期肺癌案

曹某，男，81岁，已婚，干部，上海人，就诊时间为2010年2月23日。

主诉：发现左肺癌及右腮腺癌月余。

现病史：患者于2009年9月体检时发现左肺肿块及右腮腺肿块，入住某省级医院，予穿刺活检：左肺低分化鳞癌，右腮腺低分化腺癌，予左肺及右腮腺同时放疗，放疗后病情尚稳定，但右颈部出现放射性皮炎，后复查发现小脑、骨转移，因体质差，未行抗肿瘤治疗，近来乏力、头晕、纳差，消瘦，咳嗽不明显。

证见：消瘦，右颈部皮肤变硬，色暗，舌光无苔，舌红绛，脉细。

中医诊断：肺积（阴虚毒结）。

西医诊断：左肺低分化鳞癌放疗后，右腮腺癌放疗后，右颈部放射性皮炎。

辨证分析：老年肺癌，本有肺阴不足，加之放疗，放疗易生热毒，肺阴更损，下及于肾，出现肺肾阴亏；放疗后损伤血脉，瘀结于内。舌光无苔，舌红绛，脉细均为肺肾阴虚之征。

治法：养阴清热化瘀。

处方：北沙参12g，麦冬12g，天冬15g，生地12g，天花粉9g，制玉竹6g，石斛12g，白芍12g，女贞子12g，三叶青15g，羊乳30g，猫爪草12g，猫人参12g，扁豆衣9g，浙贝9g，穿山甲6g，郁金9g，留行子9g，必甲12g，龟板12g，7剂。每日1剂。煎汤。

医嘱：禁忌油腻、辛辣，安静修养。

二诊：患者胃纳好转，精神转佳，舌红，苔无，脉细。病情已好转，但毕竟阴亏已久，虽阴津来复，尚需继续调治，予原方再进7剂。

三诊：胃纳明显好转，舌红，已有薄苔，脉细。说明胃阴已充，胃气渐来，热毒已减。前方减必甲、龟板、羊乳、天花粉，继服7剂巩固。

按　老年晚期肺癌，本有肺阴不足，加之放疗，易生热毒，肺阴更损，下及于肾，出现肺肾阴亏；放疗后损伤血脉，易致瘀内结。舌光无苔，舌红绛，脉细均为肺肾阴虚之征。此时当大剂养阴进补扶正，如北沙参、麦冬、天冬、生地、天花粉、制玉竹、石斛、白芍；兼以清热解毒，如三叶青、羊乳、猫爪草、猫人参，以祛癌毒及放疗热毒，佐以化瘀之品穿山甲、郁金、留行子，祛除瘀积。潘教授加用必甲、龟板，考虑阴虚易致虚阳上亢，故加用必甲、龟板滋阴潜阳。

（四）潘智敏教授治疗化疗副作用的经验

恶性肿瘤发病率高，死亡率高，目前已成为常见病、慢性病，严重威胁着人们的生命健康。如何防治肿瘤已成为医学研究中的难点、重点、热点。但到目前为止，人类对肿瘤的发生、发展、转移的机理还未十分明了，虽然治疗肿瘤的方法很多，但都不是根治的方法，存在疗效不佳，毒副作用大的缺陷。化疗已广泛应用于肿瘤的综合治疗中，但毒副反应也不容忽视，中医防治肿瘤及化疗毒副作用方面有一定优势。

潘智敏教授在长期临床实践中积累了一定的经验，认为化疗为毒物，可损伤五脏六腑，但化疗的不同阶段，中医的治法应有所不同，肿瘤化疗早期，患者脾胃运化和气机受遏，当以运脾化湿理气为主，而化疗后期，患者脾肾受伐，气血亏虚，当以健脾补肾，益气养血为主。切不可早期即予健脾补肾，大补气血。

潘智敏教授认为，癌症化疗，早期（大约在化疗开始1周）首伤脾胃之运化，加之化疗时中枢止吐药物的广泛应用，胃肠动力受阻，故多出现纳差、腹胀、呕吐、腹泻或便闭、苔厚腻或黄腻等脾胃不运、气机阻滞，湿浊内生之证候，此时切不可蛮补，当以健脾理气化湿，恢复其运化功能。待脾运功能好转，在化疗的间隙期（约在化疗开始1周后），患者骨髓功能受到抑制，再予补益气血，补益脾肾，以期恢复其骨髓功能。此时也应佐以运脾，脾运得健，气血有源。

潘智敏教授认为化疗的毒性可能在患者的体内存在较长的时间，故治疗时在补益之时不忘祛毒，可加用通利二便，使毒从二便而出。如利湿之土茯苓、米仁、蛇舌草、车前草、大黄等。

现举验案如下。

案例一 益气健脾，佐以减毒治疗直肠癌化疗后白细胞减少案

余某，男，41岁，就诊时间为2010年6月25日。

主诉：直肠癌术后1个月，化疗后2周。

现病史：患者1个月前因"大便次数增多伴便血2个月"求诊当地医院，肠镜检查示直肠癌，腹部CT是直乙状结肠多发点位，行直肠癌根治术+盆腔粘连松解术，术后病理：直肠高中分化腺癌，局部累及全层肠壁至浆膜外，淋巴结0/8阳性，切缘（—），术后予辅助化疗1周，出现血三系下降，WBC为$2.1 \times 10^9/L$，PLT为$56 \times 10^9/L$。为行中医治疗而就诊。

证见：乏力腹胀，纳差无味，舌淡红，苔薄白腻，脉细。

西医诊断：直肠癌术后，化疗后，血白细胞低下症。

中医诊断：积证（气血亏虚，脾失健运）。

辨证分析：患者为直肠癌术后，气血已亏，加之术后不久即予化疗，化疗毒物，损伤脾胃，脾失健运，气血生化无源，气血更虚。

治则：益气健脾，佐以减毒。

处方：

绞股蓝30g，米仁30g，茯苓12g，鸡血藤12g，莱菔子30g，枳壳12g，厚朴12g，鸡内金9g，黄芩15g，败酱草15g，藤梨根30g，水杨梅根30g，蒲公英30g，柴胡6g，郁金12g，7剂。

二诊：患者胃纳增加，乏力好转，脾胃运化转佳，化疗之毒渐去，故加黄芪、当归加强益气补血，减黄芩、败酱草、柴胡去毒之品。

绞股蓝30g，米仁30g，茯苓12g，鸡血藤12g，莱菔子30g，枳壳12g，厚朴12g，鸡内金9g，藤梨根30g，水杨梅根30g，黄芪15g，当归12g，蒲公英30g，郁金12g，5剂。

药后复查血常规已恢复正常，继续予术后辅助化疗。

按 癌症化疗，首伤脾胃之运化，多出现纳差、腹胀、呕吐、腹泻等脾胃不运、湿浊内生之证候，此时切不可蛮补，当以健运脾胃，恢复其运化功能。待脾运正常，再予补益。同时加用清热去毒之药，以减清化疗在人体残留的毒性。本案也为先健脾，后补益，故取得较好的临床疗效。

案例二 益气补血治疗小细胞肺癌化疗后白细胞低下案

周某，男，71岁，已婚，就诊时间为2009-03-12。

主诉：肺癌化疗后白细胞低下1周。

现病史：患者患小细胞肺癌半年余，多次予EP方案静脉化疗，出现乏力，纳差，脱发，血白细胞低下，现为化疗后20天，血白细胞计数为1.1×10^9/L，无法进一步化疗而就诊。

证见：面色较苍白，脱发明显，语音低微，舌淡红，苔薄白，脉细弱。

中医诊断：肺积（气血二亏，兼有瘀毒）。

西医诊断：小细胞肺癌化疗后，白细胞低下。

中医辨证：患者多次化疗，脏腑功能受损，生化乏源，故气血双亏、舌淡红、苔薄白、脉细弱为气血双亏之征象。

中医治法：益气补血，佐以化瘀消积祛毒。

处方：

生晒参6g，人参叶9g，鸡血藤15g，绞股蓝15g

灵芝9g，首乌 6g，茯苓12g，米仁30g，穿山甲6g，莪术9g，留行子12g，郁金9g，川朴9g，枳壳9g，莱菔子15g，白英30g，蛇六谷15g，7剂。

医嘱：增加营养，注意休息，预防外感。

二诊：患者乏力明显好转，复查血白细胞计数为$2.8 \times 10^9/L$，舌淡红，苔薄，脉细。治疗有效，原方加女贞子12g，杞子12G以补肾生血。

生晒参6g，人参叶9g，鸡血藤15g，绞股蓝15g

灵芝9g，首乌 6g，茯苓12g，米仁30g，穿山甲6g，莪术9g，留行子12g，郁金9g，川朴9g，枳壳9g，莱菔子15g，白英30g，蛇六谷15g，女贞子12g，杞子12g，7剂。

三诊：患者头晕、乏力明显好转，胃纳增加，白细胞计数为$4.3 \times 10^9/L$。为控制肿瘤，采用继续化疗。

按 本案为化疗的后期，患者脏腑功能受损，生化之源，故气血双亏之证，但肺积病情复杂，瘀毒仍存，故治疗以益气补血为主，佐以化瘀消积祛毒，攻补兼施。用生晒参、人参叶、鸡血藤、绞股蓝、灵芝、首乌、益气养血，其中鸡血藤具有升白细胞的作用，绞股蓝具有升血小板的作用。予穿山甲、莪术、留行子、郁金化瘀消积，白英、蛇六谷祛毒抗癌，再加茯苓、米仁、川朴、枳壳、莱菔子健脾助运，增强气血生化之源。

二、代建峰

代建峰，中医师承博士，副主任中医师，第四批全国老中医药专家学术经验继承人，潘智敏全国名老中医药专家传承工作室成员，中国中西医结合学会神经病学委员，浙江省医学会神经病学分会脑血管病学组委员；浙江省中西医结合学会脑心同治专业委员会委员。先后师从全国名老中医药专家传承工作室指导老师兼全国名中医王坤根教授、全国名老中医药专家传承工作室指导老师潘智敏教授。现从事神经内科临床和教学工作。临床擅长应用中西医结合药物治疗急性脑梗死、脑梗死后遗症、老年性痴呆、混合性痴呆、帕金森病等疾病。主持和参与省部级及厅局级研究课题10余项，发表论文10余篇。

潘智敏教授多年从事干部病房的临床医疗工作，对老年性疾病的诊治有

深入的研究和系统的学术观点，总结如下。

（一）补虚重调气血

人体一般在45～50岁就开始逐渐进入一个由量变到质变的衰老过程。其气血、阴阳从中年起就逐日衰损，影响各脏功能。待步入老年期后，人体则不同程度地表现出体内水分和细胞数目的减少、脂肪增多、细胞退化，见精气虚衰、容颜形体改变、内脏功能衰减、日显衰老。故潘教授指出老年人由于"津"不能内及脏腑，外至皮毛，以"温分肉、充皮肤，"而出现毛发稀淡、皮下脂肪减少、皮肤弹性减退；"液"不能注入骨节髓海以濡润空窍，填精补髓则出现耳鸣、牙齿松落、骨质疏松、骨关节退行性病变及记忆力减退、感觉迟钝等现象。又因老年人气血阴阳与脏腑功能之间，皆有虚损可形成不良循环。如血液的循行与"心主血""肺朝百脉""肝藏血""脾统血"等脏器的相互作用有关，任何一脏的衰损均会引起血行失常。脾虚不能统摄血液；肝失疏泄可致气血不和，特别是心肺气虚，无力推动，运送不力，更常直接导致血行的瘀滞，因此老年人是为多虚多瘀之体。

关于老年人多虚之说，中医理论有诸多论述，人的衰老主要是肾气的虚衰，肾虚可导致人老体衰诸证，如头晕健忘、目昏耳鸣、白发脱发、牙齿松动、腰膝酸软等。《素问·上古天真论》云："五八，肾气衰，发堕齿槁。六八，阳气衰竭于上，面焦，发鬓斑白。七八，肝气衰，筋不能动，天癸竭，精少，肾脏衰，形体皆极。八八，则齿发去。"《黄帝内经》这段论述了"肾气衰"是促成人之衰老的根本原因。

由于肾虚是老年人的一个生理特点及其生理、病理变化所致，故补肾法乃是治疗老年病的重要方法。但老年人虚症常伴有气机不畅、血络虚滞的一面。气血必须调和通达才能流通全身，无处不至。"血气不和，百病乃变化而生"（《素问·调经论》）。《灵枢·营卫生会》指出："老者之气血衰。"

《丹溪新法》提出："气血和，一疾不生"及"气血不和，百病乃变化而生"。由此可见，气血的病理变化是导致疾病发生和衰老的内在机制。人体进入老年，首先是气血失调，血循环不畅，瘀血内停，造成气血失衡，脏腑器官得不到正常的濡养，出现精气神的虚弱，气机升降失常，从而产生气虚血瘀，虚实夹杂的恶性循环，引起机体的衰老。

所以在诊治老年病方面潘教授认为应虚瘀兼顾。

潘教授同时指出，有的学者用血液流变学指标检测老龄大鼠的结果，发现随着年龄增长，血液流变性渐呈黏、浓、凝、聚之血瘀样改变，说明衰老时机体表现为阴液虚而夹瘀的体质。

在临床研究发现，老年常见病如动脉硬化、高血压病、冠心病、中风、老年性痴呆、前列腺增生、皮肤色素沉着、皮肤褐斑等，多有瘀血现象，这些都是引起衰老的原因。临床治疗证实调理气血对改善老年病症状是非常有效的。潘教授认为在投滋补药物的同时，尚需兼顾通调气血。若审证求因不详，但见其虚而一意峻补，一者壅补易于滞脾，阻其运化；二者虚滞不除或因补至瘀。故因"谨察阴阳所在而调之，以平为期"；"疏其血气，令其调达，而致和平"（《素问·至真要大论》）。因此，调理气血是治疗虚症不可忽视的原则。

（二）理瘀分其因果

老年人瘀浊积聚，气血运行不畅，脏腑百窍不得濡养，下元先亏，脾胃气薄，气化无力，故易致水液精微运化失常而为痰饮、积聚之证；脏腑功能低下，血行无力，易致气血瘀滞之证；故老年病多表现为复杂的虚实相兼之证。

凡离开经脉的血液，未能及时排出或消散，而停留于某一处；或血液运行受阻，壅积于经脉或器官之内，呈凝滞状态，失却生理功能者，均属瘀血，由瘀血内阻而产生的证候，是为血瘀证。瘀证是由于血液运行不畅，瘀积凝滞，或离经之血停积体内所致的多种病证的总称。

所谓瘀血：①是指血液运行不畅，有所停积；②是指由于血液成分或性质的异常变化引起运行不畅之血液，通常谓之"污血"；③是指由于脉络的病变而造成的血行瘀滞不畅，即所谓"久病入络"；④是指已离经脉而未排出体外的血液。瘀血既是病理产物，亦可以是致病因素。临床表现：疼痛常在夜间加重，夜间阳气入脏，阴气用事，阴血凝滞更甚，所以疼痛更剧；肿块在体表者，常呈青紫色包块，瘀血凝聚局部，日久不散，便成肿块，紫色主瘀，肿块在肌肤组织之间者，可见青紫色；疼痛状如针刺刀割，痛处不移而固定，在腹内者，可触及较坚硬而推之不移的肿块（称为癥积）。出血反复不止，色紫暗或夹有血块，或大便色黑如柏油状，可见面色黧黑，或唇甲青紫，或皮下紫斑，或肌肤甲错，或腹部青筋显露，或皮肤出现丝状红缕（皮肤显露红色脉络），或下肢筋青胀痛，妇女可见经闭。

辨证要点：刺痛、肿块、出血、皮肤黏膜等组织紫暗及脉涩。形成瘀血的原因：①外伤、跌仆及其他原因造成的体内出血，离经之血未能及时排出或消散，蓄积而为瘀血；②气滞而血行不畅，或是气虚而推运血行无力，以致血脉瘀滞，形成瘀血；③血寒而使血脉凝滞，或是血热而使血行壅聚或血液受煎熬，以及湿热、痰火阻遏，脉络不通，导致血液运行不畅而形成瘀血。

病变范围：①瘀阻心脉导致胸痹、真心痛；②瘀阻脑络可致昏厥、癫狂、头痛；瘀阻肝胆可致黄疸；③瘀阻于肺，可为久咳久喘，瘀阻经络可致偏瘫、痹证、痰证；④瘀阻五官九窍可致耳目失聪、语言謇涩、二便闭塞。⑤瘀阻水道、水湿停蓄，可为痰为饮。随着瘀血的实质研究，目前对瘀血证的诊断已远远超出传统的中医范畴，很多现代检测指标被列入诊断标准。

瘀可因病而起，病可因瘀而成。在瘀与病的联系上，潘教授认为患病久治不愈会引起气血失畅，因病而致瘀。治疗疾病时照顾"久病多瘀"、"久病必瘀"之说。因而，瘀血既是致病因素，也是病理产物。始起有先因后果，久之形成循环、相互影响。

两者在因果关系上和治疗方面都有所侧重。相为因果及转化，在继承杨老学术思想的基础上将其归纳为：气滞血瘀、瘀血气壅；血滞为瘀、瘀血化水；血结留瘀、瘀血阻络；血蓄而瘀、瘀血症积；寒凝致瘀、瘀血痹痛；热盛血瘀、瘀血蕴热；气虚渐瘀、瘀血损气；血虚成瘀、瘀血不仁；阴虚生瘀、瘀血津伤；阳虚血瘀、瘀血助寒。

治疗上的一般原则，因病致瘀者应以病当之，按致瘀因素分别予以散寒、清热、补虚、攻实之法为重，结合选用消瘀之药；对因瘀致病者则以瘀图之，随已致瘀象着重予以活血、行血、祛瘀、逐瘀之法为主，结合辨证配伍化裁。在具体方药的选择上，主张根据血瘀部位及与所属脏腑间的联系来确定。而且认为对属于"邪实"范畴的瘀证，所选消瘀药物力量相对宜强峻以便攻逐，如水蛭、虻虫、三棱、莪术、水红花子、虎杖、马鞭草、桃仁、红花、大黄等；对属于"虚证"范畴的瘀证，所选理瘀药物力量宜相对平和以利缓图，如丹参、赤芍、当归、川芎、延胡索、郁金、鸡血藤、泽兰、穿山甲、王不留行等。

同时在治瘀与病性的具体治则结合上注意：①实证气滞血瘀需配以枳实、枳壳、木香、厚朴、薤白等理气行气药。②寒证血瘀宜配伍桂枝、细辛、吴茱萸等温经散寒药。③热证血瘀分别伍以银花、连翘、黄芩、黄连、栀子、红藤、败酱草等清热解毒药；或以玄参、丹参、丹皮、赤芍、郁金、水牛角等清营凉血药；或以大黄、芒硝、桃仁等泻热通腑类药物。④虚证血瘀根据其气血阴阳的不足和虚衰程度，分别配伍益气、养血、滋阴、温阳等法。另须提及，在疾病发作期间，结合不同脏腑所属归经选用虎杖根、马鞭草、王不留行、毛冬青、鬼箭羽、桃仁、红花、三棱、莪术等破血逐瘀之药；而在各疾病相对缓解期中常多选用丹参、当归、首乌、郁金、葛根、川芎、赤芍、丹皮、穿山甲、鸡血藤等扶正活血之味。在剂量上，前者多重，后者宜轻。对寒热虚实夹杂之瘀证，应温清消补、活血化瘀并用。

（三）清化不囿陈见

老年病以下元亏虚、脏腑虚损为本，即所谓本虚。然而，老年病并非皆为虚证，临床实践证明，本虚标实者居多，所谓标实，是指病邪，不外六淫、七情、饮食内伤之邪及痰、湿、瘀、滞、火之邪。老年人脏腑阴阳俱不足，正气一虚，则外邪乘虚而入，内邪由虚而生，故老年病多因虚而致实。

潘教授认为，在对老年人进补时要注意个性差异，应根据气血阴阳偏虚及脏腑偏亏之不同而选用不同补益药。勿要"强补、过补、滥补"。但近年来温室效应较明显，暖冬现象已连续好多年，且因生活条件改善，膳食结构已有较大改变，南方人体质属性也更趋"热性"，且有许多体重超标属"痰湿偏盛"的人群。如潘教授认为COPD整个过程为多痰多瘀。相关论述如《丹溪心法·咳嗽》谓："肺胀而咳，或左或右，不得眠，此痰夹瘀血碍气而病"，说明了痰瘀互结的关系。而痰、瘀又易致肺部感染和气道阻塞，故治疗中应加强祛痰和活血化瘀的作用。在祛痰时则支持"痰因热成"的观点，重视痰与热之间的关系，痰热关系前人亦多有论述，例如，《本草经疏》言："痰则一因热而已，加之寒字不得"；《儒医精要》谓："痰能生火，火能生痰"。因此治疗上强调无论白痰、黄痰皆以清热化痰为要，如其在治疗COPD急性加重期外寒内饮，肺络痰瘀型时，虽用三子养亲汤温肺化痰，但常弃温燥之白芥子不用，而加蒲公英、桑白皮等以清热化痰。而在辨治肺胀病因时注重于热论，治当知清解。认为肺胀之发，每由外邪复感触动。又江南之域得天之热气颇盛，又多雨多湿，嗜食肥甘，故其人多现湿热之证。若伤于风热者，自感而作肺热之证；或伤于风寒者，也极易从化即表

浙江中医临床名家·潘智敏

不解而郁蕴化热。且热入与湿相合，如油入面，腻滞难解。病多缠绵不能速愈，故肺胀之急性发作，每见火热充斥之象。

对于"热"在病因中地位的认识。应溯源历家遗训。古人谓"痰"者，水也。标也；火者。热也。本也。痰训诂胸上液，本为人身之津液，因受肺热煎熬。凝结而成。故力辨热为肺胀生痰之由。而痰在肺胀病机中占有极为重要的地位。所以，清热即可祛痰，即对于肺胀属急性发作期的病人，论治以清热为主，可谓"探本求源"之治。另外，对于湿热相合为病者。热可速清，而湿不宜速去，治疗时倘能抓住时机适时予以清解，则可以分消湿中之热，并截湿蕴化热之势，令热去湿"孤"（温病谓湿去热孤用于湿重于热者。对热重于湿者则顺其道而泄、化并重，恰能适用于热重于湿之肺胀），热清之后继而化湿清热，此先重清热，后重化湿，清、化并用之法实不失治疗湿热型肺胀之善法。但在具体临诊时，应谨守先后缓解之次第。清热要适时，投药要适当，以防冰伏湿邪，反致痰饮难消；而至后期温化痰饮之时，又要注意温热勿过燥烈，以防再生痰热。温病所谓"炉火虽熄，余灰犹热"，在明显湿热禀质之人尤当为戒。临床上，要善据寒热虚实之多寡，分别予以轻重缓急之治：一般病初寒凉急投，剂多颇重，以力挫邪热之焰，后期温药缓图，甚兼苦寒反佐，以俾热去湿消，肺气复常，正所谓有制之师也。

（四）膏滋调补兼施

祖国医学在防病强身、延缓衰老等方面积累了丰富的经验。其中用于"冬令调补"的膏滋药便是颇有特色的一种。潘老师认为膏滋药尤其适宜于中老年人及体弱多病者。

冬令膏方乃中医药特色治疗方法之一，是慢性病调治的有效方法，也是保健养生的较好选择。民谚有云："冬天进补，春天打虎"。各类慢性疾病患者和体质较弱者通过应用冬令膏方的调理可以起到扶正固本（调整机体免疫功能）的作用。同时，中医膏方调治亚健康也是一种非常有效的方法，亚健康往往表现出人体阴阳失衡、脏腑功能失调的初始状态，中医膏方调治可以使机体达到"阴平阳秘，精神乃治"即健康的状态。

人一旦跨入中年，就易出现阴阳失衡。古典医籍有"年四十而阴气自半，起居衰矣"，"人年五十以上，阳气日衰，损与日增，心力渐退，忘前失后，兴居怠惰"之论述。说明人体阴阳失去平衡，任何一方的减退，均显示衰老。倘若疾病缠身，体内的病理代谢产物如痰浊、血瘀等则可相互作祟，导致人体津液不布、脏腑虚损、经脉失养、毛发失荣、机体日益衰颓。故防治老年病，应从青壮年开始。这也是中医治未病的思想。如《素问·四气调神大论》所曰："圣人不治已病治未病，不治已乱治未乱，此之谓也。夫病已成而后药之，乱已成而后治之，譬犹渴而穿井，斗而铸锥，不亦晚乎！"故不要等到未老先衰、疾病缠身之时，再来讲究养生之道，则为时已晚矣。

潘智敏教授采用了每年一度的"冬令调治"对中老年人各种慢性疾病缓缓微调。冬令进补，应似如细雨渐渐滋润，犹如晨旭温暖柔和。经培本徐徐调理，多能在来年收益。前贤名医张景岳曾提出："人于中年左右当大为修理一番，则再振根基，尚余强半"。

膏在中药制剂中是与汤、散、丸等并列的一种剂型，膏方乃中医师对患者辨证分型后所拟定之药方。所选之药多为补益药，加水煎煮去渣，经浓缩后，加入糖、蜜、胶等熬制而成的稠厚半流质状之制剂。因其药性滋润，故又称为"膏滋"，具有滋补气血阴阳、养精填髓之功效。膏方适用于体质虚弱、病后之人。

膏滋药就是从阴阳失衡为衰老的主要病机，气血亏耗为衰老的必然结果，痰浊血瘀为衰老过程的催化剂等方面着眼，按各人身体禀赋不同，在辨证基础上予以补阴阳、调气血、疗五脏。用综合性的既防病治病，又滋补身体，由多种药物配伍组合，经传统特色加工，再合以选择不同功效的阿胶、霞天胶、黄明胶、龟板胶、鹿角胶等熔化，煎熬成膏。在冬至前后至立春这段进补培本的最好时机中连续服用，缓缓微调，寓补于调摄之中。意在"冬蛰藏""春发陈"。冬令进补期待来春发新，使枝发新芽，体力增强，精力充沛。

冬令阳气收藏，适合进补，故膏方一般以冬季服用为宜，冬至日起至立春左右时间为最佳。每个冬天一般服用一至二料膏方。服法为每日晨起后空腹或早晚空腹按规定剂量各服一次。如遇感冒发热，伤食腹泻等应暂停服用。另外服膏方时一般不宜同服萝卜、茶、咖啡等，以免降低疗效。但近年来随着生活水平提高，体重超标者逐年增多，代谢综合征者亦增加，即有相当一部分人群为多食多饮，痰湿偏盛、食积气滞者，服用膏方时同服萝卜尚可助其消化吸收，故不可拘于陈规，如陈修圆即认为人参可与萝卜同服。服用膏方同时也要少吃辛辣油腻之品，以免化生痰湿或火热。

选用膏方时要注意：有的放矢、辨证进补、循序渐进。配制膏方所选用药的共同特点是以补益药为主，但要注意个性差异，应根据气血阴阳偏虚及脏腑偏亏之不同而选用不同补益药。勿要"强补、过补、滥补"。如人参、鹿茸、胡桃肉、冬虫夏草等可各用于气血阴阳偏虚及脏腑偏亏，各有其适应证。如以上药强补、过补、滥补，反而会口干舌燥、鼻子流血等。况且膏方并非人人一味进补，一般认为青少年素体无恙、体质健壮者；急性疾病或伴有感染者；胃痛、腹泻、胆囊炎、胆石症发作者；慢性肝炎在转氨酶偏高时不宜进补。而应先予治病祛邪，后方调治疏理，再可进补，且应以疏补兼施。配制膏方时应以莱菔子、山楂肉、莪术、太子参等除痞积、化积滞、益气健脾之品为主，可助其生发。而人参、鹿茸等大补之品非必要者不可滥用；胆囊炎、胆石症及慢性肝炎、转氨酶偏高者若病情较稳定亦可通过膏方调理促其康复。

三、唐黎群

唐黎群，博士学历，副主任医师、副教授。兼任浙江省医学会老年病专业委员会青年委员；浙江省中西医结合学会老年病专业委员会委员兼秘书；中国中西医结合学会瘀证与老年病专业委员会青年委员；中国中西医结合学会心血管专业委员会高血压专业组组员。长期从事高血压病、老年病的临床及基础研究。研究方向为中西医结合防治高血压病。目前主持浙江省科技厅课题1项、浙江省卫生和计划生育委员会项目1项，近5年主持完成浙江省卫生和计划生育委员会、浙江省教育厅课题各1项，参与其他课题多项，发表中华系列一级杂志10余篇，参与编著著作2部。

（一）潘智敏教授治疗脑动脉硬化症经验

脑动脉硬化为脑血管的慢性变性与增生性改变，是脑血管闭塞或破裂出血的重要因素。如病变广泛，但并未造成脑梗死和出血，反使脑血流普遍减少并影响脑功能，即为脑动脉硬化症，常见于中老年患者。

1. 病因病机

潘教授认为脑动脉硬化症临床上并无特别相对应的中医病名，但因其临床表现常为头痛、眩晕、失眠、健忘、痴呆、四肢麻木等，故可归属于祖国医学"头痛""眩晕""痴呆"等范畴（亦有人建议归为"脑络痹"）。历代医籍皆有相关论述，如《证治汇补》云："眩者，言视物皆黑；晕者，言视物皆转。二者兼有，方曰眩晕"。《景岳全书》亦列有"癫狂痴呆"专篇。潘教授结合临床认为脑动脉硬化症病因上多责之虚、痰、瘀及脂毒等，尤其强调肾虚、血瘀及脂毒为患。并且认为血瘀是脑动脉硬化症的主要病理基础，肾虚、痰阻及脂毒是重要病因，其病位在脑与血络。肾虚之说，《灵枢·海论》认为"脑为髓海"，而"髓海不足，则脑转耳鸣"。年高者肾精不足、骨髓亏空，而见脑转耳鸣等。年老体虚，阴液不足，血脉不充，血液凝聚，脑络血脉不充、不畅，亦可发为本证。正如王清任所云："元气既虚，必不能达于血管，血管无气，必停留而瘀。"而痰阻亦早有相关论述，汉代张仲景认为痰饮是眩晕发病的原因之一，为后世"无痰不作眩"的论述提供了理论基础。脂毒则相对应于现代医学中的脂质代谢障碍、高脂血症之说，潘教授认为脂毒作为老年性疾病及代谢性疾病中重要的病理产物及病因应加以特别注意。脑动脉硬化症的病机可归纳为年高体衰、肾阳不温、五脏薄弱、脾胃运化机化不足，若多食肥甘厚味，易变生痰浊、脂毒，上犯脑络，阻滞血行，蒙痹清窍；或素有瘀血，痰、脂与之交阻，亦阻碍血行，可为脑动脉硬化症之肇机；况且痰浊、脂毒亦可黏着脉道，以至血液循行不利，发为脑动脉硬化症，变生诸症，如头痛、眩晕、痴呆等。现代医学认为脑动脉硬化症的病因与脑动粥样硬化相同，目前尚未完全阐明其机制，但公认的主要危险因素有脂质代谢障碍、血压升高、糖尿病、吸烟、肥胖等。诊断时因脑动脉硬化症临床上缺乏特异性表现，所以明确诊断比较困难，一般从年龄、临床表现及实验室检查综合判断。血生化、血液流变学、脑电图、TCD、CT、MRI有助确诊。患者多同时伴有眼底动脉硬化、冠状动脉硬化、肾动脉硬化及周围动脉硬化等。

2. 分型论治

结合临床脑动脉硬化症常可分为肾亏血瘀、痰瘀胶阻两型。

（1）肾亏血瘀型：《素问·阴阳应象大论》谓："年四十而阴气自半，起居衰矣"；《灵枢·海论》认为"脑为髓海"，而"髓海不足，则脑转耳鸣"。其症见头痛久发不已，眩晕且胀，少寐健忘，视力衰退，两目干涩，或痴呆，伴神疲乏力、耳鸣、腰酸膝软、步履不稳、夜尿频多、舌质紫黯、舌下瘀筋明显、苔薄腻、脉结代。治以补肾滋髓，活血通络。方予左归丸，亦可改汤剂化裁使用。或以何首乌、枸杞子、生地、熟地、杜仲、桑寄生等培本固肾，葛根、川芎、降香、赤芍、丹参、郁金等活血化瘀、畅通血脉。若兼水不涵木、肝阳上亢者可加平肝、镇肝之品，如龙齿、紫贝齿、钩

藤、刺蒺藜、制蜈蚣、川芎、葛根等；伴肝火上炎者可予黄芩、柴胡、龙胆草、决明子、白菊花、天麻等清肝、平肝之品；血瘀明显者加桃仁、莪术、川芎、葛根等。

（2）痰瘀胶阻型：年高者，脾胃薄弱，运化机能不足，若多食肥甘厚味或壅补过度，易变生痰、脂内聚血络，阻滞血行，而蒙蔽清窍，发为眩晕等。症见形体肥胖、头痛，伴头重如蒙、胸闷作恶、呕吐痰涎、食少多痰、表情淡漠、舌质紫黯、舌下瘀筋明显、苔黄腻或薄腻、脉结代或弦滑。代谢综合征患者临床多见于此型。治以化痰祛浊，活血通络。方予以半夏白术天麻汤，可加山楂肉、泽泻等。痰蕴发热或食积化热见苔黄腻者加莱菔子、神曲、黄连、栀子等。另应要求患者控制体重，改善饮食结构，有高脂血症者应同时行降脂治疗。脑动脉硬化症尚无特效疗法，病程常较长，而冬令膏方作为中医药特色治疗方法之一，是慢性病调治的有效方法，也是保健养生的较好选择。各类慢性疾病患者和体质较弱者通过应用冬令膏方的调理可以起到扶正固本的作用。

3. 临床运用

蔡某，女，76岁，2005年12月15日就诊。

主诉：反复头晕头痛20余年，加重3天。既往有尿路感染史。现症：头晕头痛，心烦易恼，眠差，多梦，手麻，便秘，舌质紫黯，舌下瘀筋明显，苔薄白，脉细弦。血压为150/90mmHg。辅助检查：血生化示TC、TG、LDL-C均升高；TCD示脑动脉硬化、脑供血不足；X线示第5、6颈椎骨质增生；眼底检查示眼底动脉硬化Ⅱ度。

西医诊断：脑动脉硬化，脑供血不良。

中医诊断：眩晕。

辨证属肾阴不足，虚阳上越，血行欠畅。

治以益气养阴，潜阳活血。

处方：党参12g，枸杞子12g，龙齿20g，紫贝齿18g，白菊花9g，决明子20g，炒丹参18g，葛根15g，赤芍12g，炒柏子仁9g，猪苓15g，炒山楂肉12g。

7剂后自感登楼轻松，头晕、头痛、失眠等症状均有改善，大便亦不秘结。继续给予膏方调养：党参150g，太子参60g，黄芪100g，炒当归100g，制何首乌100g，枸杞120g，生地、熟地各100g，五味子60g，山茱萸肉60g，菌灵芝90g，炒杜仲100g，制黄精150g，明天麻100g，钩藤300g，制蜈蚣60g，刺蒺藜90g，葛根150g，炒丹参180g，川芎120g，赤芍90g，白菊花

90g，生山楂肉150g，炒柏子仁120g，炒酸枣仁100g，紫贝齿150g，决明子150g，白花蛇舌草150g，凤凰草150g，大枣250g，炒陈皮90g，阿胶250g，龟板胶100g，鹿角胶60g（先炖），冰糖300g。

按 本例系脑动脉硬化、供血不足所致之眩晕，并有第5、6颈椎骨质增生，故眩晕时作，上肢麻木。又气虚易感，阴虚而阴津不足则心烦、便秘。故给予补益气阴、潜阳宁心、活血通络之法标本兼治。本例为慢性疾病患者，通过冬令膏方的调理可以起到扶正固本的作用，故给予膏方调理。

但临床应用时要注意以下5点。

1）顺应天时。深冬严寒，传统进补配方往往偏于热性。但因南方人体质属性多趋"热性"，且临床有许多体重超标属痰湿偏盛的人群。与此相适应，传统膏方应作相应的调整，如糖尿病、高血脂、脂肪肝和肾病患者不宜选用温补及脂腻的膏方。

2）补之有道。因每剂膏方多是连服数月，而疾病则可一日数变，故若是慢性病的急性期，宜以汤剂为主，而若为慢性疾病恢复期或久治难愈之疾病需长期调理者，方可选用。

3）因人而异。根据各人的综合因素进行辨证分析，确定阴阳气血、脏腑归属及经脉气血等偏盛偏虚而辨证论治。

4）切勿以为"膏方纯补"，应使补而不滞，补而不壅，补而不闭，巧妙运用"通"、补"之道，圆机活法，以清灵为要，方可取胜。

5）以下人群勿滥服膏滋药：急性疾病或伴有感染者；慢性疾病急性发作期和活动期；胃痛、腹泻、外感发热者。

（二）潘智敏治疗阻塞性黄疸临床经验

阻塞性黄疸指胆红素在肝脏处理完后，经由胆管于十二指肠壶腹处排入肠道的过程中，因这一路径发生阻塞，而使胆红素聚集所形成的黄疸。临床上亦可见于中老年人群。现介绍潘智敏教授临床治疗阻塞性黄疸经验如下。

1. 病因病机

潘教授认为阻塞性黄疸临床上可归属于祖国医学中的"黄疸"范畴。历代医籍相关论述，如《黄帝内经》即有关于黄疸病名和主要症状的记载，如《素问·平人气象论篇》说："溺黄赤，安卧者，黄疸……目黄者曰黄疸"。汉代张仲景《伤寒杂病论》还把黄疸分为黄疸、谷疸、酒疸、女劳疸、黑疸5种，并对各种黄疸的形成机理、症状特点进行了探讨，其创制的

茵陈蒿汤成为历代治疗黄疸的重要方剂。《景岳全书·黄疸》提出了胆黄的病名，认为"胆伤则胆气败，而胆液泄，故为此证。"初步认识到黄疸的发生与胆液外泄有关。阻塞性黄疸临床主要表现为目黄，身黄，小便黄，大便呈灰白色或白陶土样、皮肤瘙痒等，其中目睛黄染是黄疸的重要特征，可伴有上腹痛、发热等。中老年人发生阻塞性黄疸较常见以下因素：胆管结石、药物性黄疸（如氯丙嗪、硫氧嘧啶、甲巯咪唑、磺胺等）、瘀胆型肝炎等；以及各种消化道肿瘤，如胰头癌、继发性肝癌、原发性胆囊癌、原发性胆管癌（包括肝管癌和胆总管癌）等。潘教授结合临床认为阻塞性黄疸病因可归结为湿、热、瘀、毒等。而由各种病因导致的胆道瘀阻是重要的病理基础。其中又以有形之邪（结石、肿瘤）所致胆道瘀阻尤为常见。病机方面可概括为胆为中清之腑，以通降为顺，若饮食不节或情志不调，可使肝胆失疏，郁而化热，横逆犯脾，脾失健运，酿生湿热，久与痰浊、败血、瘀毒、砂石等病理产物胶结，化生有形之邪。导致胆腑通降失调，胆汁排泄不畅，而成黄疸。诊断：除了抽血检查各项肝功能指标（如血生化）、肿瘤标记物（如肿瘤全套）外，可行X线、B超、CT、MBI、PTC、ERCP及MRCP等检查，以了解有无胆管扩张、有无结石与肿瘤之存在，以确定病灶之所在与选择手术与治疗之方式。

2. 治疗原则

潘教授认为阻塞性黄疸都存在着不同程度的高胆红素血症，严重地影响患者健康，特别是对肝、肾的损害，而大多数中老年阻塞性黄疸患者就诊时因素体虚弱及其他原因不能行根治性手术。中医药治疗的目的是清退或减轻黄疸，缓解病情，改善患者的生活质量和延长生命。在治疗时强调以下内容。

（1）肝胆兼治：因肝胆互为表里，生理病理上皆互相影响。

（2）顾护中气："见肝之病，知肝传脾，当先实脾"。故应兼顾脾胃。对于临床部分肝胆疾病患者长期应用清热解毒、利湿之品，而黄疸指数、GPT长期不降者，潘教授给予四君子汤等补益中气之品为基本方酌加利胆退黄之品常可收效。且中老年患者多为肾虚，五脏薄弱，苦寒太过则损伤中焦正气，克伐其生发之气，故用药不可苦寒太过。

（3）不拘常法：阻塞性黄疸临床表现多为一派湿热征象，临床上清热除湿的方法及汤剂常可收效，如茵陈蒿汤。又"六腑以通为用"，阻塞性黄疸多伴胆腑实证。在清热除湿法的基础上应用通下法往往可收良效，如以茵陈蒿汤、大柴胡汤、承气汤等为主的化裁方。而部分患者为已行姑息手术之后，黄疸残留不退。主要特点是因胆道术后"气滞血瘀"，早期多偏热象，夹有湿热；后期则多偏虚象，虚瘀并见。本类患者应注重湿热、气滞、血瘀的偏重，可用清热、利胆、通腑、兼以活血化瘀、利水退黄法促使残黄消退。

（4）刚柔相济：阻塞性黄疸用药根据临床表现可用清热、除湿、通下等法，然患者多为久病正虚，故通利有度，补而不滞；况且因结石、炎症、循环障碍互为因果，日久必为伤阴。若以柴胡之类疏肝理气药，应注意用药宜燥润相配，常顾阴液，留得一份阴液，便是一线生机。

3. 临床分型

临床阻塞性黄疸常分为以下证型。

（1）气滞型：身目发黄，右胁胀满隐痛，或阵发绞痛，痛引肩背，厌食油腻，胃脘痞满，舌质淡红，苔微黄，脉弦细或紧。治法：疏肝利胆、理气活血。方药：茵陈蒿汤合柴胡疏肝散加减。可加葛根、片姜黄、丹参、留行子、地鳖虫、黄芪、炒当归、马鞭草、苍术等。对于黄疸指数久而不下者，应以化瘀、通阳为主，结合清热利湿、益气养血、健脾和中综合考虑。本型常见于缓解期。

（2）湿热型：症状：身目发黄，黄色鲜明，上腹、右胁胀闷疼痛，牵引肩背，咽干，呕吐呃逆，尿黄赤，大便秘结，苔黄舌红，脉弦滑数。可伴身热不退，或寒热往来，口苦等。治法：疏利肝胆、泄热通腑。方药：大柴胡汤、茵陈蒿汤、大承气汤加减。可加马鞭草、郁金、佩兰、生楂肉、莱菔子等，鲜芦根50g生煎代水。若砂石阻滞，可加金钱草、海金沙、玄明粉利胆化石，陈皮和胃降逆。如为久病入血，与热毒郁于血分者，应在清热利湿基础上加凉血活血之药，如马鞭草、益母草、泽兰、茜根、赤芍等。本型可见于缓解期和急性期。

（3）疫毒炽盛证：症见全身皮肤深度黄染，面色晦暗，发热，神疲嗜卧，恶心，腹胀，纳呆，大便干结，小便深黄，舌红绛，苔黄厚腻，口臭，脉弦滑。治法：清热解毒宣窍，化湿泄浊行瘀。方药：安宫牛黄丸口服，每日1丸；大柴胡汤合茵陈蒿汤化裁。可加虎杖根、金银花、连翘、佩兰、竹茹、海金沙、滑石、槟榔、川朴、莱菔子、鸡内金等，以鲜茅根150g，鲜芦根50g生煎代水，如动风抽搐者，加用钩藤、石决明等。另服羚羊角粉，以熄风止痉；如衄血、便血、肌肤瘀斑重者，可加黑地榆、侧柏叶、紫草、茜

根炭等凉血止血；如腹大有水，小便短少不利，可加马鞭草、木通、白茅根、车前草等。本型有热毒上蒙清窍之趋势，乃为邪心包者，病情急进，内外交阻。若热毒内盛，继耗营血，可引动内风，瘀热相搏，应及时抢救。

4. 临床运用

王某，男，79岁，离休干部，2005年8月就诊。

因"反复右上腹疼痛20余年，再发伴黄疸75天"入院。既往有慢性胆囊炎、胆囊结石史20余年，75天前因右上腹疼痛伴黄疸入住消化科，ERCP示胆囊内泥沙样结石，经ERCP下疏通胆管，黄疸好转，消化科建议进一步胆管内支架置入，因考虑到患者年老体虚，其家属拒绝胆管内支架置入，而来潘教授处求诊。体检示：巩膜轻度黄染，肝肋下二指，质硬如鼻。辅助检查：B超示，①胆囊显像不清，考虑萎缩伴结石；②胆总管上段扩张，内径为1.02cm，伴结石（1.22cm×1.7cm）；③肝内胆管重度扩张，生化示：总胆红素为47.4μmol/L，直接胆红素为24.3μmol/L，谷丙转氨酶为203U/L，碱性磷酸酶为855U/L。就诊时体格检查为神清、精神软、口苦，纳差，时呕酸水，皮肤及巩膜轻度黄染，肝区隐痛，腹胀，大便干，小便黄，舌边尖红，苔黄，脉弦滑。

西医诊断：①阻塞性黄疸；②胆囊结石、慢性胆囊炎。

中医诊断：黄疸。

辨证：属有形之邪（结石）瘀阻胆道，致湿热蕴于肝胆，胆汁不循常道外泄而溢于外，发为黄疸。

治法：拟清肝利胆，化石退黄。

方药：自拟清肝退黄汤。药用：虎杖根30g，黄柏9g，川朴15g，茵陈30g，过路黄30g，枳壳15g，马鞭草15g，海金沙30g，炒莱菔子30g，郁金12g，生大黄15g，垂盆草30g，焦山栀9g，姜半夏12g。同时予地塞米松5mg，口服，每日1次；凯复定210g，微泵，每日2次。服完3剂后又做生化检查。

患者连服3剂后皮肤黄染消失、巩膜黄染减退，口苦，纳差，呕酸水现象明显改善，肝区隐痛缓解，无腹胀，舌淡苔微黄，脉弦。又做生化检查：总胆红素为24.2μmol/L，直接胆红素为11.3μmol/L，谷丙转氨酶为103U/L，碱性磷酸酶为432U/L。

二诊：改地塞米松5mg为泼尼松4mg口服，每日3次，其余按原方案治疗，又连服9剂后病情明显好转，生化指标恢复正常出院。

按 本例患者为胆管及肝内胆管结石引起的阻塞性黄疸，具备经纤维十二指肠镜行逆行胰胆管造影术（ERCP）＋胆管内支架置入（EST）的指征，但因年老体衰而拒绝胆管内支架置入转而请求中医治疗，潘教授以清肝退黄汤清肝利胆，化石退黄，合糖皮质激素及头孢类抗生素抗炎消肿，使炎症水肿的胆管恢复正常，胆汁分泌通畅，中西医结合，疗效显著。

四、林圣远

林圣远，1973年7月出生于福建省福州市长乐区，毕业于福建中医药大学中医系，现任职福建医科大学附属第一医院中医科，主治医师。第五批全国老中医药专家学术经验继承工作继承人。主编2004年执业医师资格考试习题及模拟试题系列《中西医结合执业医师分册》，参编卫生部"十二五"规划教材《中医学》第8版的配套教材《中医学学习指导及习题集》，2017年被聘为国家卫生健康委员会"十三五"规划教材、全国高等学校教材《中医学》第9版学术秘书、数字教材副主编、配套教材第三版《中医学学习指导及习题集》编委兼学术秘书。另参编《内科辨病专方治疗学》《高血压与脑》《脑膜瘤》等多部学术专著。2016年9月～2017年9月，作为福建省首批中医访问学者，在浙江省中医院师从潘智敏教授。

对潘智敏教授"积证"理论辨治代谢综合征的思考

作为在临床上如此常见的疾患，代谢综合征（MS）迟至1998年后概念才逐渐统一，即使如此，WHO1999、NCEP-ATPⅢ2001、欧洲胰岛素抵抗研究组（EGIR）及美国临床内分泌医师学会（AACE）、CDS2004、IDF2005标准各不相同。这些概念的外延和内涵有所差异，相互之间的经验和试验结果在什么程度上可以共享？众说纷纭，莫衷一是。由于人种、年龄、性别差异，关注目标差异，试验设计差异，往往让人不能无视结论的差异。CDS标准就体现了WHO1999和NCEP-ATPⅢ2001标准的"杂交"。2005年夏秋，欧美两权威学术组织ADA和欧洲糖尿病研究学会（EASD）发表了一个以Kahn等署名的关于MS的联合声明，对MS基本上持否定的立场，其核心论点是：①综合征应有固定症状及其共同的病理生理基础或病因，而MS则否，广泛认同的胰岛抵抗病因说亦属可疑；②综合征的总危险性应大于其各成分危险性之总和，而MS则否；③所有诊断标准或定义均缺乏科学性、严谨性；④MS预测糖尿病风险的价值不如糖尿病预测模型（diabetes predicting model）8年

预测值；预测心血管病又不如Framinghan危险记分；⑤认为治疗综合征与治疗其各成分无异。因此联合声明认为MS事实上是不存在的，认为给千千万万的人贴上假定的事实上并不存在的MS标签对患者、社会都是一种极大的危害，呼吁临床医师和基层保健人员停止"滥用"MS一词，不诊断、不处理MS，而是直接针对其各个危险因子，如肥胖、高血压、血脂异常、高血糖等进行处理。声明的主要起草人Kahn提出采用"代谢危险性（metabolic risk）"或"心脏代谢危险性（cardiometabolic risk）"取代MS。不久各个权威机构都各自作辩白，由此产生的争论至今未曾平歇。主要的争论在于：①MS和胰岛素抵抗的关系如何。胰岛素抵抗是代偿性的生理状态，年轻人胰岛素水平可以极高却不出现血压血脂异常；中年以后变化却十分显著，遗传也会对其临床表现造成巨大影响，强调胰岛素抵抗无法圆满解释患者表现和危险，整体来看，MS的诊断从以往的强调糖代谢异常和胰岛素抵抗向中心性肥胖为核心地位的观念转变。但是没有胰岛素抵抗靠什么作为MS各个疾病的纽带。②混杂的疾病谱、危险因素之间相互作用是否是它们的总和吗，重要性差异在哪里。③没有发现对MS的"一石多鸟"的药物，是否意味着本来就没有所谓的整体联系。④高血压和MS的相互关系如何。

从宏观上说，既往的医学确实忽视了以上几种疾患之间的相互联系，即所谓的"盲人摸象"，缺乏整体概念。MS的概念正是由此提出以纠正过于割裂的疾病分类。其中起纽带作用的是胰岛素抵抗。所以尽管争论不休，MS仍旧有个重要的贡献，就是让无限割裂各种疾病、微观再微观的现代医学重新认识人体的整体性。①肥胖常作为首要症状；②血压、血脂、血糖紊乱是主要组分；③其他成分，如促炎症状态、促血栓状态；④相关表现复杂繁多，如高尿酸血症及痛风、高同型半胱氨酸血症、高瘦素血症、多囊卵巢综合征、非酒精性脂肪性肝病、假性黑棘皮症、脂肪萎缩综合征、血管内皮功能紊乱、胆石症、阻塞性睡眠呼吸暂停综合征、成人多囊肾疾病等。肥胖是源头，胰岛素抵抗是核心因素，炎症反应在发生中表演重要角色，氧化应激是重要发病环节，心血管疾患是后果。

参考高血压指南的发展，笔者认为以后对于本病的发展可能是更强调危险因素的分层和管理，如此可以更好地预测和干预终点事件的发生发展。所以说MS是心血管代谢危险因素的聚集，而危险因素的确认是建立在大规模多中心的调查、试验的基础上的，还有很长的路要走，并且各自人种、饮食习惯等条件下得出的结论往往有所差异，不可照搬国外的经验。

从生物进化角度来说，动物必须适应自然界的规律，优胜劣汰以求物种的进化。MS的患者正具备如此情形：他（她）肥胖因而活动不便，高血压等心血管疾患导致运动耐力下降，肥胖、睡眠呼吸暂停综合征引起缺氧和嗅觉下降，反应迟钝，更容易被天敌青睐并捕获；糖尿病等导致感染容易失控甚至致命；多囊卵巢综合征、出生低体重带来物种繁衍困难；等等。所以MS的治疗基础即是务求新陈代谢的恢复，运动和节制饮食为基本对策，以保持足够的竞争力。

潘教授从中西医结合的角度作一探讨：中医学对于饮食不节和运动缺乏有着朴素的经验，数千年前便一再告诫得病的危险。《素问•通评虚实论》指出："甘肥贵人，则膏粱之疾也。"《素问•奇病论》曰："此肥美之所发也，此人数食而多肥也，肥者令人内热，甘者另人中满。故其上溢，转为消渴。""膏粱厚腻，足生大丁。"也可以看作对于饮食不节产生炎症状态的经验之谈。先天禀赋也是重要因素，所以有五行之人得疾各异的说法。由此总结，本病属于"本虚标实"。脾虚、肾虚等为本，痰、瘀、毒浊壅滞为标。各个相关的病症如消渴、眩晕、血浊等可以"异病同治"。具体到临床，辨证分型目前还是相当混乱，有作者统计单单从相关疾病（如肥胖、高血压）延伸产生"权威"的分型就有36种以上。这些无疑是不能系统指导临床实践的。从临床用药方面看，种类繁多，但多数都是从培本固元、活血化瘀清热化痰等。如白术有明显而持久的利尿作用，而且具有降血糖、降血脂作用，一药多能，故可专用于代谢综合征的治疗，其用法以生用为主，至少用至30g；有报道大黄提取片治疗肥胖合并高胰岛素血症，对肥胖及高胰岛素血症均有改善作用。动物实验也表明，大黄能明显提高胰岛素和特异性受体的结合力，改善糖、脂代谢及高胰岛素血症；黄芪与二甲双胍进行对照实验，结果表明中药黄芪可作为中药胰岛素增敏剂，此作用与二甲双胍相似；单味中药被发现具有降压、降糖、降脂的作用，如黄连、泽泻、茵陈、人参、淫羊藿、枸杞子、何首乌、地骨皮、黄芩、山楂、蒲黄、茯苓、刺五加、玉米须、生地、丹参、玉竹、葛根、丹皮、知母、人参、麦冬、冬虫夏草等对胰岛素抵抗均有改善作用。某些方剂如六味地黄丸、血府逐瘀汤也报道有对MS改善作用，这些有益的临床探索均需要应用现代化的总结手段加以研究探讨，形成标准化的治疗措施。有些药物，如六味地黄丸、活血化瘀治疗似乎符合"一石多鸟"的治疗需要，值得进一步研究。在潘教授的新五积学说治疗代谢综合征的基础上，还有继续研究阐发的必要。

五、罗科学

罗科学，浙江省立同德医院干部科，主治医师。主持厅局级级课题2项，发表论文近10篇。

（一）潘智敏治疗痰证经验

1. 痰证的基本原理

痰浊是机体内水液内停而集聚，津液代谢障碍所形成的病理产物，其质稠粘，停留于脏器组织之间或见于某些局部，或流窜全身而表现的征候，是为痰证。《金匮要略》中始有"痰饮"名称，并将其分为痰饮、悬饮、溢饮、支饮四类，并提出"用温药和之"。关于病因病机方面，龚信《古今医鉴》中指出："痰乃津液所化，或因风寒湿热之感，或七情饮食所伤，以致气逆液浊，变为痰饮。"从不同角度论述了六淫、七情、饮食所伤为痰邪的致病因素，病理变化关键是肺、脾、肾三脏。后专门以痰证为主的专著如《痰火点雪》书中论述痰火、痰病之证的内容十分丰富，是中医痰火证治中一部非常有价值的文献，对痰火诸证、痰火杂证、痰火诸方、痰病戒忌、痰火死证论述极其详尽。丰富充实了中医痰病学说。在《本草纲目》中辑录了治痰方药有三百余首，是书中按病辑方最多者，这些见解及治痰方药无疑对痰证内容的充实具有重大贡献。

2. 潘教授对痰证病因病机的新认识

（1）首倡五积理论：潘教授从更全面、更宽广的范畴阐释痰证。在长期临床临证中，发现由于机体代谢紊乱导致的各种病证如高血压、高血脂、高血糖、高尿酸血症、代谢综合征、脂肪性肝病、结石、心脑血管疾病等，其产生的中医病机十分相似，均可归类于气、血、痰、食、脂积导致的各种积滞之证。基于上述的认识及实践经验，潘教授将积证的定义扩展为：积证是指机体在各种致病因素的作用下，引起气、血、痰（湿）、食、脂膏等停滞于人体的经络血脉、五脏六腑，着而不去，留结为积，并导致经络血脉、五脏六腑功能失常，由此形成的各种病症，均可称为积证。其积证既包括有形之积，也包括无形之积。在五积理论中的痰积即为痰浊随气而流窜全身，留滞于各个器官所致。并且从痰浊的形成与发展的全过程出发，全面概括了痰浊与气滞、湿阻、血瘀等因素相生、相兼为病的胶着关系。同时潘教授从五积理论出发，提出了对痰证病因病机的新认识、新见解。传统观点认为：痰证多由外感寒湿、饮食不当、劳欲所伤等因素影响了肺、脾、肾的气化功能，以至于水液不能输布而停聚，凝结浓缩而成痰。如肺失宣降，不能敷布津液，水液凝滞或火热煎熬；脾失健运，水湿停聚，凝聚不散；肾阳不足或肾阴亏虚亦可生痰。潘教授在长期的临床中发现情志郁结，肝失疏泄，妨碍脾胃运化，而至痰积；久坐懒动气血不畅，致脾胃气机困顿，不能运化水湿，痰浊积聚。同时，潘教授还提出脂积学说，认为正常脂膏营养周身，当摄食过多或转输、利用、排泄异常，则脂膏堆积，导致脏腑、经络、血脉的生理功能失常，影响水液输布导致停聚凝结浓缩而成痰浊。痰浊之为病，既可因其质稠难消而停积于某些部位而见瘿瘤、核块、乳癖等，也可阻碍气机而导致痰蒙清窍或痰结于胸等证候。医家将能直观的视之为有形之痰，不能直接看到视之为无形之痰。潘教授在临床中总结而得现代社会多发的慢性心脑血管疾病，其发病病机在早期都有痰浊因素存在，或阻滞气机或阻碍血行通畅，而且其多为未有成形之病理产物，可视之为无形之痰，与成形之痰有别。潘教授认为老年人肝肾不足，五脏失其濡养，脾胃功能衰弱，影响水液输布，可导致痰浊内生，痰浊瘀积日久可化为脂毒，痰浊、脂毒附于血脉，阻塞经脉，可导致血脉失却柔韧弹性及血液"黏""滞"而运行失畅，进而出现一系列证候。其在病机发展中与动脉粥样硬化在心脑血管病中的基础病变作用相仿，因此潘教授认为无形之痰浊与动脉粥样硬化的形成密切相关。在临床实验中亦可发现，痰瘀体质人群的血脂、血糖、血黏度、微循环、动脉硬化等客观指标较正常人群偏高，这也客观证明了潘教授的观点。

（2）关于衰老的中医机制：潘教授总结衰老主要属于功能低下之"虚"和病理产物堆积滞留之"瘀"。关于老人多虚之说，中医理论多有论述，人的衰老主要是肾气的虚衰，肾虚可导致人老体衰诸证。正因其体虚衰弱，正气不足，一些病理产物如痰浊、瘀血等必蓄积于体内，故潘教授认为老年人体质多为虚中夹实、虚中有瘀。且老年人发病，单一脏器病变并不多见，几乎都是两种以上疾病同时并存，或前后相继出现。故老年人为病者，有多瘀、多虚、多病等特点。而且在病理产物蓄积中，痰浊必为先机，脾肾亏虚，水液运化失常而至痰浊，痰浊日久，附于血脉，阻塞经脉，可导致血瘀形成。因此，痰浊在老人多瘀病机形成中起重要作用。

（3）关于痰浊的病机特点

1）气滞而生痰浊。痰浊阻滞气机而至气壅，气机阻滞，水液运化无

权，停留而为痰浊；痰浊蓄积日久，脉络闭塞，则气道不畅，必致气机壅滞。《素问·玉机真脏论》曰："脉道不通，气不往来。"

2）血瘀而至痰浊，痰浊而至血瘀。《诸病源候论·诸痰候》指出："诸痰者，此由血脉壅塞，饮水积聚而不消散，故成痰也。"清代唐容川在《血证论中指出："血瘀既久，亦能化为痰水""瘀血流注，亦发肿胀者，乃血变成水之证"。阐明可痰瘀互生的特点和瘀血、痰水相互胶结为害的病理机制。

3）湿阻可致痰浊，痰浊可导致内湿。湿为痰之先，湿邪凝滞，湿浊凝集，湿浊遇寒或化热皆可滞结成痰；痰积而阻碍气机，气机不畅而导致水液运化无权，导致体内内湿产生。

3. 祛痰求本综合治疗

潘教授在长期的临床实践基础上，总结经验，形成了自己的祛痰化浊之法，可归纳为以下五点。

（1）"阳虚阴盛，本虚标实"为理论基础：本虚为脾肾阳虚，标实为痰浊留滞，可夹有湿阻、瘀血等病理产物。因此健脾、温肾为治本之法，标实可予以化湿积、祛痰积、化瘀积等治标之法。

（2）"湿为痰之先，治痰先治湿"为治疗总则：根据五积理论"五积"之间相生相兼为病的原则，湿阻日久必致痰浊，因此若痰浊已成者可祛痰化浊，若湿浊表现为主、痰浊将成者以化湿为主，以温化为原则，故《金匮要略》提出"病痰饮者，当以温药和之"。温能通阳，湿得阳而化，可佐以辛凉之药以缓其温性，令阳气周遍。且湿邪早期多夹有表证，辛能发散，可使外邪从汗而解。两辛相加厚其导邪之功，温凉相约增其微汗之力，是湿邪随汗而走。常用药物有大豆卷、苏叶、香薷、薄荷、牛蒡子等。同时可行利下、行膀胱之气，令湿从小便而走，常用药物有生米仁、茯苓皮、泽泻等。

（3）综合治疗贯穿始终：痰浊、瘀血常相伴为生，相兼为病，故见湿可化浊，见痰而理瘀。化痰可选用胆星、石菖蒲、瓜蒌仁、象贝、莱菔子、半夏、虎杖、茵陈、泽泻、山楂、决明子等，瘀血已成可加水蛭、蒲黄、葛根、大黄、桃仁、鸡血藤、莪术、留行子、红花、桃仁、泽兰诸药。化浊行瘀，两者兼顾，邪无所留。

（4）老年之病，疏补兼施：病于老者，常多虚多瘀，治应补虚理瘀兼施。补虚应审证求因，根据其气血阴阳的不足和虚损程度，分别配伍益气、养血、滋阴、温阳等法，从脏腑而辨，应以补脾肾之虚为主。理瘀之法既包括祛痰化浊也包括活血化瘀。祛痰化浊应以宽胸理气为基础，常用药有瓜蒌仁、白蔻仁、佩兰、川朴、枳壳等，加消积导滞之品，常用药莱菔子、生山楂、鸡内金、神曲等，还可分而利之，常用车前子、泽兰、茯苓皮等。活血化瘀应当采用力量相对平和之药，如丹参、赤芍、当归、川芎、延胡索、郁金、鸡血藤等。

（5）明辨寒热表里虚实，治则相机而变：譬如痰浊化水饮者，应祛饮以治标；阳微气衰者，宜温阳以治本；在表者，当温散发汗；在里者，应温利化水；邪实兼虚者，则消补兼施；饮热相杂者，当温清并用。

4. 临床运用

患者，女，45岁。

主诉：头晕、乏力3个月余。

现病史：患者工作压力较大，应酬多，3月余前无明显诱因下出现头晕、乏力、眠差，未引起重视，近1周上述症状加重来诊，血压，为158/90mmHg，三酰甘油为2.8mmol/L，总胆固醇为6.8mmol/L，B超提示肝脂质沉积，余无其他疾病史。

症见头晕，乏力，体胖，舌体胖，舌质暗，苔白厚腻，边有齿痕，脉滑。

中医诊断：积证（以痰积为主）。

西医诊断：代谢综合征（高血压、高血脂、中心型肥胖）。

辨证分析：患者工作生活节奏快，心情焦虑压抑，导致肝气郁积，不得疏达，加之进食膏粱厚味，损伤脾胃，导致运化失常，饮食不化，则产生食积；脾胃不能运化水湿，聚为痰浊，形成痰积；精微物质不能输布，聚为脂质，积于血液和肝。舌质暗，苔白厚腻，边有齿痕，脉滑为有痰浊积滞，可见瘀证。治疗方法：祛痰化浊，消导行滞，行气化瘀。

处方：五积方加减。莪术12g，郁金12g，虎杖根30g，杏仁9g，桃仁9g，瓜蒌仁30g，枳壳12g，川朴12g，莱菔子30g，留行子12g，小青皮12g，制半夏12g，山楂30g，土茯苓30g，薏苡仁30g，蔻仁9g，钩藤（后下）15g，刺蒺藜12g，天麻12g。14剂。

医嘱：注意休息，忌辛辣油腻。

二诊：乏力、头晕均有好转，恐其瘀浊日久有化热之象，加用黄芩15g，黄连6g，大腹皮15g，再予14剂。

三诊：患者乏力、头晕消失，精神明显好转，血脂正常，舌红，苔薄

白，脉弦细，血压为124 /82mmHg。病情明显好转，予五积方颗粒剂巩固治疗。

（二）潘智敏诊治慢性阻塞性肺病的临床经验

1. 病因病机

慢性阻塞性肺疾病是一种由多种病因导致以不完全可逆的气流受限为特征的疾病，病情常呈进行性发展，其发病多与有害气体或者颗粒的异常炎症反应相关。慢阻肺的临床症状主要为咳嗽、咳痰、呼吸困难，中医属"咳嗽""喘病""肺胀"等范畴。潘教授认为慢阻肺的病因多为素体虚衰，新感外邪，迁延日久失治或者治疗不当，痰瘀互结，阻碍气机，导致肺、脾、肾等虚损，正气亏虚，致使外邪更易反复侵袭，导致本病反复发作，其病理变化为本虚标实。急性发作期以邪实为主，病机为痰热或痰瘀互阻，常兼气虚或气阴两虚。痰热壅滞心肺气机，导致气虚血瘀，瘀血阻滞津液生成运化，导致痰饮内蕴，终成痰瘀互阻。痰壅肺系重者，可蒙扰神明，蒙蔽清窍。稳定期以正虚为主，正虚多为气虚、阴阳两虚，集中于肺、脾、肾三脏，并常兼痰瘀等病之标。

潘教授总结慢阻肺的病机特点如下所述。

（1）外邪常为诱因，肺中多有宿痰：慢阻肺的患者多有素体肺脾气虚，肺虚卫外不固，易受外邪侵袭，脾虚水液运化无权，痰湿内生。因有正虚痰盛，外邪更易侵袭，导致本病发作。

（2）因热而生痰，痰瘀而化热：《儒医精要》中有云："却以痰能生火，而不知火能生痰也。""痰者，水也，标也；火者，热也，本也。"说明痰不仅能化热，也是因为火热而形成，痰与热在一定条件下互为因果。潘教授认为慢阻肺感受外邪中，以热邪多见，即使初起为风寒，亦多会郁而化热。

（3）痰热而致瘀，因瘀而痰难消：临床常见COPD病程长的患者多有面色、唇色青紫，凝血功能提示高凝状态。痰瘀热盛，灼津炼液，水道不利，气机不畅，导致血行瘀滞；血瘀影响气血之载运，影响药物发挥作用，不利于痰热的清除，导致清泄化痰之药力有不逮。

（4）痰热、血瘀为主要病机环节：痰热、血瘀作为基本病机因素，贯穿慢阻肺各个发病阶段。因此，在治疗过程中，始终清热化痰、活血化瘀之法为主。

2. 分期辩治

潘教授认为慢阻肺临床表现复杂多样，急性发作期和慢性缓解期病机治疗皆有区别，在急性发作期多属外感新邪诱发，入里郁而化热，症状多为咳嗽咳痰，痰多黄稠，胸闷气短，有发热或无发热，苔白或腻，舌下脉络明显，脉象滑数或细弦等。可见COPD在急性发作期是以痰热、瘀滞为主，偏于实证。COPD的缓解期则多以肺气虚、脾肾虚损为主。潘教授根据常年的临床经验认为发作期与缓解期应分期辩治为宜。

（1）急性发作期：COPD的急性发作期是在素体肺脾虚衰或兼夹不同程度的痰饮内伏或瘀血内阻的基础上，因外感新邪而诱发。此期多是邪实正虚、虚实夹杂，病变的关键为"痰""热"。潘教授认为从临床经验发现，COPD感受外邪以热邪最为常见，偶可见寒邪，也多会郁而化热，多出现烦热渴饮、痰黄稠、舌红绛、苔黄、脉弦数等症状。并根据患者本身体质，若素体阴虚，则更容易出现痰热炽盛，伤津耗伤阴液；若素体阳虚，随临床症状有差异，但入里化热之趋势相同。

在治疗方面，COPD急性期感受外邪是主因，故应以治标为先，不使病邪入里传变而伤正气。首先，用药以清热解毒为主，宣肺化痰，清解外邪，清化热痰。因为痰多有由热生，所以应该清热重于祛痰。其次，活血化瘀也很必要，因COPD急性发作严重时可导致缺氧而常伴有面色爪甲青紫、舌下瘀筋明显。依"肺气虚，影响心营亦虚，气行血行，气滞血瘀"之理，又因慢阻肺患者素体瘀滞之血，常利于病邪生长而不利于痰热的清除，而且COPD的患者多为年老体衰，多病伴发，常有冠心病等并存。因此，在清热药中伍用活血化瘀药，既能改善气血运行，使药物易达病所，从而加强清泄之力，同时对促进心肺血液循环亦能起到一定作用。同时对因热盛伤阴耗津者，应当适量应用养阴不碍邪之清热生津之品；正虚无力达邪者，伍用参芪，扶正祛邪。

慢阻肺急性期常用方药如下所述。

1）清热药：黄芩15～30g，鱼腥草30g，野荞麦根30g，七叶一枝花15g，虎杖30g，银花30g。如大便秘结可加生大黄10g。大黄在急性期既能泄热，又能活血化瘀，而且肺与大肠相表里，通腑气亦能降肺气。

2）宣肺祛痰药：可用杏仁12g，桔梗12g，川贝9g，木蝴蝶9g，竹沥半夏12g，桑白皮12g。

3）清热生津药：可用鲜芦根30g，天花粉15g，鲜石斛30g。

浙江中医临床名家·潘智敏

4）养阴清热药：可用玄参15g，大生地30g，天冬、麦冬各15g，西洋参9g，一般在湿热耗伤津液时应用。

5）活血化瘀药：桃仁12g，川芎15～30g，莪术15g，丹参30g，王不留行子12g，赤芍12g，郁金10g，生蒲黄12g，炒水蛭6g。以上活血化瘀药物可依据血瘀程度酌情使用。

如果痰热湿浊壅滞而致脘腹胀满，大便秘结，苔黄厚腻或粗糙等，可选用生大黄10g，炒莱菔子15g，炒枳壳12g，槟榔30g。

潘教授认为COPD急性发作期患者如果感染严重，咳喘症状明显，高热不退，应采用中西医结合综合治疗措施，予抗感染、畅通气道、纠正缺氧等。如果通气功能严重障碍，可能会导致呼吸衰竭，甚至出现肺性脑病，必要时可应用呼吸机辅助通气。肺性脑病时症见神昏谵语、惊厥抽搐、嗜睡、昏迷等。中医认为COPD多是邪热内陷，蒙蔽清窍，引动肝风，治疗上可从宣窍化痰、息风活血等方面着手。药选鲜菖蒲、羚羊角、生石决明、郁金、天竺黄、桑白皮、竹沥、制白僵蚕、地龙、丹参、赤芍等，并可选用安宫、紫雪、至宝等药。若出现真阴耗竭、元阳欲脱之证，可用别直参或参附汤扶正固脱。

在急性发作期的治疗中，针对"痰、热"两个关键致病因素。应重用大剂清泄痰热之药，同时要针对病机，在各阶段均佐入活血之药以增强疗效。

（2）缓解期：COPD缓解期是指感染被控制的情况下，咳嗽、咳痰、气短症状稳定或较轻。属邪未祛尽，正虚日甚阶段。潘教授认为此期的突出矛盾已由急性发作期的"痰与热"转化为"虚和瘀"。虚有阳虚、阴虚、阴阳两虚之不同，不过临床以气（阳）虚、阴阳两虚多见。脏器虚衰多集中于肺脾肾，而且肺脾肾虚损以肾为基，同时常兼痰瘀之标。

在治疗上，以"扶正"为基本原则，同时兼活血化瘀，辅之清肺化痰或蠲饮涤痰，延缓病程进展，提高患者生活质量。

1）针对肺卫不固，潘教授多用以益气固卫，如玉屏风散、参苏饮为主，多重用黄芪。同时在益气药中常佐马兜铃、海蛤壳、浮海石、枇杷叶等止咳化痰之品。另外，COPD肺气虚证患者常有过敏体质，所以主张适当加入疏风抗过敏药物，通常选用苍耳子、防风、蝉衣、浮萍、地龙等药。

2）气阴不足：COPD多见高龄患者，长期痰热内盛，虚火内炽，阴液暗耗，多存在气阴两虚，如伴咳声低弱及言语无力、舌红脉细者，应治以养肺阴兼益气之法，药用北沙参、天冬、麦冬、野百合、山海螺，同时对肺阴虚者所用益气药，当选清补之味，如生晒参、太子参、西洋参等。如果肺阴虚导致肾阴不足者，药用生地、五味子、萸肉、女贞、龟板等。

3）脾虚痰蕴："脾为生痰之源"。在治疗中既要清肺热，同时也要健脾化痰，治疗上当以扶中化痰为主，药选四君合款冬花、紫菀、苏子、白前、白芥子、化橘红、姜半夏、佛耳草、钟乳石等。

4）肾不纳气："肾为气之根"。肾虚则根本不固，摄纳无权，吸入之气不能摄纳于肾，则气逆于肺，动则喘促。本证多选用紫石英、五味子、巴戟天、肉苁蓉、淫羊藿、仙茅、炒牛膝、菟丝子、鹿角胶及人参蛤蚧汤、肾气丸等。

慢阻肺缓解期常用的方药如下所述。①益气固卫：常用方剂有玉屏风散、补中益气汤、苓桂术甘汤。②补肾纳气：可有补益肾阳、肾阴之分。③肾阳虚：制巴戟10g，补骨脂12g，紫河车9g，淡苁蓉10g，菟丝子12g，葫芦巴12g，淫羊藿12g，仙茅12g，鹿角胶10g，蛤蚧尾研粉分吞服。④肾阴虚：大生地30g，萸肉9g，制女贞12g，龟板15g，五味子9g。⑤肺肾阴虚：北沙参30g，冬虫夏草5g，天、麦冬各15g，制首乌15g。⑥景岳补肺汤（《景岳全书》）：参、芪、五味、熟地、紫菀、桑白皮。该方经多次动物实验与临床观察对缓解期肺肾阴虚患者有很好的疗效。⑦宣肺祛痰：杏仁10g，桔梗12g，桑白皮15g，炙马兜铃10g，川贝10g，竹沥半夏12g，生蛤壳30g，浮海石30g，枇杷叶12g。⑧化痰蠲饮：紫菀10g，白前10g，炒白芥子10g，炒苏子12g，制百部12g，姜半夏10g，佛耳草12g，钟乳石12g，款冬花10g。⑨活血化瘀：丹参30g，桃仁10g，川芎12g，莪术12g，红花9g，赤芍12g，三七（研粉，吞）3g，降香6g。若有热蕴，加生大黄6～9g。

3. 结语

潘教授对COPD的诊治特点在于：急性发作期是以清为主要治则，综合化痰、活血之法，并关注者体质，明辨虚实。既首要祛邪，又顾其本，疏补兼施。在缓解期以益气养阴、健脾补肺补肾等扶正固本，并多用化痰、活血之药，使本虚得补，标实得祛。潘教授在慢阻肺的整个治疗过程中，常贯穿着清热、活血、补虚三法，应用各有侧重，运用得当，疗效颇佳。

4. 临床运用

许某，女，86岁

初诊：2016年11月。

主诉：反复咳嗽咳痰20余年，此次发作半月余。

病史：患者20余年来，每遇冬春季节和气候变化时出现咳嗽、咳痰。在我院诊断为慢阻肺，多次在医院治疗。近半个月出现咳嗽咳痰加重，痰液黏稠，偶有气短，抗生素（三代头孢）已用10天，痰培养示存在耐药菌，家属担心升级抗生素副作用过大，要求中医治疗，潘教授予以诊治。

诊查：患者咳嗽咳痰明显，痰多质黏，偏黄，无发热，有胸闷气短，下肢轻度浮肿，不思饮食，口干不欲饮，舌质偏暗，苔黄腻，舌下脉络明显，脉细弦数。肺部CT示：两肺散在慢性感染，纤维增值灶，两下肺胸膜稍增厚，少量胸腔积液。

辨证：痰热互结，兼有瘀滞。

中医诊断：肺胀。

西医诊断：①慢性阻塞性肺病；②肺部感染。

治则：清肺化痰，活血化瘀。

处方：鱼腥草30g，野荞麦根30g，黄芩30g，桔梗12g，前胡9g，杏仁9g，浙贝10g，竹沥半夏12g，枇杷叶20g，金银花30g，桑白皮12g，鲜芦根30g，丹参30g，桃仁9g，枳壳9g，炒白术12g。

二诊：咳嗽较前明显减轻，痰仍黏稠，痰色转白，后痰液减少，气短较前减轻，纳食尚可，舌质偏红而干，脉细偏数。考虑肺热渐清，肺阴已虚，予以益气养阴、清肺活血，方如下。

处方：党参15g，麦冬15g，北沙参30g，鱼腥草30g，野荞麦根30g，炒枇杷叶30g，款冬花9g，杏仁9g，鲜芦根30g，丹参30g，炒当归12g，桃仁9g，黄芩12g，茯苓30g，共14剂。

三诊：患者咳嗽渐少，白天已无咳嗽，夜间咳嗽稍有，无气短喘息，下肢无浮肿。舌质偏暗，苔薄黄，脉细弱。患者感染已控制，肺卫仍有气虚不固，继续予以益气固卫，肃肺活血。

处方：生黄芪15g，炒白术9g，防风6g，党参20g，杏仁9g，桔梗12g，炒枳壳12g，制川朴9g，制紫菀9g，炙款冬花9g，丹参30g，当归9g，桃仁9g。

按 本例患者为COPD伴感染，起病属痰热互结、肺失肃降，病机属本虚标实，痰热偏盛，现予以大剂清肺化痰、清热解毒之品以清热肺热、清泄肺火，并佐以活血行瘀之药，使邪热得解，痰浊趋化。后根据疾病转归，先后予以清肺养阴、益气活血及健脾补肺、益气固位治疗，以固本善后。

附录

大 事 概 览

1952年6月，出生于上海一个干部家庭。

1969年3月至1972年4月，浙江省天台县新中公社溪头大队知青，参与部分赤脚医生医疗活动。

1972年4月至1974年6月，浙江省天台县制药厂药品质检员。

1974年6月至1977年6月，浙江中医学院中医系中医专业。

1977年6月至1981年6月，浙江省水电工程局医院（现浙江省人民医院滨江院区）中医内科。

1981年6月，浙江省中医院（浙江中医药大学附属第一医院）工作至今。

1983年3月至1988年8月，首批浙江省名中医药专家学术经验继承人，师从浙江省级名中医杨继荪。

1991年5月至1995年5月，首批全国500名中医药专家学术经验继承人，师从国家级名老中医药专家杨继荪。

1999年，主任中医师。

2000年，浙江省中西医结合学会老年病专业委员会主任委员。

2004年，浙江省中医院干部保健病区主任。

2001年，评为浙江省名中医。

2007年，浙江省老年学会老年病专业委员会会长。

2008年，第四批全国老中医药专家学术经验继承工作指导老师。

2012年，潘智敏全国名老中医药专家传承工作室专家。

2012年，全国第一批中医药传承博士后指导老师。

2017年，第六批全国老中医药专家学术经验继承工作指导老师。